ORIENS CHRISTIANUS

Hefte für die Kunde des Christlichen Orients

Gesamtregister

ORIENS CHRISTIANUS

Hefte für
die Kunde des christlichen Orients

GESAMTREGISTER
für die Bände 1 (1901) bis 70 (1986)

zusammengestellt und eingeleitet

von

Hubert Kaufhold

1989

OTTO HARRASSOWITZ · WIESBADEN

© Otto Harrassowitz, Wiesbaden 1989
Das Werk einschließlich aller seiner Teile ist urheberrechtlich geschützt.
Jede Verwertung außerhalb des Urheberrechtsgesetzes bedarf der Zustimmung des Verlages.
Das gilt insbesondere für Vervielfältigungen jeder Art, Übersetzungen, Mikroverfilmungen
und die Einspeicherung in elektronische Systeme.
Gedruckt mit Unterstützung der Görres-Gesellschaft
Gedruckt auf säurefreiem Papier der Fa. Nordland Papier, Dörpen Ems.
Reproduktion, Druck und buchbinderische Verarbeitung: Hubert & Co., Göttingen.
Printed in Germany.

ISBN 3-447-02964-1

Inhalt

Vorwort

Das vorliegende Gesamtregister wäre ohne die Erleichterungen und Möglichkeiten, die ein Computer beim Schreiben bietet, nicht zustandegekommen. Herr Professor Dr. jur. Gerhard Thür war so freundlich, mir die langfristige Benutzung eines solchen Gerätes im Leopold-Wenger-Institut der Universität München zu gestatten. Herr Akademischer Rat Alfred Hübner erklärte mir nicht nur die Handhabung, sondern stellte auch einige zusätzliche Zeichen her, die für die Umschrift orientalischer Wörter erforderlich waren; darüber hinaus haben er und Frau Renate Tinkloh mich immer wieder geduldig mit Rat und Tat unterstützt.

Herr Dr. Petzolt, Leiter des Verlages Otto Harrassowitz, hat dieses Register bereitwillig in das Verlagsprogramm aufgenommen und mir eine Reihe von nützlichen Hinweisen für die Gestaltung der Druckvorlage gegeben.

In der Einleitung habe ich briefliche Auskünfte der Bistumsarchivare Dr. Hilda Thummerer (Augsburg), Dr. Löffler (Münster), Sander (Paderborn) und Dr. Persch (Trier) über Ignaz Rucker, Curt Peters, Gerhard Beyer, Clemens Kopp und Franz Joseph Cöln verwertet.

Das Photo des Jubilars hat sein Sohn Bernhard Aßfalg aufgenommen und zur Verfügung gestellt.

Allen Genannten gilt mein herzlicher Dank. Nicht zuletzt danke ich auch der Görres-Gesellschaft und ihrem Präsidenten, Herrn Professor Dr. Dr. h.c. mult. Paul Mikat für einen beträchtlichen Druckkostenzuschuß.

München, 28. August 1989   Hubert Kaufhold

Einleitung

Siebzig Jahrgänge einer Zeitschrift, erschie-
nen über eine Spanne von fünfundachtzig Jahren,
sind nicht mehr ohne weiteres zu überblicken. Der
Gedanke an ein Gesamtregister liegt damit nahe.
Manches in den Beiträgen des Oriens Christianus
mag inzwischen überholt sein, einiges hat wohl
nur noch wissenschaftsgeschichtlichen Wert, doch
verdient sehr vieles heute weiterhin Beachtung.
Wenn Werke wie Joseph Simonius Assemanis "Biblio-
theca Orientalis Clementino-Vaticana" (Rom 1719-
1728) oder Michael Le Quiens "Oriens Christianus"
(Paris 1740) noch immer unentbehrlich sind und zu
Recht nachgedruckt wurden, wird deutlich, daß die
Wissenschaft vom Christlichen Orient bedächtig
voranschreitet und ihre Erkenntnisse, soweit sie
nicht überhaupt gültig bleiben, nur langsam durch
neue ersetzt werden. Aus diesem Grund habe ich es
für sinnvoll gehalten, nicht nur die neueren,
sondern auch die vor langen Jahren erschienenen
Bände in das Register einzubeziehen.
Daß unsere Kenntnisse über den Christlichen
Orient in weiten Bereichen sehr lückenhaft ge-
blieben sind und sich nur allmählich erweitern,
liegt sicher in erster Linie daran, daß die Zahl
der Fachleute gering ist. Obwohl der Christliche
Orient geographisch ein weites Gebiet umfaßt - es
reicht vom Kaukasus bis nach Äthiopien und von
Ägypten zumindest bis Indien, mit ganz unter-
schiedlichen Völkern, Sprachen und Kulturen - und
obwohl auch unsere abendländische Kultur den
orientalischen Christen viel verdankt, ist dieser
Zweig der Orientalistik im universitären Bereich
immer recht stiefmütterlich behandelt worden, in

Deutschland und wohl auch anderswo. Wer sich un-
eingeschränkt christlich-orientalischen Studien
widmen wollte, konnte und kann auch heute kaum
damit rechnen, daß er damit seinen Lebensunter-
halt verdient. Es waren deshalb meist Leute, die
sich - von anderen Fächern kommend - zunächst nur
nebenbei und aus reinem Interesse mit der orien-
talischen Christenheit wissenschaftlich befaßten.

Deutsche Vertreter der Wissenschaft vom Christlichen Orient im 20. Jhdt.

In der folgenden Skizze soll dies durch einen
kurzen Bericht über die wichtigsten Vertreter der
Wissenschaft vom Christlichen Orient belegt wer-
den, soweit sie in den zeitlichen Rahmen des
Oriens Christianus gehören. Dabei kommt es mir
nur am Rande auf ihre Veröffentlichungen und wis-
senschaftliche Bedeutung an, sondern vor allem
darauf, ob und inwieweit sie mit ihrem Fach in
die Hochschulen eingegliedert waren oder sind. Es
handelt sich also nur um einen Teilaspekt der
noch zu schreibenden Geschichte der christlich-
orientalischen Studien in Deutschland. Es wird
sich zeigen, daß die Vertretung des Christlichen
Orients an den Universitäten eigentlich auf Zu-
fälligkeiten beruht und allenfalls in Ansätzen
eine Schultradititon erkennbar ist, die teilweise
schon abbrach oder wieder abzubrechen droht.

Der erste und langjährige Schriftleiter des
Oriens Christianus, Anton BAUMSTARK (1872-1948),
hatte klassische (wie sein gleichnamiger Großva-
ter, der von 1848 bis 1871 Professor in Freiburg
war) sowie semitische Philologie studiert und
sich 1898 in Heidelberg für diese Fächer habili-
tiert. Erst ein mehrjähriger Studienaufenthalt
(als Laie) im Priesterkolleg des Campo Santo Teu-

2

tonico in Rom (1900-1904) dürfte es ihm ermöglicht haben, seinen schon vorhandenen Interessen für den Christlichen Orient weiter gründlich nachzugehen und auf diesem Gebiet zahlreiche wissenschaftliche Arbeiten zu veröffentlichen. Ein glücklicher Umstand kam hinzu: der damalige Rektor des Campo Santo, Anton de WAAL, der 1877 bereits die Römische Quartalschrift gegründet hatte, war auf den Gedanken gekommen, daneben ein eigenes Organ des Priesterkollegiums für christlich-orientalische Studien zu schaffen, nämlich den Oriens Christianus, und Baumstark mit der Schriftleitung zu betrauen. Baumstark, der darüber kurz in seinem Nachruf auf Anton de Waal berichtet hat (OrChr 14, 1916, 316), war zu diesem Zeitpunkt noch keine dreißig Jahre alt. Nachdem sein römischer Aufenthalt abgelaufen war, machte er zunächst eine neunmonatige Studienreise nach Ägypten, Palästina und Syrien (1904/05), für die er, wie er schreibt, ohne anderweitige finanzielle Unterstützung "den letzten Rest eines höchst bescheidenen Vermögens" opferte (OrChr 5, 1905, "Zum Abschied", vor S. 1; OrChr 32, 1935, 161). Anschließend blieb ihm nichts anderes übrig, als in der Lenderschen Lehranstalt in Sasbach bei Achern (Baden) sein Brot als Lehrer zu verdienen, einem 1875 von dem dortigen Pfarrer und späteren Zentrumsabgeordneten Franz Xaver LENDER (1830-1913) gegründeten bedeutenden Institut (s. Lexikon für Theologie und Kirche VI 943). Die Sorge um den Lebensunterhalt nötigte ihn sogar, mit dem fünften Band die Schriftleitung des Oriens Christianus abzugeben.

Aus einem offenbar schon recht konkreten Plan, die Leitung der neugegründeten orientalischen wissenschaftlichen Station der Görres-Gesellschaft in Jerusalem zu übernehmen, die ihm wieder mehr Freiraum verschafft hätte, wurde nichts. Die Enttäuschung darüber klingt an im Vorwort seines

Buches "Festbrevier und Kirchenjahr der Jakobiten" (Paderborn 1910, S. VIIIf.), das er übrigens F.X. Lender widmete. Der Orientaufenthalt zerschlug sich, weil er sich Weihnachten 1908 verlobt hatte. Viel später schreibt er dazu: "Für die von ihrem unvergeßlichen Gründer-Präsidenten [d.i. Freiherrn von Hertling] vertretene strengst solide Finanzgebarung wäre es untragbar gewesen, die Verantwortung für die Existenz einer jungen, voraussichtlich durch Kindersegen sich erweiternden Familie auf dem Boden Palästinas zu übernehmen." (OrChr 32 aaO). Statt seiner schickte die Görres-Gesellschaft dann im Frühjahr 1909 zwei Geistliche nach Jerusalem, Paul Karge aus Breslau und Konrad Lübeck aus Fulda (OrChr 9, 1911, 116; zur Jerusalemer Station [seit 1926: Institut] s. die jeweiligen Jahresberichte der Görres-Gesellschaft und W. Spael, Die Görres-Gesellschaft. Grundlagen - Chronik - Leistungen, Paderborn 1957, 63-66).

Den Privatschuldienst konnte Baumstark erst nach dem Ersten Weltkrieg aufgeben. Woher er, unablässig veröffentlichend, die Zeit für die Wissenschaft nahm, schreibt er - wohl ohne Übertreibung - im Vorwort seiner 1922 erschienenen Syrischen Literaturgeschichte: "Oft genug sind nur die rücksichtslos der Ruhe entzogenen Stunden zwischen 10 und 3 Uhr nachts für sie verfügbar gewesen, während die Sorgen, die Nahrungsbeschränkungen und im Winter die durch Knappheit der Feuerungsmaterialien bedingten Schwierigkeiten eines mit ungenügenden Mitteln zu bestreitenden kinderreichen Haushalts an den Kräften des Körpers zehrten." Er war schon fast fünfzig Jahre alt, als er 1921 zum Ordentlichen Honorarprofessor für Geschichte und Kultur des christlichen Orients und orientalische Liturgie an der philosophischen Fakultät in Bonn ernannt wurde, eine Stellung, von der er anscheinend leben konnte. Ab

4

dem Sommersemester 1925 wird er übrigens im Vorlesungsverzeichnis nicht mehr unter den "Ordentlichen Honorar-Professoren" geführt, sondern unter den offenbar rangniedrigeren "Honorar-Professoren". Was es mit dieser Herabstufung auf sich hat, ist mir nicht bekannt. Die Unterscheidung zwischen ordentlichen und außerordentlichen Honorarprofessoren wurde in Preußen um 1930 beseitigt.

Die Sicherheit eines Lehrstuhlinhabers blieb ihm noch lange versagt. In Bonn hatte seit 1917 Enno LITTMANN als Ordinarius u.a. Syrisch und Äthiopisch unterrichtet. Er nahm 1921 einen Ruf nach Tübingen an. Sein Nachfolger wurde 1923 aber nicht Baumstark, sondern Paul KAHLE. Ein anderer Lehrstuhl, für den Baumstark wie kein zweiter die fachlichen Voraussetzungen mitgebracht hätte, nämlich das 1917 errichtete Extraordinariat für Kunde des christlichen Orients in der Münsteraner katholisch-theologischen Fakultät, war ihm als Laien von vornherein verschlossen gewesen. Es wurde mit dem schon erwähnten, als Alttestamentler eher fachfremden Paul KARGE (1881-1922) besetzt; in Betracht gezogen hatte man dafür auch Rücker, Vandenhoff und Graf, auf die ich noch zurückkomme (s. E. Hegel, Geschichte der katholisch-theologischen Fakultät Münster, 1773-1964, Band 1, Münster 1966, 422-426).

Baumstark nahm im Wintersemester 1921/22 seine Lehrtätigkeit in Bonn auf. Gleichzeitig begann dort noch ein weiterer Vertreter der Wissenschaft vom Christlichen Orient, Heinrich GOUSSEN (1863-1927), mit seinen Vorlesungen. Goussen war rund zwei Jahrzehnte als Militärgeistlicher tätig gewesen und wurde 1921, als dafür vorübergehend kein Bedarf mehr bestand, Ordentlicher Honorarprofessor für christlich-orientalisches Kirchenwesen und orientalische Sprachen an der katholisch-theologischen Fakultät in Bonn. Er hatte sich schon lange Jahre mit diesem Gebiet befaßt, war aber, wenn man Baumstarks - an sich sehr freundlichem - Nachruf (OrChr 24, 1927, 356-360) glauben darf, eine etwas skurrile Persönlichkeit, pflichtbewußt, aber ohne Lehrerfolg und wohl auch ohne Interesse an der akademischen Tätigkeit. Da er außerdem nur wenig veröffentlichte, besteht sein bleibendes Verdienst vor allem in der Sammlung christlich-orientalischer Bücher; sie befinden sich heute in der Universitätsbibliothek in Bonn.

Die Bonner Vorlesungsverzeichnisse der zwanziger Jahre zeigen, daß Baumstark von den Themen seiner Lehrveranstaltungen her ebensogut wie Goussen in die theologische Fakultät gepaßt hätte (andererseits hielt Goussen seinen Sprachunterricht teilweise im Orientalischen Seminar ab). Liturgiegeschichte steht bei Baumstark klar im Vordergrund. In seinem ersten Semester liest er dreistündig über "Quellen und Probleme der orientalischen Liturgiegeschichte" und einstündig über "Aramäisches Christentum und Hellenismus", und das setzt sich im großen und ganzen so fort. Nicht ohne Überraschung liest man - im Rahmen des Orientalischen Seminars! - eine Ankündigung wie "Übungen zur vergleichenden Liturgiegeschichte an Messkanon, Karfreitagsgebeten und Allerheiligenlitanei Roms" (Wintersemester 1922/23). Baumstark beteiligt sich aber auch am normalen orientalistischen Lehrprogramm und hält regelmäßig syrische sowie arabische Anfänger- und Lektürekurse ab (gelesen werden z.B. Breviarium Chaldaicum, syrische Hymnen, leichte Suren des Koran, arabische Poesie). Für das Arabische sind aber später eher Paul KAHLE, Max HORTEN (seit 1912 nichtbeamteter Professor für orientalische, islamische Sprachen und Kulturen, ab 1929/30 Bibliotheksrat und Professor in Breslau) und Willi HEFFENING (s.u.) zuständig. Den Islam bezieht Baumstark durchaus gelegentlich mit ein. Das Christlich-Palästinensische oder kanaanäische Inschriften sind ebenfalls Gegenstand seiner Veranstaltungen. Im Sommersemester 1923 kommen seine kunstgeschichtlichen Interessen zum Zuge: "Syrische und armenische Buchmalerei". Überhaupt decken sich die Themen seiner Vorlesungen weitgehend mit seinen literarischen Arbeiten. So heißt eine zweistündige Vorlesung im Sommersemester 1922: "Die Messe im Morgenland". Für Hörer aller Fakultäten liest er im Wintersemester 1926/27 über "Byzantinische Kultur".

Die sonstigen Sprachen des Christlichen Orients bleiben GOUSSEN überlassen. Er kündigt in seinem ersten Semester an: "Koptische Lektüre oder Christlich-Arabisch für Anfänger (Voraussetzung: Kenntnis des Altarabischen)", "Armenische Lektüre oder Georgisch für Anfänger" und "Über orientalische (kirchliche) Rechtsquellen, deren Inhalt und Besonderheiten (Syrer, Kopten, Äthiopen, Armenier und Georgier)". Neben regelmäßigen Sprach- und Lektürekursen behandelt er auch später - wie Baumstark - verschiedene allgemeine Themen, z. B. den Primat des Papstes bei den orientalischen Kirchen, deren liturgische Bücher oder Beichte und Buße in den altorientalischen Kirchen. Für das Sommersemester 1922 bietet er sogar an: "Russische Lektüre für Fortgeschrittene (über den Existenzkampf der georgischen Kirche)". Die Lücke, die der Tod Goussens 1927 hinterließ, füllte vom selben Jahr ab teilweise Gregor PERADZE (1899-1945) als "Hilfslektor für Georgisch und Armenisch". Seit 1935 lehrte der Karthvelologe Gerhard DEETERS (1892-1961) in Bonn. Koptisch konnte man bei dem Ägyptologen Hans BONNET und Äthiopisch bei dem Semitisten und Islamkundler Otto SPIES (1901-1981) lernen.

Baumstark war nebenbei seit 1923 noch Professor für orientalische Sprachen und vergleichende

Liturgiewissenschaft in Nimwegen und seit 1926 zusätzlich Professor für Islamkunde und arabische Sprache in Utrecht, ich nehme an, zur Aufbesserung seines Einkommens. 1930 übernimmt er als Nachfolger von Hubert GRIMME (1864-1942) den Lehrstuhl für Orientalistik in Münster, wo ihn - wie er schreibt - "die Vollvertretung des Gesamtgebietes semitistischer Orientalistik auf einem ordentlichen Lehrstuhl ... nötigte, über die Grenzen speziell christlich-orientalischer Forschung, wie in Lehre, so auch in forschendem Interesse, hinauszugreifen." (OrChr 31, 1934, 99). Im Sommersemester 1930 führte er sich mit folgenden Veranstaltungen ein: "Islam und Christentum: Abhängigkeit und Gegensätzlichkeit", "Hebräisch", "Koranlektüre" und "Vergleichende Lektüre von Peschitta und Targum". In den folgenden Semestern befaßt er sich mit Arabisch, Syrisch, Christlich-Palästinensisch, Phönizisch, Ugaritisch und Hebräisch (z.B. "Historisch-kritische Lektüre hebräischer Texte des jüdischen Gebetbuches"), hält aber auch im Wintersemester 1933/34 eine Vorlesung für Hörer aller Fakultäten unter dem Titel "Rom, Orient und Germanentum im Werden des christlichen Abendlandes". Diese seine Seite sei nicht verschwiegen: Der eigentlich doch weltoffene, aber von der deutschen Niederlage im Ersten Weltkrieg tief getroffene Baumstark stand dem Nationalsozialismus keineswegs fern. Es befremdet schon stark, wenn er sich in der 1937 erschienenen Festschrift für Karl Maria Kaufmann (S. 34) damit brüstet, "daß ich selbst am 1. August 1932, d.h. sobald dies für einen mit der Sorge für damals 12 noch ausnahmslos minderjährige Kinder belasteten preußischen Staatsbeamten tunlich war, als erster ordentlicher Professor der Westfälischen Wilhelms=Universität meinen Eintritt in die NSDAP. vollzogen hatte, um alsbald mich aufs leidenschaftlichste in den letzten entscheidenden

Wahlkämpfen einzusetzen." (Die Nationalsozialisten waren bei der Reichstagswahl am 31. Juli 1932 stärkste Partei geworden.)

Neben Baumstark war Franz TAESCHNER als Privatdozent für Semitistik und Islamkunde am Münsteraner Orientalischen Seminar tätig, auch Grimme las gelegentlich noch. Ferdinand HESTERMANN (1878-1959; Allgemeine Sprachwissenschaft und Völkerkunde) kündigte seit dem Wintersemester 1933 regelmäßig Georgisch an, für das Sommersemester 1934 sogar Altnubisch und Meroitisch; 1949 folgte er einem Ruf nach Jena.

Baumstark läßt sich bald, mit 62 Jahren, zum 1.4.1935 entpflichten und kehrt nach Bonn zurück. Wie wenig seine weitgespannte, über den Bereich des Christlichen Orients hinausgehende Tätigkeit in Hochschule und Wissenschaft in das Bewußtsein der Orientalisten gedrungen ist, kann man daraus ersehen, daß er in Rudi Parets "Arabistik und Islamkunde an deutschen Universitäten" (1966) nicht einmal erwähnt ist.

Adolf RÜCKER (1880-1948), die "zweite Stütze der christlichen Orientalistik in Deutschland" (so Taeschner in seinem Nachruf, ZDMG 99, 1945-1949, 159-163), hatte es als Theologe leichter. An sich Neutestamentler, aber mit starken orientalistischen Interessen (damals bei Exegeten nichts Ungewöhnliches) und von 1912 bis 1914 Stipendiat der Görres-Gesellschaft in Jerusalem, übernahm er 1923 nach dem frühen Tod Karges dessen Extraordinariat für Kunde des christlichen Orients in Münster (als persönlicher Ordinarius). 1927 ließ er seinen Lehrauftrag erweitern auf Alte Kirchengeschichte und Christliche Archäologie, 1935 zusätzlich auf Patrologie und Dogmengeschichte, weil er - so mutmaßt Engberding in seinem Nachruf (Ephemerides Liturgicae 63, 1949, 313) - beim Christlichen Orient nur wenig Schüler hatte. 1936 wurde das Extraordinariat zum planmäßigen Ordinariat aufgewertet (Hegel aaO 490f.). Trotz seiner vielen Fächer fand er immer Zeit, Vorlesungen über verschiedene ostkirchliche Themen zu halten und regelmäßig Übungen zur Liturgiegeschichte zu veranstalten. Letztere fanden im Orientalischen Seminar statt, das damals aus drei Abteilungen bestand: vorderer, indoiranischer und - bemerkenswerterweise - christlicher Orient. Direktor der letzteren war Rücker seit 1923. Außerdem gab er Einführungen in die koptische und armenische Sprache. Von der Zeit Baumstarks in Münster war schon die Rede. Nach dessen Emeritierung unterrichtete sein Nachfolger Franz Taeschner weiterhin u.a. Arabisch und Syrisch, auch Emeritus Hubert Grimme war noch tätig (u.a. für Äthiopisch), ebenso Hestermann. Durch den Krieg trat insoweit keine Änderung ein. Für das erste Semester nach Rückers Emeritierung, nämlich das Wintersemester 1948/49, hatte er noch zwei Veranstaltungen angekündigt: "Die unierten orientalischen Kirchen" und "Altarmenische Lektüre". Er starb aber bereits am 13.11.1948. Seine koptischen Sprachkurse übernahm die Ägyptologin Maria CRAMER (1898-1978), die zum gleichen Semester einen Lehrauftrag für christlich-orientalische Sprachen, insbesondere Koptisch, erhalten hatte (tatsächlich unterrichtete sie nur Koptisch). Ihre Lehrtätigkeit endete 1952. Im übrigen führte ab 1950 Hieronymus Engberding Rückers christlich-orientalisches Lehrprogramm fort (s.u.).

Dritte Stütze der christlich-orientalischen Studien in Deutschland und für den Oriens Christianus war zweifellos Georg GRAF (1875-1955), wieder ein Außenseiter. Er hatte zwar bereits als Gymnasiast Arabisch gelernt, war 1910/11 Stipendiat der Görres-Gesellschaft in Jerusalem gewesen, stand dann aber bis 1930, immerhin seinem

10

55. Lebensjahr, trotz mehrerer Forschungsreisen
und zahlreicher wichtiger Veröffentlichungen zum
Christlich-Arabischen im normalen Seelsorgsdienst
der Diözese Augsburg. Im gleichen Jahr wurde er
zum Honorarprofessor für Literaturen des christ-
lichen Orients an der theologischen Fakultät der
Universität München ernannt. Danach konnte er
sich besser der wissenschaftlichen Arbeit widmen
(s. das Vorwort zum ersten Band seiner Geschichte
der christlichen arabischen Literatur, 1944). Er
erscheint erstmals im Vorlesungsverzeichnis des
Sommersemesters 1931 und bietet einstündig an:
"Führende Autoren und Schriften der syrischen und
ägyptischen Christen seit dem 8. Jahrhundert (mit
besonderer Berücksichtigung liturgischer und kir-
chenkundlicher Stoffe), Fortsetzung", dürfte den
ersten Teil also schon im Wintersemester 1930/31
vorgetragen haben. Seine zweite Veranstaltung ist
"Lektüre altgeorgischer Texte (für Fortgeschrit-
tene) - oder auf Wunsch Einführung in die altge-
orgische Grammatik" (einstündig). In den folgen-
den Jahren finden sich weiterhin Georgischkurse
und Themen zur orientalischen Liturgiegeschichte,
zum Kirchenjahr in den orientalischen Riten oder
auch einfach "Übungen zur Kunde des christlichen
Orients". Sein Forschungsschwerpunkt, die christ-
lich-arabische Literatur, tritt nicht hervor. Da
er sich mehrfach längere Zeit in der Vatikani-
schen Bibliothek aufhält, findet nicht jedes Se-
mester etwas statt. Seine Lehrtätigkeit endet
1939 mit der Aufhebung der theologischen Fakultät
durch die Nationalsozialisten. Nach dem Krieg las
Graf, schon über 70 Jahre alt, nicht mehr.

Wilhelm (Willy) HENGSTENBERG (1885-1963)
stammte aus einer reichen Familie. Er konnte es
sich daher leisten, wie ein Privatgelehrter sei-
nen wissenschaftlichen Neigungen nachzugehen, oh-
ne auf eine akademische Karriere in einem tradi-

tionellen Fach blicken zu müssen. Ursprünglich Byzantinist und Schüler Krummbachers, verlegte er bald sein Schwergewicht auf die Sprachen des Christlichen Orients. 1922 habilitierte er sich in München mit einer koptologischen Arbeit und einem Vortrag über "Die Entstehung der monophysitischen Nationalkirche in Syrien und Ägypten" für das Gebiet "Philologie des christlichen Orients". Im Verzeichnis des Wintersemesters 1922/23 finden wir zum ersten Mal seine Vorlesungen: "Syrische Gramatik", "Lesung koptischer Texte" und - in der geschichtlichen Abteilung der philosophischen Fakulät - "Die Quellen der monophysitischen Bewegung im 5. und 6. Jahrhundert" sowie "Die Kirchenpolitik Ostroms nach dem Konzil von Chalkedon bis Heraklius" (alles einstündig). Neben Einführungen in die Sprachen des Christlichen Orients (Koptisch, Syrisch, Armenisch, Äthiopisch, im Wintersemester 1934/5 sogar Amharisch, später - als Graf nicht mehr las - auch Georgisch) und entsprechenden Lektürekursen hielt er - wie seine Fachkollegen in Bonn und Münster - regelmäßig (allerdings nicht mehr in seinen letzten Jahren nach dem Zweiten Weltkrieg) allgemeinere Veranstaltungen ab, z.B. über die "Geschichte der syrischen Bibelübersetzungen", die "Geschichte des Patriarchats von Alexandrien", "Syrisch-monophysitische Übersetzungsliteratur aus dem Griechischen (Severus von Antiochien)", "Die Entwicklung des Kirchenjahrs im Orient" u.ä. Trotz dieser weitgespannten Themen ist aber nicht zu verkennen, daß das Koptische bei ihm im Mittelpunkt stand. Einführungen in die syrische und äthiopische Sprache hielten zu seiner Zeit auch die Semitisten Theo BAUER (1896-1957; zuletzt in Würzburg) und Gotthelf BERGSTRÄSSER (1886-1933), ins Koptische führten die Ägyptologen Wilhelm SPIEGELBERG (1870-1930) und sein Nachfolger Alexander SCHARFF (1892-1950) ein. Bei Hengstenberg lag das Schwergewicht auf der Lektüre von Texten. Das orientalistische Lehrangebot in München war damals erstaunlich reichhaltig. 1928 wurde Hengstenberg nichtplanmäßiger außerordentlicher Professor. Als er nach dem Zweiten Weltkrieg in wirtschaftliche Schwierigkeiten geriet, erhielt er 1947 ein Extraordinariat für Philologie des christlichen Orients, das aber nach seiner Emeritierung 1953 nicht fortgeführt wurde. Zu seinen Schülern gehören vor allem Alexander Böhlig und Julius Aßfalg (s.u.). Der Nachruf von Böhlig (ByzZ 56, 1963, 478-481) beleuchtet gleichzeitig die Entwicklung der Wissenschaft vom Christlichen Orient als universitärer Disziplin. (Ebenfalls lesenswert sind Böhligs Ausführungen über die Bedeutung des Fachs und die Vernachlässigung im universitären Raum in seiner Besprechung der ersten drei Nachkriegsbände des Oriens Christianus, ZDMG 113, 1963, 259-263).

Nach dem Zweiten Weltkrieg waren in München auch muttersprachliche Lehrkräfte für Armenisch und Georgisch tätig: Artasches ABEGHIAN (früher Berlin) als Lehrbeauftragter von 1951 bis zu seinem Tod 1955) und Artschil METREWELI als nichtbeamteter Lektor (ab 1947).

Zurück zu den Vertretern der Wissenschaft vom christlichten Orient:

Franz Joseph CÖLN (1873-1949), Priester des Bistums Trier, studierte orientalische Sprachen in Bonn und in Berlin, wo er 1903 bei Sachau promovierte. Von 1906 bis 1908 übernahm er anstelle von Baumstark die Schriftleitung des Oriens Christianus. Er habilitierte sich 1909 in Bonn für semitische Sprachen und ging nach zweijähriger Privatdozententätigkeit 1911 an die Katholische Universität Washington, wo er Exegese des Alten Testaments und semitische Sprachen lehrte; während des Zweiten Weltkriegs hielt er sich zum größten Teil in Rom auf und kehrte dann wieder nach Amerika zurück.

Sicherlich wird man auch den katholischen Geistlichen Bernhard VANDENHOFF (1868-1929), gleichfalls Schüler Sachaus (Promotion 1895), zum Christlichen Orient rechnen können. Er war seit 1921 nichtbeamteter außerordentlicher Professor in der philosophischen Fakultät Münster mit der etwas seltsamen Fächerverbindung "Semitische Sprachen, Neusyrisch und Armenisch". Er starb, kurz bevor Baumstark nach Münster ging.

Zu nennen ist weiter Willi HEFFENING (1894-1944), in Bonn für semitische Philologie und Islamkunde habilitiert. Er wurde dort 1935 außerplanmäßiger Professor, hauptamtlich war er aber als Bibliotheksrat in der Bonner Universitätsbibliothek tätig. Er hat sich unter anderem durch seine Literaturberichte in den Bänden 27-36 des Oriens Christianus Verdienste erworben.

Auf dem Gebiet der christlich-orientalischen Studien und als Mitarbeiter beim Oriens Christianus begegnen uns in der Zeit vor dem Zweiten Weltkrieg noch weitere Namen aus dem Hochschulbereich, doch handelt es sich in erster Linie um Vertreter anderer Fächer. Fast alle sind Theologen: Arthur ALLGEIER (1882-1952) war Alttestamentler in Freiburg, Oskar BRAUN (1862-1931) Patrologe in Würzburg, Sebastian EURINGER (1865-1943) Alttestamentler in Dillingen, Joseph Michael HEER (1867- ?) Neutestamentler und Patrologe in Freiburg, Josef SCHMID (1893-1975) Neutestamentler in Dillingen (später München), Theodor SCHERMANN (1878-1922) ao. Professor für Patrologie in München, Paul VETTER (1850-1906) Alttestamentler in Tübingen und Simon WEBER Neutestamentler in Freiburg. Felix HAASE (1880-?) hatte zunächst eine Professur für Slawische Kirchenkunde, dann dazu eine für Alte Kirchengeschichte und

Einleitung

Patrologie sowie allgemeine und vergleichende Religionswissenschaft in Breslau inne.

Nicht verkannt werden soll natürlich der gewichtige Beitrag, den Inhaber orientalistischer Lehrstühle oder Vertreter der allgemeinen Sprachwissenschaft auch für die christlich-orientalischen Studien erbrachten. Ich nenne nur Namen wie Theodor NÖLDEKE (1836-1930), Eduard SACHAU (1845-1930) und Carl BROCKELMANN (1868-1956) für die Syrologie, Heinrich HÜBSCHMANN (1848-1908), sein Schüler Joseph KARST (1871- ?) (im zunächst noch deutschen Straßburg) und Franz Nikolaus FINCK (1867-1910; außerordentlicher Professor in Berlin) für die Armenologie oder August DILLMANN (1823-1894) und Franz PRÄTORIUS (1847-1927) für die Äthiopistik. Insoweit kann auf den Aufsatz "Die Erforschung des christlichen Orients in der deutschen Orientalistik" von Ernst Hammerschmidt (OrChr 48, 1964, 1-17) verwiesen werden. Eigens erwähnt sei der Hamburger Orientalist Rudolf STROTHMANN (1877-1960), der u. a. sogar ein Werk über "Die koptische Kirche in der Neuzeit" (1930) veröffentlichte. Bei den Genannten, ihren Kollegen und Nachfolgern konnten natürlich und können auch heute noch Kenntnisse in christlich-orientalischen Sprachen erworben werden.
Bemerkenswert erscheint mir, daß Ende des 19. und zu Beginn des 20. Jhdts. viele von ihnen Dissertationen anregten, die auch in das das Gebiet des Christlichen Orients reichten. Heute ist das eher die Ausnahme. Aufgeschlossene Orientalisten wie Taeschner räumten später dann ein, daß "christlich-orientalische Archäologie und Literatur ... bei uns leider viel zu wenig gepflegt wird" (Nachruf auf Rücker, aaO 159). In dieselbe Richtung geht die Feststellung Franz Rosenthals, daß "ein starkes Nachlassen der produktiven Tätigkeit und auch ein Einschrumpfen des Kreises

der Orientalisten, bei denen syrische Studien verständnisvolle Beachtung fanden, nicht zu verkennen" sei (Die aramaistische Forschung, Leiden 1939, 189).

Vor dem Zweiten Weltkrieg traten auch schon einige Schüler Baumstarks in größerem Umfang literarisch hervor: so Hieronymus ENGBERDING (1899-1969), Benediktiner der Abtei Gerleve, der dann von 1950 bis 1959 einen Lehrauftrag für Kunde des christlichen Orients etwa im Umfang von Rückers entsprechenden Lehrveranstaltungen in Münster wahrnahm. Rückers christlich-orientalischer Lehrstuhl war nicht mehr besetzt worden. 1964 schuf man stattdessen einen Lehrstuhl für "Geschichte und Theologie der östlichen Kirchen", auf den der Holländer Johannes Gerhardus Remmers berufen wurde. Dessen Interesse galt aber mehr der Orthodoxie, nicht dem Christlichen Orient. Nach seiner Emeritierung im Jahre 1980 wurde die Stelle offenbar gestrichen. Das Orientalische Seminar in Münster, dessen Mitdirektor Rücker gewesen war, setzte sich seit 1946 aus vier Abteilungen zusammen: Allgemeine Semitistik und Islamwissenschaft, Christlicher Orient, Alter Orient und Indologie. 1950 kam die ägyptologische Abteilung hinzu. Solange Taeschner Ordinarius war, blieb die Abteilung für den Christlichen Orient bestehen. Mit dem Dienstantritt seines Nachfolgers Hans Wehr im Jahre 1957 aber verschwand diese Erinnerung an bessere Zeiten für die christlich-orientalischen Studien in Münster.

Joseph MOLITOR (1903-1987) hatte 1928 ebenfalls in Bonn bei Baumstark promoviert. Er lehrte seit 1951 in Bonn und von 1958 bis 1970 in Bamberg in erster Linie Neues Testament, aber auch Kunde des Christlichen Orients. Einen Nachfolger auf dem zweiten Gebiet hat er nicht gefunden.

Paul KRÜGER (1904-1975), ein Münsteraner Dok-

torand Baumstarks (1932) und Rückers (1936), war
hauptamtlich in der Seelsorge tätig. Er trat von
1961 bis 1964 in Münster die Nachfolge Engber-
dings als Lehrbeauftragter an, wenn auch in we-
sentlich geringerem Umfang. Alle drei sind noch
als Mitarbeiter und Herausgeber des Oriens Chri-
stianus zu nennen.

Curt PETERS (* 1905) war ein weiterer hoff-
nungsvoller Doktorand Baumstarks (vgl. Baumstark,
OrChr 30, 1933, 219). Er wurde 1930 in Paderborn
zum Diakon geweiht. Im dortigen Liber Ordinatio-
num wird er auch in der Reihe der Kandidaten für
die Priesterweihe am 15.3.1931 aufgeführt. Ge-
weiht wurde er aber offenbar nicht, weil bei ihm
als einzigem das Datum fehlt (ohne Angabe von
Gründen) und er auch in den Personalverzeichnis-
sen der folgenden Jahre nicht genannt wird. Die
Ordinationsregister in Münster, wo er seit 1931
wohnte, verzeichnen ihn ebenfalls nicht. Sein
letzter Beitrag für den Oriens Christianus er-
schien 1936. Ein Buch über "Das Diatessaron Ta-
tians" kam 1939 in Rom heraus. Dessen Vorwort
hatte er am 7.2.1939 in Leiden geschrieben. Er
wurde "während des Krieges nach dem Spruch eines
deutschen Besatzungsgerichtes in Holland hinge-
richtet" (Baumstark, OrChr 37, 1953, 9 Fußn. 8).
Einzelheiten über seine letzten Jahre und seinen
Tod sind mir nicht bekannt.

Es gab darüber hinaus eine Reihe von Theolo-
gen, die sich außerhalb der Universität mit dem
Christlichen Orient befaßten. So widmete sich Gu-
stav DIETTRICH (1869-1947) eingehend syrischen
Studien. Als Pfarrer der deutschen evangelischen
Gemeinde in London (1895-1902) hatte er leichten
Zugang zu den Handschriftenschätzen des Briti-
schen Museums, anschließend als Pfarrer in Berlin
zu denen der Preußischen Staatsbibliothek. Er
veröffentlichte vor allem Arbeiten zur syrischen

Bibel und ihrer Auslegung, zur Liturgie der Syrer und über syrische Handschriften.

Hugo DUENSING (1877-1961) war ebenfalls evangelischer Pfarrer, zuletzt von 1926-1947 in Goslar. Von ihm stammt eine Reihe von Ausgaben und Abhandlungen vor allem aus dem Gebiet der äthiopischen und christlich-palästinensischen Literatur.

Konrad LÜBECK (1873-1952), einer der beiden ersten Stipendiaten der Görres-Gesellschaft in Jerusalem, ließ mehrere Arbeiten zur Geschichte und Liturgie der orientalischen Kirchen drucken. Er war Geistlicher und Oberstudienrat am Gymnasium in Fulda.

Clemens KOPP (1886-1967) war gleichfalls katholischer Geistlicher und im Schuldienst tätig, hielt sich aber auch studienhalber mehrfach im Orient auf. U.a. legte er 1932 ein Buch über "Glaube und Sakramente der koptischen Kirche" als Ergebnis zweier Ägyptenaufenthalte vor.

Auch Ignaz RUCKER (1879-1957), über 40 Jahre lang katholischer Pfarrer des kleinen Dorfes Oxenbronn bei Günzburg (heute Gemeinde Ichenhausen), befaßte sich mit dem Christlichen Orient, vor allem der Überlieferung des Ephesinums in der syrischen, armenischen und georgischen Literatur. Die erforderlichen Sprachkenntnisse scheint er sich im Selbststudium angeeignet zu haben, möglicherweise auch schon im Priesterseminar in Dillingen (bei Sebastian Euringer ?). Seine grundgelehrten Bücher sind meist im Selbstverlag erschienen, zwei aber auch in den Sitzungsberichten der Bayerischen Akademie der Wissenschaften (vorgelegt von keinem Geringeren als Eduard Schwartz). Sie lesen sich teilweise recht schwer, so daß selbst ein wohlwollender Rezensent wie Adolf Rücker mit unverhohlener Kritik nicht sparte (OrChr 30, 1933, 234f.).

Neben Büchern für einen weiteren Leserkreis

verdanken wir Leo HAEFELI (1885-1948), seinerzeit katholischer Pfarrer in Würenlos in der Nähe von Zürich, ein Kompendium der Peschitta-Forschung (1927). Er war 1914 in Rom mit Vorarbeiten für eine kritische Ausgabe der Peschitta des Alten Testamentes befaßt und sollte mit Johannes Straubinger, 1914/15 Jerusalemer Stipendiat der Görres-Gesellschaft, im Orient nach alten syrischen Bibelhandschriften fahnden. Der Kriegsausbruch verhinderte das Unternehmen. Später wurde Haefeli noch Professor für orientalische Sprachen an der Universität Zürich.

Dank der Leistungen der Genannten hatte die Wissenschaft vom Christlichen Orient doch allmählich ein gewisses Gewicht innerhalb der deutschen Orientalistik erlangt. Äußerlich kam das etwa dadurch zum Ausdruck, daß es Alexander BÖHLIG, der damals noch als Professor für Byzantinistik (mit besonderer Berücksichtigung des christlichen Orients) in Halle an der Saale lehrte, gelang, im Rahmen der von der Deutschen Morgenländischen Gesellschaft veranstalteten Tagungen eine Sektion "Christlicher Orient und Byzanz" zu bilden. (Bei den internationalen Orientalistenkongressen gab es das bereits seit dem Kongreß in Rom 1935.) Sie trat erstmals 1958 auf dem XIV. Deutschen Orientalistentag in Halle zusammen (s. den Bericht von Ernst Hammerschmidt, OrChr 43, 1959, 153-155). Die Görres-Gesellschaft, die sich durch die Förderung und Übernahme des Oriens Christianus (s.u.) und ihr Institut in Jerusalem bleibende und allgemein anerkannte Verdienste erworben hatte, war dem allerdings schon zuvorgekommen. Auf der ersten Generalversammlung nach dem Zweiten Weltkrieg, 1949 in Köln, wurde die Sektion für Orientalistik wieder ins Leben gerufen (Leiter: Friedrich Stummer). 1951, auf der Münchener Generalversammlung, benannte man sie in "Sektion für die Kunde des christlichen Orients" um. Ihre Leitung übernahm der Byzantinist Franz Dölger, ab 1952 Georg Graf (ihm folgten nacheinander Engberding, Molitor und Aßfalg). In München fanden auch die ersten Vorträge der Sektion statt. Graf sprach über "Stand und Aufgaben des Corpus Scriptorum Christianorum Orientalium (Löwen)" und Friedrich Nötscher behandelte die "Jüdische Mönchsgemeinde und Anfänge des Christentums nach den am Toten Meer aufgefundenen Handschriften".

Der Wissenschaft vom Christlichen Orient ist es aber nicht gelungen, als selbständiges Fach an den deutschen Universitäten wirklich Fuß zu fassen und dadurch ihren Fortbestand zu sichern. Anders ihre attraktivere Schwester, die Byzantinistik: sie konnte sich seit dem Ende des 19. Jahrhunderts, vor allem durch die Bemühungen Karl Krummbachers (1854-1909) von der Klassischen Philologie lösen und verselbständigen; sie ist heute aus dem Leben vieler Universitäten nicht mehr wegzudenken. Sachliche, in den beiden Wissenschaften selbst oder in den Leistungen ihrer Vertreter liegende Gründe für den unterschiedlichen Erfolg vermag ich nicht zu erkennen.

Der Wissenschaftsrat hatte 1960 die Errichtung von 32 Lehrstühlen verschiedener orientalistischer Fachrichtungen empfohlen. Vom Christlichen Orient war dabei mit keinem Wort die Rede (Empfehlungen des Wissenschaftsrates zum Ausbau der wissenschaftlichen Einrichtungen. Teil I: Wissenschaftliche Hochschulen, November 1960, 88f., 172ff.).

Im selben Jahr erschien eine im Auftrag der Deutschen Forschungsgemeinschaft von Adam Falkenstein in Zusammenarbeit mit namhaften Orientalisten herausgegebene "Denkschrift zur Lage der Orientalistik" (Wiesbaden). Die Wissenschaft vom Christlichen Orient wird darin wenig sachgerecht als "Sonderdisziplin" der Gruppe Semitistik und Islamkunde aufgeführt. Dort ist zu lesen: Sie, "die sich räumlich ungefähr mit demselben Gebiet beschäftigt wie die Islamwissenschaft, tritt aber gegenüber der Erforschung der islamischen Welt zurück, da das Christentum und christliche Literaturerzeugnisse im Orient stark zurückgedrängt worden sind" (S. 8). Man weiß nicht recht, was diese sonderbare Feststellung besagen sollte. Sie gibt kaum den zutreffenden Grund für die schlechte universitäre Situation der christlich-orientalischen Studien an (sonst dürfte es z.B. die Wissenschaft vom Alten Orient überhaupt nicht geben!). Und wie eine Empfehlung, solche Studien zu fördern, wirkt sie auch nicht, obwohl eigentlich selbstverständlich sein sollte, daß die heutige politische, wirtschaftliche oder kulturelle Bedeutung von Völkern oder Volksgruppen kein Maßstab für den Wert historischer Forschung sein kann. Verständnisvoller ist die Denkschrift der Deutschen Morgenländischen Gesellschaft "Deutsche Orientalistik der siebziger Jahre. Thesen - Zustandsanalyse - Perspektiven" (1972), die unter dem Leitsatz "Andere Fächer ringen um ihre Existenz" immerhin beklagt, daß "auch die Wissenschaft vom Christlichen Orient ... seit langem nicht mehr (wisse), was Ermutigung ist" (S. 13).

Es soll aber nicht bestritten werden, daß sich in den letzten zwei bis drei Jahrzehnten die Lage des Christlichen Orients an den deutschen Universitäten verbesserte. Die günstigere Entwicklung beruhte aber wohl weniger auf größerer Einsicht oder gestiegenem Interesse der Verantwortlichen als vielmehr darauf, daß im Zuge der starken Ausweitung des Personals die glücklicherweise vorhandenen Fachleute für den Christlichen Orient einen Platz finden konnten. Um es überspitzt auszudrücken: Auf ein paar Professuren mehr oder weniger kam es zu dieser Zeit nicht an. Bezeichnend ist, daß es sich nicht um Ordinariate handelte und auch keine entsprechenden Institute entstanden, von Assistentenstellen ganz zu schweigen. So kann der Fortbestand der Wissenschaft vom Christlichen Orient in Deutschland nicht als institutionell gesichert angesehen werden. In der Tat wurden anläßlich von Pensionierungen Überlegungen angestellt, diese Stellen wieder zu streichen. Etwas ähnliches war übrigens schon nach dem Tod Karges (1922) in Münster geschehen, als wegen der damaligen schlechten Staatsfinanzen die Professuren für Missionswissenschaft und - wie nicht anders zu erwarten - für Kunde des christlichen Orients gefährdet waren. Die katholisch-theologische Fakultät setzte sich insbesondere für erstere ein, schrieb aber 1923 in einer Stellungnahme weiter: "Von der Professur für Kunde des christlichen Orients kann allerdings eine völlig gleiche Wichtigkeit nicht betont werden. Doch wäre zu bedenken, daß gegenüber der einseitigen Behandlung des Vorderen Orients von seiten der philologischen Islamkunde auch die christliche Wertung Platz haben müßte, zumal an einer Universität wie Münster, der als Kulturkreis der Vordere Orient zugewiesen ist. Ferner wäre zu beachten, daß diese Professur nur an der hiesigen Fakultät vorhanden ist und wenigstens an einer Universität vertreten sein müßte." Die Intervention hatte Erfolg (Hegel aaO 443).

Für die neuere Zeit sind als Fachvertreter zu nennen: der bereits erwähnte Alexander BÖHLIG (* 1912), seit 1964 Professor für Sprachen und Kulturen des christlichen Orients in Tübingen und Julius ASSFALG (* 1919), seit 1967 Professor für Philologie des Christlichen Orients in München. Für beide sind inzwischen, nach unerfreulichem hin und her, Nachfolger aus dem Ausland berufen worden. Ein Schüler Aßfalgs, von Beruf Staatsan-

22

walt, wurde 1986 zum Honorarprofessor für Antike Rechtsgeschichte, insbesondere das Recht des Christlichen Orients, in der Münchener juristischen Fakultät bestellt. In Bonn vertritt seit 1976 Caspar Detlef Gustav MÜLLER (* 1927) das Fach "Sprachen, Literaturen und Kirchengeschichte des Christlichen Orients". Seit 1984 ist der gebürtige Libanese Michael BREYDY (* 1928) Professor für Nahöstliche Orientalistik und Leiter des Instituts für christlich-arabische Literatur in der neuen Privatuniversität Witten/Herdecke.

In der Göttinger theologischen Fakultät lehrte seit 1965 Werner STROTHMANN (* 1907) als Professor für Syrische Kirchengeschichte. Er war vorher lange Jahre Pfarrer in Ahlum bei Wolfenbüttel gewesen und hat nicht nur durch seinen Hebräischunterricht im Gymnasium der Kreisstadt Interesse für den Orient geweckt (z.B. beim Schreiber dieser Zeilen), sondern dann in Göttingen zahlreiche Syrischschüler um sich versammelt sowie den Sonderforschungsbereich "Orientalistik" angeregt und durchgesetzt, dem wir zahlreiche Ausgaben und Untersuchungen aus dem Gebiet des Christlichen Orients verdanken, nicht zuletzt auch die vielbändige Konkordanz zur syrischen Bibel. Sein Nachfolger wurde 1975 Wolfgang HAGE (* 1935), der 1981 den Lehrstuhl von Peter KAWERAU (1915-1988) für Kirchengeschichte mit dem Schwerpunkt Ostkirchengeschichte in Marburg übernahm, in Göttingen 1984 gefolgt von Jouko MARTIKAINEN aus Finnland (Kirchengeschichte des Orients unter besonderer Berücksichtigung der syrischen Kirchengeschichte).

Mehr oder weniger intensiv befassen sich auch Vertreter benachbarter Fächer mit dem Christlichen Orient. Vor allem sind zu nennen: Friedrich HEYER (* 1908; em. Professor für Konfessionskunde in Heidelberg), Bertold SPULER (* 1911, em. Professor für Orientalistik und Islamkunde in Hamburg), Ludger BERNHARD (* 1912; em. Professor für ökumenische Theologie in Salzburg), Fairy von LILIENFELD (* 1917; em. Professorin für Geschichte und Theologie des Christlichen Ostens in Erlangen), Rudolf MACUCH (* 1919; em. Professor für Semitistik in Berlin), Anton SCHALL (* 1920; em. Professor für Semitistik und Islamkunde in Heidelberg), Luise ABRAMOWSKI (* 1928; Alte Kirchengeschichte, Tübingen), Ernst HAMMERSCHMIDT (* 1928; Afrikanische Sprachen und Kulturen, Hamburg), Walter SELB (* 1929; Römisches Recht und Antike Rechtsgeschichte, Wien), Winfried CRAMER (* 1933; Alte Kirchengeschichte, Patrologie und Christliche Archäologie, Münster), Gernot WIESSNER (* 1933; Allgemeine Religionsgeschichte, Göttingen) und Barbara ALAND (* 1937; Kirchengeschichte und Neutestamentliche Textforschung unter besonderer Berücksichtigung des christlichen Orients, Münster).

In der DDR widmen sich vor allem Gertrud PÄTSCH (* 1910), Schülerin des bereits genannten Sprachwissenschaftlers Ferdinand Hestermann, und Heinz FÄHNRICH dem Georgischen (beide Jena, dem Zentrum der dortigen Karthvelologie) sowie Hermann GOLTZ (Konfessionskunde der orthodoxen Kirchen) dem Armenischen (Halle an der Saale). Den gesamten Christlichen Orient vertritt Peter NAGEL (ebenfalls Halle).

Im übrigen ist der Beitrag, den heutige Orientalisten und Theologen für die Wissenschaft vom Christlichen Orient leisten, leider nur als gering zu veranschlagen.

Außerhalb des deutschen Universitätsbetriebs wirken vor allem Edmund BECK (* 1902), Benediktiner der Abtei Metten, besonders hervorgetreten durch seine Arbeiten über Ephräm den Syrer, sowie Otto F. A. MEINARDUS (* 1925), der lange Jahre an der Amerikanischen Universität in Kairo und in Athen lehrte. Klaus GAMBER (1919-1989) leitete seit 1960 das Liturgiewissenschaftliche Institut in Regensburg und befaßte sich auch mit den orientalischen Riten.

Bedauerlich ist, daß es nur noch sehr wenige in der Seelsorge stehende Theologen gibt, die sich hin und wieder wissenschaftlich auf dem Gebiet des Christlichen Orients betätigen. Es fehlt wohl nicht nur an der Zeit, sondern auch am Interesse.

Mit den genannten Namen, zu denen noch die jüngeren Wissenschaftler hinzuzurechnen sind, die hier nicht einzeln aufgezählt werden sollen, ist gleichzeitig - was den deutschsprachigen Raum betrifft - im wesentlichen der Kreis umschrieben, aus dem die Mitarbeiter des Oriens Christianus kommen.

Zur Geschichte des Oriens Christianus

Die Gründung der Zeitschrift in Rom brachte es mit sich, daß für die ersten Bände Personen aus der dortigen Umgebung Baumstarks Beiträge lieferten. So beteiligten sich mehrere Forscher, die sich damals studienhalber im Priesterkolleg am Campo Santo oder im 1888 gegründeten römischen Institut der Görres-Gesellschaft aufhielten: der Kirchen- und Rechtshistoriker Emil GÖLLER (ab 1909 in Freiburg), der Historiker und spätere Bischof von Lausanne Marius BESSON, der 1907 im Alter von 34 Jahren als Vizerektor des Campo Santo verstorbene Wilhelm van GULIK (Arbeitsgebiet: "Hierarchia Catholica"), der Neutestamentler Johann Michael HEER (Freiburg), Theodor SCHERMANN (später Patrologe in München), Heinrich Karl SCHÄFER ("Geschichte der päpstlichen Hof- und Finanzverwaltung"; er hatte evangelische Theologie studiert und war 1902 konvertiert; ab 1921 arbeitete er im Potsdamer Reichsarchiv; 1945 kam er in Oranienburg um) und der Kunsthistoriker Augustin

STEGENŠEK (später Professor an der theologischen
Lehranstalt im damals österreichischen Marburg
[Maribor]). Diesem Kreis gehören weitere Personen
an, die sich aber erst ab der zweiten Serie
(1911ff.) beteiligten: die Christlichen Archäolo-
gen Carl Maria KAUFMANN (Geistlicher und Privat-
gelehrter in Frankfurt am Main), Johann Peter
KIRSCH (1890-1932 Freiburg in der Schweiz, ab
1925 Leiter des Päpstlichen Archäologischen In-
stituts in Rom) und Joseph SAUER (Freiburg im
Breisgau; er war bereits mit Baumstarks Vater be-
kannt), der Pastoraltheologe und Liturgiker Ri-
chard STAPPER (Münster) sowie der Religionshisto-
riker Franz Josef DÖLGER (Münster, Breslau und ab
1929 Bonn). Eine besondere Erwähnung verdient der
Kunsthistoriker Josef STRZYGOWSKI (später Wien),
der bei der Frage nach dem Ursprung der abendlän-
dischen Kunst die Rolle des Orients stark hervor-
hob. Er weckte in Rom Baumstarks dann sehr ausge-
prägtes Interesse für die Kunstgeschichte, das
sich in vielen Beiträgen niederschlug. Ein Gegen-
spieler bei dem Streit "Orient oder Rom" war der
ebenfalls am Campo Santo tätig gewesene Joseph
WILPERT (frühchristliche Archäologie und Ikono-
graphie), der nur im 5. Band einen kurzen Beitrag
beisteuerte und den Baumstark, der Strzygowski
folgte, später mehrfach heftig angriff.

Beiträge kamen ferner von dem griechischen
Scriptor der Vatikanischen Bibliothek Giovanni
MERCATI (später Kardinal), dem für die orientali-
sche Sektion der Propaganda Fide tätigen Mariano
UGOLINI und von Aurelio PALMIERI, dem Leiter der
ostkirchlichen Zeitschrift Bessarione. Letzterer
mußte in Baumstarks Literaturberichten außer lo-
bender auch mehrfach harsche Kritik wegen seiner
polemischen Ausführungen gegen nichtkatholische
Ostkirchen einstecken (vgl. OrChr 1, 403; 2,
240f. 246 489; 4, 229 448 469), was der weiteren
Mitarbeit des literarisch sehr produktiven Pal-

mieri beim Oriens Christianus kaum förderlich sein konnte. Auch sonst übrigens verschonte Baumstark Mitarbeiter seiner Zeitschrift nicht mit strenger Kritik.

Einen langen Aufsatz lieferte noch der aus dem Kloster Beuron stammende Benediktiner Hugo Athanasius GAISSER, seit 1896 Professor am Päpstlichen Griechischen Kolleg († 1919 im Kloster Ettal).

Schon bei den ersten Bänden beteiligten sich auch Orientalen, die sich in Rom aufhielten: Elias BATAREIKH (Ilyās Baṭāraḫ), Sekretär des griechisch-katholischen Patriarchen, der Maronit Tobias ANAISI (al-ʿAnaisī), der Generalobere der chaldäischen Antonianer Samuel GIAMIL (Ǧamīl) sowie die beiden Basilianermönche Cosma BUCCOLA und Sofronio GASSISI aus der bei Rom gelegenen griechischen Abtei Grottaferrata, die 1904 gerade ihr neunhundertjähriges Jubiläum feierte.

Nicht vergessen sei der berühmte römische Orientalist Ignazio GUIDI, der Rezensionen schrieb und bei den Literaturberichten mitwirkte. In Band 9 erschien ein kurzer Aufsatz von ihm.

In einem vierseitigen Prospekt des Kommissionsverlegers Otto Harrassowitz von Ende Mai 1901 findet sich eine Liste mit weiteren Gelehrten, die ihre Mitarbeit zugesagt hatten. Einige erscheinen auch tatsächlich als Verfasser. Außer eben schon Genannten sind es Carl BEZOLD (Orientalist in Heidelberg) und Albert EHRHARD (der bekannte Kirchenhistoriker und Patrologe), wenn auch nur als Rezensenten in späteren Bänden, außerdem die bereits im Zusammenhang mit den christlich-orientalischen Studien in Deutschland erwähnten Theologen Oskar Braun, Heinrich Goussen, Paul Vetter und Simon Weber, ferner der im Kestner-Museum in Hannover und ab 1903 in Trier tätige, aber schon 1905 verstorbene Hans GRAEVEN, aus dem Ausland der Klassische Philologe und

Orientalist Marc Antoine KUGENER (Lüttich) sowie der Mathematiker und Syrologe Abbé François NAU (Professor am Institut Catholique in Paris).

Einige, die offenbar immerhin ihr Interesse bekundet hatten, haben dagegen nie etwas im Oriens Christianus veröffentlicht, etwa die Theologen Otto Bardenhewer, Franz Diekamp, Johann Baptist Goettsberger, Joseph Sickenberger oder die Orientalisten Carl Brockelmann und Eduard Sachau, ebensowenig Jean Baptist Chabot aus Paris.

Dafür finden wir neue Namen: Joseph BERENBACH hatte orientalische und klassische Philologie studiert (vielleicht ein Kommilitone Baumstarks?) und wurde Bibliotheksrat in Heidelberg, Augustinus BLUDAU, der Münsteraner Exeget und - seit 1909 - Bischof von Ermland, der Islamforscher Ignaz GOLDZIHER (Budapest). Bei dem katholischen Geistlichen Karl KAISER handelt es sich wohl um einen Bekannten von Baumstark; er war später auch an der Lenderschen Lehranstalt tätig. Die Mitwirkung des an der École Biblique in Jerusalem lehrenden Archäologen Felix-M. ABEL wird mit Baumstarks Studienaufenthalt dort zusammenhängen. Über E. LEGIER kann ich nichts sagen, über Michael KMOSKO, den Herausgeber u.a. des Liber Graduum nur, daß er 1902 in Preßburg lebte und 1931 als Professor für Semitistik in Budapest starb.

Rezensionen stammen von dem Valkenburger Theologen Gerhard GIETMANN, dem Prager Religionswissenschaftler und Assyriologen Franz Xaver STEINMETZER, von Josef WIRTZ, der 1906 mit einer dogmengeschichtlichen Arbeit in Freiburg promovierte und einem Bruder Cölns.

Nicht zuletzt muß natürlich Anton BAUMSTARK selbst genannt werden, der bis Band 36 (1941) bzw. - posthum - bis Band 37 (1953) fast 150 Beiträge, die vielen Rezensionen nicht gerechnet, lieferte. Ausgesetzt hat er nur in Band 29 (1932), der Festschrift zu seinem sechzigsten Geburtstag, und in Band 8 (1908), nachdem er eine Stelle als Lehrer hatte annehmen und die Schriftleitung hatte abgeben müssen.

An seine Stelle war für drei Jahrgänge (Band 6 bis 8) Franz Joseph CÖLN getreten. Zu seiner Zeit läßt die Vielfalt nach und es erscheinen wenige, dafür sehr lange Beiträge (was später Baumstark wieder ändern will, s. OrChr 9, 141). Sie stammen von Cöln selbst und mehreren seiner Bonner und Berliner Bekannten: Hermann JUNKER, 1900 zum Priester geweiht, studierte in Bonn und seit 1901 in Berlin, wo er 1903 bei dem Ägyptologen Adolf Erman promovierte; er wurde später Professor für Ägyptologie in Wien. Schüler Sachaus in Berlin waren - wie Cöln - auch die oben genannten Goussen und Vandenhoff, ferner Bruno KIRSCHNER. Letzterer studierte semitische Philologie in München, Berlin (1903-1905) und promovierte 1906 bei Bezold in Heidelberg. Er ist identisch mit dem Absolventen der Berliner Lehranstalt für die Wissenschaft des Judentums (deren Studenten waren teilweise auch an der Universität eingeschrieben), der von 1927 bis 1930 das Jüdische Lexikon mit herausgab und seit 1937 in Jerusalem lebte. Jacob WICKERT, wie Cöln Priester der Trierer Diözese, studierte in Trier und Berlin, promovierte aber dann 1909 in Breslau zum Dr. theol. Bei dem Beiträgen von Junker (Koptische Poesie), Kirschner und Wickert handelt es sich um deren Dissertationen. Wohl nur zufällig erscheint der Vortrag, den der Straßburger Alttestamentler und spätere Münchener Kardinal Michael FAULHABER auf dem Orientalistenkongreß in Kopenhagen gehalten hat.

In dem schon erwähnten Verlagsprospekt ist auch - unverkennbar in Baumstarks Diktion - das Programm der Zeitschrift niedergelegt:
  "In den 'Römischen Halbjahrheften' soll durch
   eine katholische deutsche Nationalstiftung der

ewigen Stadt ein einheitlicher Sammelpunkt von internationaler und interconfessioneller Bedeutung für einen ausgedehnten und bislang nur durch die französische 'Revue de l'orient chrétien' vertretenen Komplex von Studien geschaffen werden, dem erfahrungsgemäss weder die allgemein orientalistischen noch die historisch-theologischen Zeitschriften gerecht zu werden vermögen. Die Erforschung der christlichen Litteraturen wie der christlichen Kunst des Ostens, seine Kirchengeschichte wie die Kenntnis seiner Liturgien und seines kirchlichen Rechtes, die Geschichte seiner Beziehungen zum Abendlande wie die Geschichte der orientalischen Studien in den kirchlichen Kreisen des Letzteren werden hier eine streng wissenschaftliche, von keinem Nebenzwecke beeinflusste Pflege finden. Veröffentlichung äthiopischer, arabischer, armenischer, griechischer, koptischer, slavischer und syrischer Texte und Publikation von Denkmälern der christlich-orientalischen Kunst werden Hauptaufgaben des neuen Organes bilden. Daneben wird dieses durch umfangreichere Untersuchungen wie durch kürzere Mitteilungen die Forschung selbständig zu fördern, in Besprechung hervorragender litterarischer Erscheinungen und in regelmässigen Berichten über die periodische Litteratur ihren Fortgang aufmerksam zu verfolgen bestrebt sein.

Die nichtgriechischen Textpublikationen werden regelmässig von einer Uebersetzung begleitet sein, für welche der Gebrauch der lateinischen Sprache erwünscht ist. Im übrigen sind Deutsch, Englisch, Französisch, Italienisch und Lateinisch gleichmässig als Sprachen der einzelnen Beiträge zugelassen.

Je Ende Juni und Ende December wird ein Heft zur Ausgabe gelangen. Der Jahrgang in einer Mindeststärke von 25 Bogen im Formate dieser Voranzeige, worunter mindestens 5 Bogen orientalischer Texte, mit dem reichen Typenmateriale der Druckerei der Propaganda zu Rom hergestellt und mit Beigabe mindestens einer Tafel kostet 20 M. (25 Fr.) Einzelne Hefte sind nicht käuflich."

Baumstark klagt mehrfach über mangelnde Unterstützung, über Verzögerungen beim Erscheinen und Schwierigkeiten mit der Druckerei. So berichtet er etwa am Anfang eines 1907 erschienen Aufsatzes bissig: "Ich muss dabei bemerken, dass das Manuskript dieses Artikels bezw. genauer sogar der Satz seines Textes leider seit Ende des Jahres 1903 dank der über den Oriens Christianus gekommenen Krisen ein beschauliches Dasein in einer Ecke der Druckerei geführt hat." (S. 389, Fußnote 2; vgl. auch die Klagen in Band 5, 90; 9, 137).

1911 wurde mit der zweiten Serie ein neuer Anfang gemacht. Nach längeren Verhandlungen ging der Oriens Christianus vom Priesterkollegium des Campo Santo auf die Görres-Gesellschaft über, die ihn bereits von Anfang an unterstützt hatte. 1901 waren auf Antrag von Anton de Waal 500 Mark gezahlt worden (die Höhe der Druckkosten ist nicht bekannt). Im Protokoll der Vorstandssitzung des Jahres 1902 heißt es: "Für die Zeitschrift 'Oriens Christianus' wurde als Unterstützung für drei Jahre je 1200 M. bewilligt. Auf dem Titelblatt der Zeitschrift soll die Unterstützung bemerkt werden." Das geschah ab Band 3. Später zeigen sich die erwähnten Schwierigkeiten, die vielleicht auch durch Baumstarks langen Orientaufenthalt bedingt waren. 1905 beschließt nämlich der Vorstand: "Die Fortzahlung der Unterstützung von 1200 M. für den Oriens Christianus wird vorderhand sistiert, um diesbezüglich die Meinung des

Herrn Prälaten de Waal zu hören." Auch 1906 bleibt der Vorstand noch zurückhaltend. Im Protokoll heißt es: "Prälat de Waal bittet schriftlich um Bezahlung der Unterstützung für 1905 und 1906 für den Oriens Christianus. Der Antrag, die Unterstützung für den Jahrgang 1905 gemäß dem Vertrage erst zu bewilligen, wenn die beiden Hefte komplett vorliegen, wird angenommen." Hier zeigt sich die "strengst solide Finanzgebarung" des Freiherrn von Hertling! Umso erstaunter lesen wir dann 1907: "In Bezug auf die früheren Beschlüsse über Unterstützung des Oriens christianus sind Meinungsverschiedenheiten entstanden, ob die Unterstützung für 1905 schon gezahlt worden ist. Der Vorsitzende beantragt, die Unterstützung für 1905 für jeden Fall zu zahlen. Angenommen." 1908 ist die Zeitschrift kein Thema. 1909 wird beschlossen, "mit Prälat de Waal wegen Uebernahme des Oriens christianus durch die Görres-Gesellschaft in Verhandlungen einzutreten." 1910 schlägt die damit beauftragte Kommission vor, "daß die Gesellschaft von 1911 ab den Oriens christianus übernehme; die Redaktion soll Herrn Dr. Baumstark übertragen werden mit jährlich M. 800 Redaktionsgehalt [Anmerkung von 1989: ein Betrag, der bis heute nicht wieder erreicht wurde], außerdem werden beantragt M. 1200 jährlich Druckunterstützung." So wird es am nächsten Tag entschieden. Doch der Vorstand ist wieder vorsichtig: "Davon [den 2000 Mark] darf aber kein Gebrauch gemacht werden, bis ein mit Herrn Prälaten Dr. de Waal abzuschließender Vertrag vorliegt, durch welchen die Zeitschrift in das Eigentum der Gesellschaft übergeht."

Die Vollzugsmeldung erfolgt auf der nächsten Generalversammlung. Außerdem findet sich im Protokoll: "Der Vorsitzende [der Sektion für Altertumskunde, Johann Peter Kirsch] empfahl dringend das Abonnement und die Verbreitung des wichtigen

Organs." Dieser Appell wird später mehrfach erneuert.

Der Oriens Christianus wurde nun nicht mehr in der Polyglottendruckerei der Propaganda Fide, sondern in der Offizin W. Drugulin in Leipzig gedruckt (seit 1937 bei C. Schulze & Co. in Gräfenhainichen). Verlegerisch betreute ihn jetzt der bisherige Kommissionsverleger Otto Harrassowitz in Leipzig. Baumstark übernahm ab Band 9 (1911) wieder die Schriftleitung. August Heisenberg weist in der Byzantinischen Zeitschrift (21, 1912, 376) auf das Wiedererscheinen hin und schreibt: "Das Programm bleibt das alte, doch sollen christliche Archäologie und Kunstgeschichte noch mehr als bisher berücksichtigt und besonderes Gewicht auf reichhaltige Literaturberichte gelegt werden."

Baumstark knüpfte an seine alten römischen Beziehungen an und gewann auch neue Mitarbeiter. Die römischen Bekannten wurden schon genannt. Weitere Autoren haben mit der wissenschaftlichen Station der Görres-Gesellschaft in Jerusalem zu tun: Georg GRAF und Adolf RÜCKER. Aber der Kreis der Verfasser erweitert sich immer mehr. Es sind unter anderem - einige wurden schon genannt - die Theologen: Arthur ALLGEIER, Sebastian EURINGER, Felix HAASE, Gottfried HOBERG (Exeget in Freiburg, bereits im Prospekt von 1901 aufgeführt), Peter KETTER (Kaplan in Rom, dann Professor für Neues Testament in Freiburg und seit 1924 Trier), Anton MICHEL (Kirchengeschichte, Byzantinistik), Ludwig MOHLER (Kirchengeschichte, Freiburg, später Münster), Maternus WOLFF (Benediktiner aus Maria Laach); ferner aus dem Ausland Marius CHAÎNE, die Benediktiner Jules JEANNIN, JULIEN PUJADE und Richard H. CONOLLY (Liturgiegeschichte);
Orientalisten: August HAFFNER (Innsbruck), Willi HEFFENING;

Byzantinisten: Nikos A. BEES (Berlin), Willy
HENGSTENBERG (s.o.), Ernst HONIGMANN (damals Bi-
bliothekar in Breslau), Paul MAAS (damals Berlin)
und Egon WELLESZ (Wien);
sowie der klassische Archäologe Ludwig von SYBEL
(Marburg) und der Kunsthistoriker Wladimir de
GRÜNEISEN.

Besonders zu erwähnen ist die langjährige Mit-
arbeit von Wiener Mechitharisten, des früh ver-
storbenen Petrus FERHAT, von Aristaces VARDANIAN
und - ab 1927 - von Vahan INGLISIAN.

Von Bedeutung ist ferner Theodor KLUGE, einer
der wenigen, die damals georgische Studien trie-
ben. Nicht vergessen sei auch Johann Georg von
SACHSEN, ein Sohn des letzten sächsischen Königs
und Bruder des in Freiburg in der Schweiz Theolo-
gie lehrenden Prinzen Max. Er lieferte einige
kürzere kunsthistorische Beiträge, Erträge seiner
Orientreisen. Seine wohl nicht immer wissen-
schaftlichem Standard entsprechenden Bücher wur-
den im Oriens Christianus, sicherlich im Hinblick
auf seine gesellschaftliche Stellung und sein Mä-
zenatentum, wohlwollend und behutsam besprochen.

Als Rezensenten und teilweise auch als Mitar-
beiter bei den Literaturberichten gewann Baum-
stark noch Kapazitäten wie den englischen Kopto-
logen Walter E. CRUM, den Armenisten und Karthve-
lologen Joseph KARST (Straßburg), den Exegeten
Augustin MERK (Valkenburg, ab 1928 am Bibelinsti-
tut in Rom), den Ägyptologen Günther ROEDER (Di-
rektor des Pelizaeus-Museums in Hildesheim und
später der Ägyptischen Abteilung der Staatlichen
Museen in Berlin) und den Klassischen Philologen
Eduard SCHWARTZ (München), außer den schon ge-
nannten Dölger, Ehrhard, Stapper und Weber.

Der Oriens Christianus war aufgrund seiner
Entstehungsgeschichte natürlich stark katholisch
geprägt, viele der Autoren gehörten der Görres-

Gesellschaft an. Aber mit Bruno Kirschner und Ignaz Goldziher waren bereits jüdische Autoren zu Wort gekommen und nun veröffentlichten auch protestantische Gelehrte darin: der Göttinger Alttestamentler Alfred RAHLFS, der später in Berlin lehrende Kirchengeschichtler Hans LIETZMANN und Willy LÜDTKE, der evangelische Theologie und Orientalistik studiert hatte und dann Bibliothekar in Kiel und später Hamburg war. Von dem Berliner Pfarrer Gustav DIETTRICH, dessen Arbeiten Baumstark zunächst im großen und ganzen gelobt (OrChr 2, 1902, 451-458; 3, 1903, 219-226), eine spätere aber völlig verrissen hatte (OrChr 28, 1931, 118f.) erschienen zwei syrologische Beiträge, einer davon als Erwiderung auf Baumstark.

Johannes REIL, ebenfalls evangelischer Pfarrer und Kunsthistoriker, mußte noch heftigere Attacken Baumstarks ausstehen. Er hatte in einem Aufsatz mehrere Miniaturen aus einer syrischen Handschrift des Jerusalemer Markusklosters veröffentlicht, die Baumstark selbst, wie schon mehrfach angekündigt, in einem großen Werk hatte behandeln wollen. Nachdem Baumstark sich darüber in kaum noch vertretbarer Form beklagt hatte (OrChr 9, 1909, 134-136), druckte er zwar eine Erklärung des Angegriffenen ab (ebenda 324f.), konnte es aber nicht lassen, immer wieder auf die Angelegenheit zurückzukommen (ebenda 325-327 und 355; Band 10, 118; 11, 340), ja sogar noch nach einem Menschenalter (Band 35, 1938, 10, Fußn. 1). Es sei nicht verschwiegen, daß Baumstark auch sonst sehr empfindlich sein konnte. So vertrug er es gar nicht, wenn seine einschlägigen Arbeiten nicht zur Kenntnis genommen und zitiert wurden. Er bemängelt dies mehrfach, vor allem in seinem Buchbesprechungen (z.B. Band 10, 336; 35, 259; 36, 19f. 60 135 261). Dabei hat er es seinen Lesern, vor allem Nichtdeutschen, aber auch schwer gemacht: seine Sätze sind häufig so überladen und

kompliziert, daß man selbst als Deutscher manches
erst beim zweiten Lesen versteht.

Persönliche Gründe mögen auch dafür verant-
wortlich gewesen sein, daß Konrad Lübeck (s.o.
S.4,18), der der Görres-Gesellschaft eng verbun-
den war, nicht eine einzige Zeile im Oriens Chri-
stianus veröffentlichte. Vielleicht hängt das da-
mit zusammen, daß er anstelle von Baumstark 1909
an das Jerusalemer Institut der Görres-Gesell-
schaft geschickt wurde. Ein entsprechender Ver-
dacht drängt sich bei Leo Haefeli (s.o.S.19) auf.
In seinem 1927 erschienenen Buch "Die Peschitta
des Alten Testamentes" kommt - wenn ich recht
sehe - Baumstarks Name erstaunlicherweise über-
haupt nicht vor. Baumstark andererseits äußert
sich über das Buch kurz und abfällig, mit einer
Bemerkung zur Person (OrChr 30, 1933, 218 Fußn.
1), während die Besprechung von Euringer im sel-
ben Band (S. 226f.) durchaus lobend ist.

Der Oriens Christianus sollte nach dem zitier-
ten Programm auch die slawischen und griechischen
Kirchen umfassen. Slawistische Beiträge sind je-
doch nie erschienen, dagegen solche über griechi-
sche Themen. Die Ausgrenzung des slawischen und
griechischen Bereichs fällt mit dem Beginn der
dritten Serie (Band 23, 1927) zusammen. Verleger
und Herausgeber kündigen gemeinsam an, daß im
Hinblick auf die Editionsreihen der Patrologia
Orientalis und des Corpus Scriptorum Christiano-
rum Orientalium die (teuren) Textpublikationen
künftig zurücktreten sollen; auch die Literatur-
berichte sollen sich nicht mehr auf den griechi-
schen (dafür sei der Literaturteil der Byzantini-
schen Zeitschrift da) und slawischen Orient er-
strecken. Die Literaturberichte werden von Band
23 an auch ausdrücklich auf den "außereuropäi-
schen christlichen Orient" beschränkt. Allerdings
sind später doch hin und wieder Beiträge über

griechische Themen erschienen, vor allem Buchbesprechungen.

Die ursprüngliche Einteilung in drei "Abteilungen" (Texte und Übersetzungen; Aufsätze; Mitteilungen u.a.) wurde bis zum Ende der dritten Serie, also bis zum Band 36 (1941) durchgehalten. Wegen der Einschränkung der Editionen werden aber ab Band 23 (1927) die Aufsätze vorangestellt. Seit der Neugründung nach dem Zweiten Weltkrieg gibt es nur die zusätzlich Rubrik "Mitteilungen", aber ohne feste Abgrenzung.

Wesentlicher Bestandteil waren von Anfang an die Buchbesprechungen, und sie sind es bis heute geblieben. Leider konnten die nützlichen Literaturberichte nicht beibehalten werden. Auch wenn Baumstark Helfer hatte, stammten sie anfangs im wesentlichen von ihm selbst und offenbaren ein beeindruckendes Lesepensum. Ab Band 27 (1930) übernahm Willi Heffening die Aufgabe bis 1941. Nach dem Zweiten Weltkrieg wurde die Tradition wieder aufgenommen, die Literaturberichte aber nach wenigen Jahren endgültig eingestellt. An ihre Stelle sind Bibliographien für einzelne orientalische Sprachen in verschiedenen Zeitschriften getreten. Für Kirchengeschichte, Theologie usw. könnte man die Bibliographie der Ostkirchlichen Studien als Nachfolgerin bezeichnen.

Es waren erst drei Bände der zweiten Serie erschienen, da brach der Erste Weltkrieg aus. Er und die wirtschaftlichen Schwierigkeiten der zwanziger Jahre bekamen auch dem Oriens Christanus nicht gut. Das zeigt sich schon äußerlich daran, daß 1917 kein Band erschien, dafür 1918, um die Jahrgangsfolge einzuhalten, ein Doppelband, allerdings nur in der Numerierung (15/16), denn er war nur noch halb so dick wie die Vorkriegsbände. Der nächste Band (1920) ist noch etwas schmaler. 1923 kommt wieder ein umfangreicher Doppelband mit dem Zusatz "für die Jahre 1920/21" und 1925 sogar ein Dreifachband "für die Jahre 1922/24" heraus: der verzweifelte Versuch, wenigstens formell die Jahrgangsfolge einzuhalten. Auch die Literaturberichte schrumpfen stark, weil seit Kriegsbeginn immer weniger Zeitschriften, vor allem ausländische, zur Verfügung stehen. Diese Misere setzt sich aber auch später fort. Nachdem Heffening die Literaturberichte übernommen hatte, klagte er schon bald darüber, daß ihm ausländische Literatur nicht oder zu spät zugänglich werde, was "teils auch in der schwierigen finanziellen Lage der Bibliotheken seinen Grund hat" (OrChr 28, 1931, 120). Diese Hemmnisse verstärkten sich in den folgenden Jahren sogar noch.

1925 entschließt sich die Görres-Gesellschaft, ab 1926 mit dem ins Stocken geratenen Oriens Christianus einen neuen Anfang zu machen. Es beginnt die dritte Serie. Baumstark gibt ihn nun "in Verbindung mit" Rücker und Graf heraus. Aber - wie Baumstark selbst schreibt - trägt die Hauptlast der Redaktion bald Rücker, "der nimmermüde Mitherausgeber dieser Zeitschrift, auf dessen Schultern nunmehr schon seit Jahren mehr als der Löwenanteil unserer 'Gemeinschaftsarbeit' ruht" (OrChr 30, 1933, 98). 1927 erscheinen zwei Bände, für 1926 und für das laufende Jahr. Die Bände für 1928 und 1929 verzögern sich und kommen erst 1930 als Doppelnummer heraus, danach läuft bis 1938 alles regelmäßig.

In der dritten Serie publizierten viele Autoren, die auch schon vorher für den Oriens Christianus geschrieben hatten: neben dem unermüdlichen Baumstark sind es vor allem Rücker, Graf, Allgeier, Euringer, Goussen und Heffening. Mehrfach vertreten ist der Georgier Gregor Peradze, Lektor in Bonn (später in Warschau). Das Jerusalemer Institut der Görres-Gesellschaft führt wichtige Ausgrabungen durch, z.B. die der Brotvermehrungskirche in Tabgha am See Genesareth mit ihren schönen Mosaiken. Aus dem Institut kommen Berichte und Aufsätze der Archäologen Andreas Evaristus MADER, Alfons Maria SCHNEIDER (beides katholische Geistliche), Oswin PUTTRICH-REIGNARD (aus der Islamischen Abteilung der Staatlichen Museen in Berlin) sowie von dem Würzburger (und schließlich Münchener) Alttestamentler Friedrich STUMMER, der als Stipendiat an dem Institut zur biblischen Archäologie gefunden hatte. Auch Johann Georg von SACHSEN ist in der dritten Serie wieder dabei. Archäologische Beiträge liefern außerdem J. Heinrich SCHMIDT (Berlin), der irische Jesuit Edmund POWER (Professor für Biblische Archäologie u.a. am Bibelinstitut in Rom, ab 1939 Alttestamentler in Dublin) und - aus Anlaß der 1500. Wiederkehr des Konzils von Ephesos - der Althistoriker und Archäologe Josef KEIL, damals Greifswald, später wieder Wien, der die österreichischen Ausgrabungen in Ephesos leitete.

Nun beginnen auch Schüler Baumstarks in seiner Zeitschrift zu veröffentlichen: MOLITOR, KRÜGER (ihre philologischen Dissertationen erscheinen in Fortsetzungen), ENGBERDING und PETERS. Die Bonner philologische Dissertation von Paul KESELING (er studierte klassische und orientalische Philologie sowie Theologie und war später Oberstudiendirektor) wird ebenfalls in drei Folgen gedruckt; sie wurde auf Anregung Baumstarks, aber noch vor seiner Bonner Zeit, nämlich 1914 bei Carl Heinrich BECKER geschrieben. Auch der vierteilige Beitrag des aus dem Erzbistum Paderborn stammenden, früh verstorbenen katholischen Geistlichen Gerhard BEYER, der in Bonn Theologie studiert hatte, stellt sicherlich seine Dissertation dar. Sie ist wohl bei Goussen, aber nicht ohne Beteiligung von Baumstark entstanden.

Gelegentlich sind in der Zeit zwischen den beiden Weltkriegen neben Heffening weitere Orien-

talisten vertreten: Max HORTEN (Bonn), Enno LITT-
MANN (Tübingen), Isidor SCHEFTELOWITZ (Iranist
und Indologe; Rabbiner und Honorarprofessor in
Köln; er starb 1934 kurz nach der Annahme eines
Rufes nach Oxford), Anton SPITALER (Semitist in
München) in Verbindung mit dem Dillinger Neu-
testamentler Josef SCHMID (später München), Franz
TAESCHNER (Münster) und Karl Vilhelm ZETTERSTÉEN
(Semitist in Upsala). Zu nennen ist ferner der
Sprachwissenschaftler und Karthvelologe Gerhard
DEETERS (seit 1935 in Bonn).

Im Oriens Christianus sind zu dieser Zeit auch
mehrere Benediktiner aus der Abtei Maria Laach
vertreten, der Baumstark seit langem eng verbun-
den war: Stephan (Ferdinand) HILPISCH promovierte
1927 in Bonn zum Dr. phil. (Geschichte); von ihm
stammen zwei Buchbesprechungen; er veröffentlich-
te später Arbeiten zur Geschichte seines Ordens.
Odilo (Kurt) HEIMING hatte seit 1924 in Bonn vor
allem bei Baumstark Liturgiewissenschaft und
orientalische Sprachen studiert; seine philologi-
sche Dissertation erschien 1930 im Oriens Chri-
stianus. Hieronymus (Paul) FRANK, der sich ab
1927 in Bonn der Geschichte und ihren Hilfswis-
senschaften widmete und 1932 zum Dr. phil. promo-
vierte, hörte auch bei Baumstark. Er lieferte zwei
kürzere Beiträge. Kunibert (Leo) MOHLBERG (in Rom
tätig) und Odo CASEL, beide etwas älter, betei-
ligten sich 1932 an der Festschrift zu Baumstarks
60. Geburtstag. Die vier letztgenannten waren be-
deutende Liturgiewissenschaftler. Thomas MICHELS
(Professor für Religions- und Kirchengeschichte
in Salzburg) lieferte ebenfalls einen Beitrag für
die Festschrift.

Überhaupt bringt die Baumstark-Festschrift
nochmals eine Erweiterung des Mitarbeiterkreises.
Neben schon bekannten Namen sind es seine frühe-
ren Bonner Kollegen Paul KAHLE (Orientalistik)
und Erik PETERSON (Neues Testament und Alte Kir-

chengeschichte in der evangelisch-theologischen
Fakultät), seine Bonner Schüler Otto SPIES (der
spätere dortige Ordinarius, der 1973 in Band 57
einen Aufsatz dem Andenken Baumstarks widmet) und
Raphael EDELMANN (* 1902; er wanderte 1934 nach
Kopenhagen aus, nicht "as a child", wie Menahem
Schmelzer, Encyclopaedia Judaica, Jerusalem 1971,
meint), sowie ein ehemaliger Nimwegener Schüler,
der Dominikaner Petrus van der MEER (damals Pro-
fessor am Angelicum in Rom, seit 1940 Professor
für Geschichte und Archäologie des Alten Orients
in Amsterdam), ferner der Dominikaner und Kopto-
loge Angelicus M. KROPP, der in Berlin Orientali-
stik studiert und 1929 in Bonn promoviert hatte.
   An der Festschrift beteiligen sich auch Fach-
kollegen aus dem Ausland: der spätere Kardinaldea-
kan Eugène TISSERANT, damals Propräfekt der Vati-
kanischen Bibliothek (Baumstark hatte mit ihm
1904/5 in der Ecole Biblique in Jerusalem gewohnt
und Exkursionen unternommen, s. OrChr 4, 1905,
155; 12, 1915, 155; 36, 1941, 245) und Gabriel
MILLET aus Paris (byzantinische Kunst und Archäo-
logie; er erscheint schon im Prospekt von 1901).
   Insgesamt sind Beiträge aus dem Ausland im
Oriens Christianus zu dieser Zeit aber eher die
Ausnahme. Zu nennen sind noch die Byzantinistin
und Orientalistin Nina PIGULEWSKAJA (Leningrad) -
die erste und bis zum Zweiten Weltkrieg einzige
Frau, die für den Oriens Christianus schrieb -
sowie die Neutestamentler Daniel PLOOIJ (Utrecht)
und Matthew BLACK (Edinburg; er hatte in Bonn
studiert). Leon CRÉ wird einer der Weißen Väter
von St. Anne in Jerusalem gewesen sein, offenbar
ein Archäologe. Näheres über ihn sowie über R.
Gansyniec (wohl ein Pole; Ryszard Ganszyniec?)
kann ich nicht angeben. Rezensionen schreiben u.
a. noch die Patrologen Berthold ALTANER (Breslau)
und Johannes QUASTEN (Münster), der Nimwegener
Kirchengeschichtler Willem MULDER, die Exegeten

Max MEINERTZ (Münster) und Friedrich NÖTSCHER (Würzburg), der Dogmatiker Friedrich HÜNERMANN (Bonn), der Religionswissenschaftler Johann Peter STEFFES (Münster) und Herzog Max zu SACHSEN (Professor für Kulturen und Literaturen des Ostens in Freiburg/Schweiz), ferner der Klassische Philologe Engelbert DRERUP (Nimwegen; ein Leipziger Studienfreund Baumstarks), der Indologe Willibald KIRFEL (Bonn) und der Kunsthistoriker Fritz VOLBACH, schließlich auch der holländische Franziskaner Desiderius FRANSES, der 1919 in München promoviert hatte.

Die dritte Serie des Oriens Christianus steht sehr stark im Zeichen der Diatessaronforschung. Neben Plooij, der die mittelniederländische Evangelienharmonie bekanntgemacht hatte, waren es vor allem Baumstark und sein Schüler Curt Peters, die immer wieder, in jedem Band - man möchte beinahe sagen: bis zum Überdruß - versuchten, den Einfluß des syrischen Diatessarons auf die verschiedenen Evangelienharmonien nachzuweisen. In diese Zeit fällt auch die Entdeckung des griechischen Diatessaron-Fragments in Dura-Europos (1933).

Das erste Heft von Band 36 wurde im ersten Halbjahr 1941 ausgegeben. Daß das zweite Heft nicht mehr erscheinen konnte (so Graf, OrChr 37, 1953, 1f.; Hammerschmidt, OrChr 48, 1964, 14) trifft offensichtlich nicht zu. Es ist nicht nur ein zweites Heft (S. 161-268, mit den üblichen drei Abteilungen) herausgekommen, sondern auch das ordnungsgemäße Titelblatt und Inhaltsverzeichnis für den ganzen Band. Möglicherweise war aber wegen des Krieges eine Auslieferung nicht mehr überall hin möglich. Sogar der Mitherausgeber Graf ist anscheinend ja nicht mehr in seinen Besitz gekommen. In der Universitätsbibliothek und dem Institut für Byzantinistik der Universität München z.B. ist das Heft vorhanden, die

Bayerische Staatsbibliothek besitzt dagegen Band
36 nur im Nachdruck (der Nachdruck der Fa. John-
son Reprint Corporation von 1964 umfaßt den ge-
samten Band 36). Danach mußte die Zeitschrift
eingestellt werden (Graf, OrChr 37, 1953, 2). Ob
das Ende für den Oriens Christianus mehr mit dem
Krieg oder mehr mit dem Verbot der Görres-Gesell-
schaft im Jahre 1941 zu tun hatte, weiß ich
nicht. Das Philosophische Jahrbuch der Görres-
Gesellschaft konnte noch ein Jahr länger heraus-
gegeben werden, wenn auch ohne Unterstützung der
Gesellschaft.

1937 war der Oriens Christianus noch durch
Verwendung gotischer Schrift auf dem Titelblatt
dem Zeitgeschmack angepaßt worden. Diese harmlose
Errungenschaft, deren Entstehung jedenfalls den
jetzigen Herausgebern nicht bewußt war, wurde
erst 1982 aus Gründen der Vereinfachung besei-
tigt.

Vielleicht hoffte Baumstark, daß die Zeit-
schrift wieder würde erscheinen können, weil er
trotz der Einstellung 1941 Euringer ein Manu-
skript nicht zurückgab (s. Hammerschmidt, OrChr
43, 1959, 104). Er sollte den Neubeginn jedoch
nicht mehr erleben.

Baumstark hatte sich aber noch - keine drei
Monate vor seinem Tod am 31. Mai 1948 - auf der
Versammlung in Köln, welche die Wiederbegründung
der Görres-Gesellschaft beschlossen hatte, für
seine Zeitschrift eingesetzt. Der damalige Gene-
ralsekretär ALLGEIER, selbst Mitarbeiter des
Oriens Christianus, berichtet darüber 1949 in
Köln auf der ersten Generalversammlung nach dem
Krieg: "Wer an der Kölner Tagung im März 1948
teilgenommen hat, kann hier Baumstark nicht ver-
gessen. Er war ein eigenwilliger, aber begeister-
ter und international anerkannter Vertreter
seines Fachs, der den Oriens Christianus zu einer

selten angesehenen Zeitschrift für die Kunde des christlichen Morgenlandes auszugestalten verstanden hat und dem es daher eine Herzensangelegenheit bedeutete, ihre Wiederaufnahme und Fortführung in der zerrissenen Gegenwart selbst in die Hand zu nehmen." (Jahresbericht 1949, Köln 1950, 14). Aber erst auf der Münchener Generalversammlung 1951 wurde dann die Wiederbelebung des Oriens Christianus besprochen. Als Herausgeber wählte man den Kunsthistoriker Alfons Maria SCHNEIDER (Professor in Göttingen) und Hieronymus ENGBERDING. Nach dem plötzlichen Tod Schneiders 1952 in Syrien, am gleichen 4. Oktober, als auf der Würzburger Generalversammlung weiter über den Neuanfang beraten wurde (s. den Nachruf von Engberding, OrChr 37, 1953, 146-148), sprang Georg GRAF, immerhin schon 77 Jahre alt, in die Bresche. Er konnte die Fortführung mit Band 37, dem ersten Band der vierten Serie, erreichen und wurde Herausgeber. Die Schriftleitung übernahmen ENGBERDING und MOLITOR.

Auch diesmal findet sich in der Byzantinischen Zeitschrift ein Hinweis. Franz DÖLGER schreibt (Band 47, 1954, 281): "Wieder dürfen wir das Wiederaufleben einer unseren Studien nahestehenden Zeitschrift, des *Oriens Christianus*, mit aufrichtiger Freude begrüßen. Die um das Studium des christlichen Nahostens unter der Leitung A. Baumstarks und A. Rückers hochverdiente und zu hohem internationalem Ansehen gelangte Zeitschrift mußte 1941 unter den Kriegsverhältnissen ihr Erscheinen einstellen. Es ist ein kühner, aber, wie wir hoffen dürfen, von Erfolg gekrönter Entschluß der Görresgesellschaft, dieses Organ, welches wie weniges andere zum wissenschaftlichen Ruhme dieser Körperschaft beigetragen hat, wieder erscheinen zu lassen; daß G. Graf als Herausgeber und P. Hieronymus Engberding und Joseph Molitor als Schriftleiter zeichnen, läßt zuversichtlich er-

hoffen, daß der Oriens Christianus in der bewähr-
ten Tradition seines Begründers A. Baumstark wei-
terwirken und wieder seine alte angesehene Stel-
lung unter den wissenschaftlichen Zeitschriften
einnehmen wird."

Seit 1953 kommt jährlich nur noch ein Heft
heraus, und die ersten Bände sind recht schmal.
Mit Ausnahme von Band 48 (1964), der über 300
Seiten starken Festschrift zum 65. Geburtstag von
Engberding, konnte erst 1967 der regelmäßige Um-
fang von etwa 160 Seiten wieder überschritten
werden. Aber mehr hatte man wohl auch am Anfang
nicht erwartet. Graf schreibt im ersten Band nach
dem Krieg: "Wegen finanzieller Schwierigkeiten
ist geplant, die neue Reihe des OrChr vorerst nur
in zwangloser Folge von Einzelheften (Bänden)
auszugeben. Es besteht aber immerhin die begrün-
dete Hoffnung, daß alljährlich wenigstens ein
Band zur Ausgabe gelangen kann." (S. 5).

Der Oriens Christianus erschien weiterhin im
Verlag Otto Harrassowitz, der von Leipzig nach
Wiesbaden übersiedelt war. Gedruckt wurde er zu-
nächst in der Bundesdruckerei in Berlin (Bände 37
bis 48), dann bei J. J. Augustin in Glückstadt
(Bände 49 und 50) und seitdem in der Imprimerie
Orientaliste in Löwen.

Nach Grafs Tod (1955) fungierten die bisheri-
gen Schriftleiter als Herausgeber. Die Fest-
schrift für Engberding gaben 1964 Ernst Hammer-
schmidt, Paul Krüger und Joseph Molitor heraus.
1965 trat Julius Aßfalg die Nachfolge Engberdings
an.

Lange Zeit prägten Engberding und Molitor auch
den Charakter des Oriens Christianus, ersterer
vor allem mit liturgiegeschichtlichen Beiträgen,
letzterer mit Arbeiten zur Geschichte des georgi-
schen, armenischen und syrischen Bibeltextes.
Mitarbeiter der ersten Stunde nach dem neuen An-
fang waren Michael TARCHNIŠVILI (damals Rom), der

der georgisch-katholischen Kongregation der Diener der Unbefleckten Empfängnis (SIC) angehörte, und die Koptologin Maria CRAMER (Münster). Fast drei Jahrzehnte lang lieferte regelmäßig der aus Estland stammende evangelische Theologe Arthur VÖÖBUS (Chicago) - meist kurze - Beiträge. Oft vertreten sind ferner Edmund BECK und Ernst HAMMERSCHMIDT.

In vorher nie gekanntem Maße erweiterte sich allmählich der Kreis der Mitarbeiter, so daß weitere Namen hier nicht mehr genannt werden können. Es beteiligen sich Gelehrte aus den verschiedensten, auch wieder aus orientalischen Ländern. Manchmal waren sogar die deutschsprachigen Beiträge in der Minderheit. Inhaltliche Schwerpunkte lassen sich nicht mehr feststellen. Geblieben ist aber insbesondere die Möglichkeit, Texte in allen Schriften des Christlichen Orients zu veröffentlichen, wie sie in Deutschland sonst keine Zeitschrift bietet, und im Ausland nur sehr wenige (etwa "Le Muséon" in Löwen). Der Oriens Christianus geht auch weiterhin von der Zusammengehörigkeit des Christlichen Orients aus, während sich in der letzten Zeit bedauerlicherweise die Neigung ausbreitet, Teilgebiete zu verselbständigen, durch eigene Zeitschriften, Kongresse und wissenschaftliche Vereinigungen.

Während früher nur gelegentlich Nachrufe gedruckt wurden, erscheinen seit 1953 regelmäßig die Rubriken "Totentafel" und "Personalia".

*

*　　*

Der Oriens Christianus ist untrennbar mit dem Namen Anton Baumstark verbunden. Er ist aber auch vom Namen Julius ASSFALG nicht mehr zu trennen.

Das belegen bereits nüchterne Zahlen. Rechnet man
die nur formell als Mehrfachbände bezeichneten
Jahrgänge einfach, hat Baumstark 28 Bände heraus-
gegeben, bei Aßfalg sind es mit Band 73 in diesem
Jahr bereits 25. Er wird vorerst nur noch knapp
übertroffen von Molitor mit 26 Bänden. Schon dies
läßt ermessen, wieviel Zeit und Mühe er für die
Redaktion des Oriens Christianus aufgewandt hat,
nicht gerechnet seine Aufsätze, Besprechungen und
Mitteilungen. Wichtig sind ihm auch die Persona-
lia, die er seit langen Jahren redigiert. Darin
kommt zum Ausdruck, daß ihm nicht allein die wis-
senschaftlichen Ergebnisse etwas bedeuten, son-
dern ebenso die persönlichen Kontakte zu den
Fachkollegen. So ist es gerade auch sein Ver-
dienst, dem Oriens Christianus zahlreiche neue
Mitarbeiter aus dem In- und Ausland gewonnen und
erhalten zu haben; nicht zuletzt hat er jüngere
Wissenschaftler immer wieder zu Beiträgen ermun-
tert und für Rezensionen herangezogen. Er ist
sich der unsicheren Lage der deutschen Wissen-
schaft vom Christlichen Orient, die oben angedeu-
tet wurde, bewußt und sieht die Notwendigkeit,
alle Ansätze, die sich bei Theologen, Orientali-
sten, Sprachwissenschaftlern und Vertretern ande-
rer Fächer ergeben, zu fördern und diejenigen,
die sich für christlich-orientalische Sprachen
und Literaturen interessieren, zu ermuntern. So
war er auch immer bereit, weit über die Pflicht-
stundenzahl hinaus - mit der die verschiedenen
orientalischen Sprachen und Literaturen ja unmög-
lich abgedeckt werden können - Lehrveranstaltun-
gen durchzuführen, wenn Bedarf bestand. Und Be-
darf bestand immer. Auch nach dem Erreichen des
Ruhestandes und der Ernennung eines Nachfolgers
änderte sich daran nichts: so kam er in einem der
letzten Semester - bei einem vierstündigen Lehr-
auftrag - freiwillig auf nicht weniger als zwölf
Wochenstunden. Daß seine Lehrveranstaltungen so

gefragt sind, beruht nicht nur auf seinen umfassenden Kenntnissen, sondern ganz gewiß auch auf seiner unerschütterlichen Freundlichkeit und Geduld. Niemand muß befürchten, auch nur ein einziges unfreundliches Wort zu hören, wenn er - was ja bei Nebenfächlern leicht einmal vorkommen kann - keine Zeit gehabt hatte, sich vorzubereiten. Alles wird gründlich, notfalls immer wieder, erklärt. Nichts ist Aßfalg fremder als elitäres Gehabe. Wegen dieser verständnisvollen Haltung haben viele seiner Schüler durchgehalten, die sonst sicherlich früher oder später abgesprungen wären. Auch Studenten anderer Universitäten (natürlich auch Kollegen) holen sich bei ihm Rat und Hilfe. Nur so besteht auch Aussicht, die christlich-orientalischen Studien weiterzuführen oder sogar zu beleben. Angesichts der Lage des Faches sollte deshalb bei der Besetzung der wenigen Professorenstellen nicht nur die Länge der Literaturliste zählen, sondern auch oder sogar vor allem die Fähigkeit, auf die Bedürfnisse und Wünsche der Studenten einzugehen, sie zu ermutigen und zu fördern, anstatt sie - gewollt oder ungewollt - abzuschrecken. Es sei hier ruhig einmal gesagt: Zumindest unter diesem Gesichtspunkt haben nicht alle der betreffenden Fakultäten in den letzten Jahren eine glückliche Hand gehabt. So muß man nun die Zukunft der Wissenschaft vom Christlichen Orient und damit auch die der Zeitschrift Oriens Christianus sowie der entsprechenden Sektion der Görres-Gesellschaft mit einiger Sorge erwarten.

Es ist vielleicht ungewöhnlich, daß ein Gesamtregister gerade 70 Bände einer Zeitschrift umfaßt. Diese Zahl paßt aber gut dazu, daß Julius Aßfalg am 6. November 1989 sein 70. Lebensjahr vollendet. Ihm, meinem verehrten Lehrer, widme ich diesen Band. Mögen ihm und dem Oriens Christianus noch viele Jahre beschieden sein!

Einleitung

Personenregister zur Einleitung

Einleitung

Bemerkungen
zu den Registern

In den Registern werden ausschließlich die Bandnummern der Gesamtzählung (1 bis 70) verwendet, nicht die der Serien. Die Entsprechungen können der folgenden Tabelle "Bandfolge" entnommen werden. Die Bandzahlen sind halbfett gesetzt, die Seitenzahlen in normaler Schrift.

Das Register "Inhalt" führt die Beiträge der Bände 1 bis 70 in zeitlicher Reihenfolge auf, innerhalb der Bände nach den Seitenzahlen; Fortsetzungen innerhalb eines Bandes erscheinen aber nur einmal. Die Aufteilung auf verschiedene "Abteilungen" in den Bänden 1 bis 36 bleibt unberücksichtigt. Bei den Buchbesprechungen erscheinen aus Platzgründen nur die Namen der Rezensenten, die des ersten bzw. zweiten Heftes eines Jahrgangs - soweit vorhanden - durch einen Schrägstrich getrennt. Welche Autoren besprochen werden, kann im Register "Verfasser" unter dem Namen des Rezensenten anhand der Bandzahl leicht festgestellt werden. Dort wird allerdings - ebenfalls um Platz zu sparen, nur der Verfasser des besprochenen Buches, nicht jedoch der Titel und die genaue Fundstelle vermerkt. Diese Angaben müssen erforderlichenfalls im Register "Buchbesprechungen" nachgeschlagen werden. Zugegebenermaßen ist dieses Verfahren umständlich, kommt aber wohl auch nicht häufig in Betracht. In aller Regel wird ein Benutzer wissen wollen, ob das Buch eines bestimmten Verfassers im Oriens Christianus rezensiert wurde und deshalb gleich in der alphabetischen Liste der Buchautoren nachsehen. Sie ist deshalb mit den vollständigen Angaben versehen (lange Buchtitel habe ich aber abgekürzt und

Erscheinungsort und -jahr erschienen mir entbehr-
lich). Wenn sich jemand dafür interessiert, wel-
che Bücher ein Mitarbeiter des Oriens Christianus
besprochen hat, wird er vom Register "Verfasser"
nur einmal weiterverwiesen. Genaueres über die
Literaturberichte läßt sich dem entsprechenden
Register entnehmen. Angemerkt sei noch, daß die
Aufsätze (nicht die übrigen Beiträge) der Bände 9
bis 59 auch bei H. E. Onnau, Das Schrifttum der
Görres-Gesellschaft 1876-1976, Paderborn 1980,
140-158 aufgelistet sind.

Im Register "Verfasser" stehen bei jedem die
Beiträge in zeitlicher Folge; gegebenenfalls
schließen sich die besprochenen Bücher an sowie
ein Vermerk über die Mitarbeit bei den Kongreß-
und Literaturberichten oder den Personalia (Nach-
rufen). Wo ich ohne zeitraubende Nachforschungen
Geburts- und Todesdatum der Verfasser feststellen
konnte, habe ich das hinter den Namen vermerkt,
desgleichen eine Ordenszugehörigkeit. Über die
älteren und einen Teil der jüngeren Autoren fin-
den sich in der Einleitung weitere Angaben, we-
nigstens ihr Fachgebiet.

Die Rubriken "Totentafel" und "Personalia"
gibt es erst seit Band 37 (1953). Über die dort
aufgeführten Namen hinaus habe ich auch die frü-
her erschienenen Nachrufe berücksichtigt sowie
sonstige gelegentlich vorkommende Angaben über
zeitgenössische Personen. Fundstellen aus den
"Totentafeln" sind in anderer Schrift gesetzt
(z.B. **44** 160).

Im Register "Texte" sind Beiträge vermerkt, in
denen Texte aus Handschriften ediert oder zumin-
dest übersetzt sind (soweit sie über kurze Zitate
hinausgehen). In Klammern gebe ich an, ob es sich
um den Originaltext handelt (T), um eine Überset-
zung (Ü) oder um beides (T/Ü). Baumstarks Pro-
gramm von 1901 (s.o. Einleitung) sah zwar vor,
daß bei Übersetzungen die lateinische Sprache

verwandt werden sollte, doch haben sich die Autoren daran nur zum Teil gehalten. Ich gebe deshalb auch an, ob es sich um eine lateinische (l), griechische (g), deutsche (d), französische (f) oder englische (e) Übersetzung handelt. Bei den arabischen, georgischen und syrischen Texten findet sich in eckigen Klammern, soweit möglich, die Fundstellen in den Literaturgeschichten von Graf, Tarchnišvili, Baumstark und Macuch, bei den griechischen die bei Georg Beck, Kirche und theologische Literatur. Manchmal verweise ich auch auf Julius Aßfalg (Hrsg.), Kleines Wörterbuch des Christlichen Orients (KWCO).

Im "Sachregister" habe ich mich bei der Auswahl der Stichwörter an meinem Register zum "Kleinen Wörterbuchs des Christlichen Orients" und an dem hervorragenden Register von Georg Grafs "Geschichte der christlichen arabischen Literatur" (Band 5) orientiert. Natürlich konnten hier nur die wichtigsten Personen-, Ortsnamen und Begriffe aufgenommen werden. Es ist notgedrungen grobmaschiger als der Index, den Ernst Hammerschmidt für die Beiträge eines einzelnen Bandes, nämlich die Festschrift für Hieronymus Engberding angefertigt hat (Band 48, 1964, 301-318). Die Auswahl ist sicher recht subjektiv, abhängig von meinen Kenntnissen, Interessen und wohl auch der Aufmerksamkeit bei der Lektüre der Bände. Bei einem anderen Bearbeiter fiele das Register gewiß unterschiedlich aus. Berücksichtigt wurden auch die Buchbesprechungen, in aller Regel aber nicht die Kongreß- und Literaturberichte. Der Informationswert der jeweiligen Fundstellen ist natürlich sehr verschieden. Eine Untergliederung der Stichwörter oder nähere Erläuterungen konnten aus Platzgründen nur gelegentlich erfolgen. Der Benutzer kann aber im Register "Inhalt" nachsehen, in welchem Zusammenhang das Stichwort behandelt wird.

Bemerkungen zu den Registern

Da die Wissenschaft vom Christlichen Orient in weitem Ausmaß auf ungedruckte Quellen angewiesen ist, habe ich auch ein Register der zitierten Handschriften für sinnvoll gehalten. Es ist nach Orten bzw. Ländern angeordnet. Griechische Handschriften wurden nur in beschränktem Umfang aufgenommen, sonstige nichtorientalische (lateinische) nur ganz ausnahmsweise. Die orientalischen Handschriften sind einigermaßen vollständig verzeichnet, jedoch habe ich Zitate übergangen, bei denen Handschriften lediglich als Beleg für Texte angegeben sind und sie ebensogut in den Literaturgeschichten von Baumstark und Graf nachgeschlagen werden können. Stellen, an denen handschriftliche Texte ediert, übersetzt oder wenigstens kollationiert sind, habe ich durch andere Schrift gekennzeichnet (z.B. Athos, Kloster Iwiron, georg. Hs. Nr. 11 **66** 189f. 193-214). Soweit sich Abbildungen von Handschriften finden, ist das ebenfalls angegeben ("Abb."). Vor allem in den älteren Bänden wurden Handschriften teilweise nach früheren Signaturen oder auch ohne Signatur zitiert. Ich habe mich - sicherlich nicht immer mit Erfolg - bemüht, die Angaben zu vereinheitlichen und die aktuelle Signatur anzugeben. Dabei bevorzuge ich die Bibliothekssignatur, nicht die Katalognummer. Soweit anders zitiert wurde, habe ich darauf hingewiesen, damit die Stelle identifiziert werden kann. Auch sonst sind gelegentlich die Katalognummern zusätzlich vermerkt, wenn danach häufig zitiert wird (so etwa bei Berliner, Londoner und Oxforder Handschriften). Soweit mir Zitatfehler aufgefallen sind, habe ich sie verbessert. Es werden aber noch so manche stehengeblieben sein. Ich hoffe, daß mir nicht allzu viele neue unterlaufen sind.

Bei den orientalischen Handschriften habe ich nach Möglichkeit Verfasser sowie Erscheinungsort und -jahr des gängigen Katalogs am Anfang angegeben, außerdem Besprechungen solcher Kataloge im Oriens Christianus. Einzelne Handschriften, auf die in solchen Besprechungen eingegangen wird, sind nicht eigens aufgeführt. Auch Beschreibungen von Sammlungen im Oriens Christianus werden nur insgesamt angegeben.

Die wenigen verwendeten Abkürzungen sind die gleichen, wie sie in den Bänden des Oriens Christianus oder im Register des Kleinen Wörterbuchs des Christlichen Orients verwendet werden. Auf ein Abkürzungsverzeichnis habe ich deshalb verzichtet.

Bandfolge

Band
  1   Rom 1901 (V, 427 Seiten, 2 Tafeln)
  2   1902 (V, 519 Seiten)
  3   1903 (V, 605 Seiten, 1 Tafel)
  4   1904 (V, 478 Seiten, 5 Tafeln)
  5   1905 (VII, 403 Seiten, 7 Tafeln)
  6   1906 (IV, 463 Seiten, 4 Tafeln)
  7   1907 (II, 412 Seiten)
  8   o.J. [1911] (III, 472 Seiten)

      Neue Serie, Leipzig
          Band
  9   1   1911 (III, 398 Seiten, 2 Tafeln)
 10   2   1912 (III, 395 Seiten, 6 Tafeln)
 11   3   1913 (III, 399 Seiten, 2 Tafeln)
 12   4   1915 (III, 389 Seiten, 2 Tafeln)
 13   5   1915 (III, 363 Seiten, 1 Tafel)
 14   6   1916 (III, 345 Seiten, 2 Tafeln)
15/6   7/8   1918 (II, 195 Seiten, 1 Tafel)
 17   9   1920 (II, 187 Seiten)
18/9   10/11 1923 (für 1920/21) (II, 247 Seiten)
20/22   12/14 1925 (für 1922/24) (II, 312 Seiten)

      Dritte Serie, Leipzig
          Band
 23   1   1927 (III, 403 Seiten, 6 Tafeln)
 24   2   1927 (III, 384 Seiten, 6 Tafeln)
25/26   3/4   1930 (für 1928/29) (III, 302 Sei-
                     ten, 3 Tafeln)
 27   5   1930 (für 1930) (II, 266 Seiten,
                     5 Tafeln)
 28   6   1931 (II, 274 Seiten, 3 Tafeln)

Bandfolge

Dritte Serie, Leipzig

Band	Band	
29	7	1932 (IV, 346 Seiten, 4 Tafeln und Porträt von Anton Baumstark) (= Festschrift für A. Baumstark)
30	8	1933 (II, 244 Seiten)
31	9	1934 (III, 279 Seiten)
32	10	1935 (IV, 277 Seiten, 1 Tafel) (Heinrich Finke gewidmet)
33	11	1936 (III, 255 Seiten)
34	12	1937 (II, 280 Seiten, 3 Tafeln)
35	13	1938 (II, 260 Seiten, 2 Tafeln)
36	14	1941 (II, 268 Seiten)

Vierte Serie, Wiesbaden

	Band	
37	1	1953 (VI, 151 Seiten)
38	2	1954 (V, 159 Seiten)
39	3	1955 (VI, 152 Seiten) (Georg Graf gewidmet)
40	4	1956 (V, 160 Seiten)
41	5	1957 (V, 156 Seiten)
42	6	1958 (VI, 160 Seiten)
43	7	1959 (VI, 160 Seiten)
44	8	1960 (VI, 160 Seiten, 8 Tafeln)
45	9	1961 (VI, 160 Seiten, 5 Tafeln)
46	10	1962 (VI, 160 Seiten)
47	11	1963 (VI, 160 Seiten)
48	12	1964 (IX, 318 Seiten, 17 Tafeln und Porträt von H. Engberding) (=Festschrift für H. Engberding)
49	13	1965 (VIII, 158 Seiten, 4 Tafeln)
50	14	1966 (VIII, 158 Seiten, 12 Tafeln)
51	15	1967 (VIII, 225 Seiten)
52	16	1968 (VIII, 198 Seiten, 1 Tafel)
53	17	1969 (VIII, 278 Seiten, 7 Tafeln)
54	18	1970 (VIII, 283 Seiten, 4 Tafeln)
55	19	1971 (VII, 275 Seiten, 12 Tafeln)
56	20	1972 (VII, 237 Seiten, 8 Tafeln)

Vierte Serie, Wiesbaden
Band
57   21   1973 (VII, 212 Seiten, 4 Tafeln)
58   22   1974 (VII, 223 Seiten, 8 Tafeln)
59   23   1975 (VII, 219 Seiten, 8 Tafeln)
60   24   1976 (VIII, 232 Seiten)
61   25   1977 (X, 180 Seiten, 5 Tafeln)
62   26   1978 (XIII, 240 Seiten, 21 Tafeln
            und ein Porträt von J. Molitor)
63   27   1979 (X, 240 Seiten, 17 Tafeln)
64   28   1980 (X, 239 Seiten)
65   29   1981 (X, 236 Seiten)

Band
66   Wiesbaden 1982 (IX, 255 Seiten)
67   1983 (IX, 230 Seiten)
68   1984 (IX, 239 Seiten)
69   1985 (IX, 232 Seiten)
70   1986 (IX, 224 Seiten)

Ab Band 23 (= Band 1 der Dritten Serie) findet sich an zweiter Stelle auch die Gesamtzählung. Ab Band 34 steht die Gesamtzählung an erster Stelle, nicht mehr die Serienzählung. Seit Band 66 (1982) ist die Serienzählung entfallen.

Nachdrucke: Neue Serie, Band 1 bis 14, und Dritte Serie, Band 1 bis 14: New York (Johnson Reprint Corporation) 1964.

Titel

Band 1 (1901) und 2 (1902):
Oriens Christianus. Römische Halbjahrhefte für
die Kunde des christlichen Orients. Herausgegeben
vom Priestercollegium des deutschen Campo Santo
unter der Schriftleitung von Dr. Anton Baumstark.
Rom (Tipografia Poliglotta della S. C. de Propa-
ganda Fide) [Kommissionsverleger für Italien: Er-
manno Loescher & Co, Rom; für das Ausland: Otto
Harrassowitz, Leipzig]
Nebentitel:
Oriens Christianus. Periodico semestrale Romano
per gli studi dell'Oriente Cristiano. Pubblicato
dal Collegio Pio del Campo Santo Teutonico sotto
la direzione del Dr. Antonio Baumstark

Band 3 (1903) bis 5 (1905):
Ebenso, mit folgendem Zusatz: Mit Unterstützung
der Goerresgesellschaft herausgegeben vom Prie-
stercollegium ... / Pubblicato col sussidio della
Società Goerres dal Collegio Pio ...

Band 6 (1906) bis 8 (1908):
Ebenso, aber: ... unter der Schriftleitung von
Dr. Franz Cöln .../ ... sotto la direzione del
Dr. Francesco Cöln ...

Band 9 (1911) bis 20/2 (1925) (= Neue Serie, Band
1 bis 12/4):
Oriens Christianus. Halbjahrshefte für die Kunde
des christlichen Orients. Begründet vom Priester-
collegium des deutschen Campo Santo in Rom. Im
Auftrage der Görresgesellschaft herausgegeben von
D^r. A. Baumstark. Neue Serie, Leipzig (Otto Har-
rassowitz)

62

Band 23 (1927 bis 33 (1936) (= Dritte Serie, Band
1 bis 11):
Oriens Christianus. Halbjahrshefte für die Kunde
des christlichen Orients. Begründet vom Priester-
collegium des deutschen Campo Santo in Rom. Im
Auftrage der Görresgesellschaft in Verbindung mit
Dr. Ad. Rücker und Dr. G. Graf herausgegeben von
Dr. Dr. h.c. A. Baumstark. Dritte Serie, Leipzig
(Otto Harrassowitz)

Band 34 (1937) bis 36 (1936) (= Dritte Serie,
Band 12 bis 14):
Ebenso, aber: ... Priesterkollegium ... Im Auf-
trag ... in Verbindung mit Adolf Rücker und Georg
Graf herausgegeben von Anton Baumstark. Band ...
Dritte Serie ...

Band 37 (1953) bis 39 (1955) (= Vierte Serie,
Band 1 bis 3):
Oriens Christianus. Hefte für die Kunde des
christlichen Orients. Im Auftrag der Görres-Ge-
sellschaft herausgegeben von Georg Graf. Schrift-
leitung: P. Hieronymus Engberding und Joseph Mo-
litor

Band 40 (1956) bis 47 (1963) (= Vierte Serie,
Band 4 bis 11):
... Im Auftrag der Görres-Gesellschaft herausge-
geben von P. Hieronymus Engberding und Joseph Mo-
litor

Band 48 (1964) (= Vierte Serie, Band 12):
... herausgegeben von Ernst Hammerschmidt, Paul
Krüger und Joseph Molitor

Band 49 (1965) bis 62 (1978) (= Vierte Serie,
Band 13 bis 26):
... Im Auftrag der Görres-Gesellschaft unter

Mitwirkung von Julius Aßfalg herausgegeben von Joseph Molitor

Band 63 (1979) bis 69 (1985) (= Vierte Serie, Band 27ff.):
... Im Auftrag der Görres-Gesellschaft unter Mitwirkung von Hubert Kaufhold herausgegeben von Julius Aßfalg

Ab Band 70 (1986):
... Im Auftrag der Görresgesellschaft herausgegeben von Julius Aßfalg und Hubert Kaufhold

Inhalt

Band 1 (1901)

Inhalt

Band 2 (1902)

66

Inhalt

Inhalt

Band 3 (1903)

Inhalt

Band 4 (1904)

Inhalt

Inhalt

Band 5 (1905)

Inhalt

Band 6 (1906)

Band 7 (1907)

Inhalt

Band 8 (1908)

Band 9 (1911)

Inhalt

Inhalt

Band 10 (1912)

Inhalt

76

Inhalt

Band 11 (1913)

Inhalt

Band 12 (1915)

Inhalt

Inhalt

Band 13 (1915)

Inhalt

Band 14 (1916)

Inhalt

Band 15/6 (1918)

Inhalt

Inhalt

Band 18/9 (1923)

Inhalt

Band 20/2 (1925)

Band 23 (1927)

Inhalt

Inhalt

Band 24 (1927)

Inhalt

Band 25/6 (1930)

Inhalt

Band 27 (1930)

Inhalt

Band 28 (1931)

Inhalt

Band 29 (1932)
(Festschrift für Baumstark)

Inhalt

Inhalt

Inhalt

Band 31 (1934)

Inhalt

Band 32 (1935)

Inhalt

Inhalt

Band 33 (1936)

Inhalt

Band 34 (1937)

Inhalt

Band 35 (1938)

Band 36 (1941)

Inhalt

Inhalt

Band 37 (1953)

Band 38 (1954)

Inhalt

Band 39 (1955)

Inhalt

Band 40 (1956)

Inhalt

Band 41 (1957)

Inhalt

Inhalt

Band 43 (1959)

Inhalt

Band 44 (1960)

Inhalt

Band 45 (1961)

Inhalt

Band 46 (1962)

Inhalt

Band 47 (1963)

Band 48 (1964)
(Festschrift für Engberding)

Inhalt

Inhalt

Band 49 (1965)

Inhalt

Band 50 (1966)

Inhalt

Band 51 (1967)

Inhalt

Inhalt

Inhalt

Band 54 (1970)

Band 55 (1971)

Inhalt

Band 56 (1972)

Inhalt

Band 57 (1973)

Inhalt

Band 58 (1974)

Inhalt

Band 59 (1975)

Inhalt

Inhalt

Band 61 (1977)

Inhalt

Band 62 (1978)

Inhalt

Inhalt

Inhalt

Band 64 (1980)

Inhalt

Inhalt

Inhalt

Inhalt

Band 68 (1984)

131

Inhalt

Band 69 (1985)

Band 70 (1986)

Inhalt

133

Verfasser

Abel, Felix-Maria, OP (1878-1953)
Une église à es-Sanamēn **5** 222-226
TO ENNATON **9** 77-82
Les travaux de l'École Biblique de Saint-Étienne
  durant l'année scolaire 1910-1911 **9** 314-316
Les travaux de l'École Biblique de Saint-Étienne
  durant l'année scolaire 1911-1912 **10** 336-338
Les travaux de l'École Biblique de Saint-Étienne
  à Jérusalem durant l'année scolaire 1912-1913
  11 334-336
Abramowski, Luise (* 1928)
Zum Brief des Andreas von Samosata an Rabbula von
  Edessa **41** 51-64
Sprache und Abfassungszeit der Oden Salomos **68**
  80-90
Allgeier, Arthur (1882-1952)
Untersuchungen zur syrischen Überlieferung der
  Siebenschläferlegende **12** 279-297 **13** 10-59
  263-270
Die älteste Gestalt der Siebenschläferlegende **14**
  1-43 **15/6** 33-87
Cod. syr. Phillipps 1388 und seine ältesten Peri-
  kopenvermerke **14** 147-152
Die mittelalterliche Überlieferung des Psalterium
  Iuxta Hebraeos von Hieronymus und semitistische
  Kenntnisse im Abendland **25/6** 200-231
Cod. Phillipps 1388 in Berlin und seine Bedeutung
  für die Geschichte der Pešitta **29** 1-15
Zwei griechisch-lateinische Bibelhandschriften
  aus Cues und ihre Bedeutung für die Frage der
  abendländischen Septuaginta-Überlieferung **32**
  139-160
Besprechungen: **12** Revillout **15/6** Mager, Walde

Altaner, Berthold (1885-1964)
Besprechung: **31** van der Vat
Altheim, Franz (1898-1976)
Quinta oder Theodotion? Bemerkungen zu G. Merca-
  tis Ausgabe der Ambrosianischen Psalterfragmen-
  te **48** 18-22 (mit Ruth Stiehl)
Anaisi, Tobie
Della liturgia siriaca **1** 170-173
Aßfalg, Julius (* 1919)
Arabisch qaṣla = Kapuze, verzierter Rand am Meß-
  gewand des Bischofs **38** 133-139
Zur Textüberlieferung der Chronik von Arbela.
  Beobachtungen zu MS. or. fol. 3126 **50** 19-36
Besprechungen:
  49 École des Langues Orientales, Collectanea 8,
    Molitor
  50 Molitor, Collectanea 9
  51 Vööbus, Nasrallah, Mécérian, Miskgian
  53 Blau, Sanders, Molitor, Hammerschmidt
  55 Kamil, Lagardeschrift, XVII. Deutscher Ori-
    entalistentag, Mémorial Khouri-Sarkis, Ham-
    merschmidt-Jäger, Sanjian, Khatchkar, Sal-
    maslian, Mikadze, Jedin
  56 Strothmann, Collectanea 12, Orlandi, Arme-
    niaca, Alekʻsandreli, Mravaltavi 1
  57 Heiler, Maiberger, M. Cramer
  60 van Damme, Urbatʻagirkʻ, Bregadze, Troupeau,
    Kechichian, Hammerschmidt, Zoega, Der Ner-
    sessian
  61 Macuch, KHS-Burmester, Leroy
  62 Anasjan, Abegjan, Stone, Šanidze, Metreweli
  63 Hammerschmidt
  66 Petitmengin
S. a. Kongreßberichte, Literaturbericht **40**, Per-
sonalia
Ayoub, Barsom Youssef (* 1932)
A Biliography about the Bishop Grigorius Boulos
Behnam and his Writings **62** 200-206

Batareikh, Élie

Une nouvelle récension de la vie d'Abercius **4**
278-307

Baumstark, Anton (1872-1948)

Eine aegyptische Mess- und Taufliturgie vermut-
lich des 6 Jahrhunderts **1** 1-45

Die nichtgriechischen Paralleltexte zum achten
Buche der Apostolischen Konstitutionen **1** 98-137

Die Bücher I-IX des κεθᾶβᾶ δeskôljôn des Theodo-
ros bar Kônî **1** 173-178

Ein Brief des Andreas von Samosata an Rabbula von
Edessa und eine verlorene dogmatische Katene **1**
179-181

Abûl-1-Barakâts nichtgriechisches Verzeichnis der
70 Jünger **1** 240-275

Das maronitische Synaxar zum 29 Juni **1** 314-319

Die nestorianischen Schriften "de causis festo-
rum" **1** 320-342

Syrische Fragmente von Eusebios περὶ διαφονίας
εὐαγγελ(ων **1** 378-382

Orientalische Rombeschreibungen **1** 382-387

Eine Geschichte des Klosters von Bêθ-Qôqâ **1** 387-
389

Eine syrische "Liturgia S. Athanasii" **2** 90-129

Die Evangelienexegese der syrischen Monophysiten
2 151-169 358-389

Zur Vorgeschichte der arabischen "Theologie des
Aristoteles" **2** 187-191

Kanones des Hippolytos oder Kanones des Julius? **2**
191-196

Abû-1-Barakâts "griechisches" Verzeichnis der 70
Jünger **2** 312-343

Zwei syrische Papiascitate **2** 352-357

De "Corpore Liturgiarum Syriacarum" edendo **2** 434-
436

Ein syrisches Citat des "Comma Johanneum" **2** 438-
441

Die Zeit der Einführung des Weihnachtsfestes in
Konstantinopel **2** 441-446

138

Fragmente koptischer liturgischer Handschriften
10 140-143

Der Barnabasbrief bei den Syrern **10** 235-240

Spätbyzantinisches und frühchristlich-syrisches
Weihnachtsbild **11** 115-127

Die Arbeiten von Νίκος 'A. Βέης in den Meteoren-
klöstern **11** 137-140

Ein griechisch-arabisches Perikopenbuch des kop-
tischen Ritus **11** 142-144

Zum stehenden Autorenbild der byzantinischen
Buchmalerei **11** 305-310

Die christlich-literarischen Turfan-Funde **11** 328-
332

Das Leydener griechisch-arabische Perikopenbuch
für die Kar- und Osterwoche **12** 39-58

Darstellungen frühchristlicher Sakralbauten Jeru-
salems auf einem Mailänder Elfenbeindiptychon
12 64-75

Neue soghdisch-nestorianische Bruchstücke **12** 123-
128

Eine Parallele zur Commendatio animae in griechi-
scher Kirchenpoesie **12** 298-305

Ein illustriertes koptisches Evangelienbuch vom
J. 1250 **12** 341-344

Ein Alterskriterium der nordmesopotamischen Kir-
chenbauten **13** 111-131

Eine georgische Miniaturenfolge zum Matthäusevan-
gelium **13** 140-147

Quadragesima und Karwoche Jerusalems im siebten
Jahrhundert **13** 201-233 (Nachtrag: 359-363) (mit
Theodor Kluge)

Koptische Kunst in Jerusalem **13** 285-292

Außerkanonische Evangeliensplitter auf einem
frühchristlichen Kleinkunstdenkmal? **14** 49-64

Eine georgische Miniaturenfolge zum Markusevange-
lium **14** 152-161

Oster- und Pfingstfeier Jerusalems im siebten
Jahrhundert **14** 223-239 (mit Theodor Kluge)

Ein frühbyzantinisches Kreuzigungsmosaik in kop-
tischer Replik **14** 271-281

Der Tatiantext von Lk. 24,$_{13}$ **36** 19-37
Zwei syrisch erhaltene Festgebete des byzantini-
schen Ritus **36** 52-67
Ein weiteres Bruchstück griechischen "Diatessa-
ron"textes **36** 111-115
Der jambische Pfingstkanon des Johannes von Da-
maskus in einer alten melchitisch-syrischen
Übersetzung **36** 205-223
Zwei italienische "Diatessaron"-Texte **36** 225-242
Zur Herkunft der monotheistischen Bekenntnisfor-
meln im Koran **37** 6-22
Besprechungen:
  1 Chabot, Ehrhard
  2 Wright-Cook, Dalton, Vaschalde, Diettrich,
    Jacoby, Rietsch, Horn-Golubovich
  3 Diettrich, Wulff, Peters, Wilpert, Bauer,
    Officio, Granderath, Strzygowski
  4 Hilgenfeld, Strzygowski, Byzantinische Denk-
    mäler, Blachos, Michalcescu
  9 Chabot, Evetts, Vasiliev, Scher, Dib, Wulff,
    Kaufmann, van Berchem-Strzygowski, Millet,
    Thiersch, Kehrer, Brooks-Chabot, Brooks,
    Scher, Nau, Leroy, Guidi, Bayan, Heisenberg,
    Weigand, de Grüneisen
  10 Dölger, Krumbacher, Nau, Wulff, Bardenhewer,
    Jordan, Euringer, Bulletin
  11 Scher, Conolly, Perier, Dunlop-Gibson, de
    Grüneisen, Dalton, van Millingen, Tafrali
  12 Erman, Meissner, Hommel, Tisserant, Preusser,
    Bell, Filow, Bulletin
  13 Bardenhewer, Rauschen, Rouet de Journel,
    Wulff, Neutestamentliche Studien, Festschrift
    Sachau, Hieber, Macler, Gratzl
  14 Festschrift Andreas, Woermann, Bulletin, Mit-
    teilungen
  15/6 Weber, Kurth, Clemen, Wiegand
  17 Roeder, Elbogen, Mohlberg, Schermann, Wulff,
    Woermann
  23 Vincent-Abel, Schmaltz, Morey, Neuß, Knopf,

Grammatisch-syntaktische Studien zur Sprache Ephräms des Syrers **68** 1-26 **69** 1-32

Besrâ (sarx) und pagrâ (sōma) bei Ephräm dem Syrer **70** 1-22

Besprechungen: **63** Martikainen **66** Martikainen

Bees (Bέης), Nikos A. (1887-1958)

Über die Person und die Datierung des Malers Emmanuel des Codex Barberinus Graecus 527 **12** 76-84

Beiträge zur kirchlichen Geographie Griechenlands im Mittelalter und in der neueren Zeit **12** 238-278

Verkannte Eigennamen in byzantinischen Urkunden von Patras **13** 136-138

Beiser, E. († 1917/8)

S. Literaturberichte **14, 15/6**

Berenbach, Joseph (1878-1942)

Zwei antihäresianische Traktate des Melchiten Paulus er-Râhib **5** 126-161

Bernhard, Ludger, OSB (* 1912)

S. Kongreßberichte

Besson, Marius (1876-1945)

Un recueil de sentences attribué à Isaac le Syrien **1** 46-60 288-298

Beyer, Gerhard (1899-1931)

Die evangelischen Fragen und Lösungen des Eusebius in jakobitischer Überlieferung und deren nestorianische Parallelen **20/2** 30-70 **23** 80-97 284-292 **24** 57-69

Bezold, Carl (1859-1922)

Besprechungen:

9 Grébaut **10** Baumstark, Esteive Pereira

Biedermann, Hermenegild M., OSA (* 1911)

Das Konzil von Florenz und die Einheit der Kirchen **48** 23-43

Birdsall, J. Neville (* 1928)

A Georgian Palimpsest in Vienna **53** 108-112

Khanmeti Fragments of the Synoptic Gospels from Ms. Vind. Georg. 2 **55** 62-89

Brandl, Ludwig

Sokotra - die ehemals christliche Insel **57** 162-177

Braun, Oskar (1862-1931)

Der Katholikos Timotheos I und seine Briefe **1** 138-152

Ein Brief des Katholikos Timotheos I über biblische Studien des 9 Jahrhunderts **1** 299-313

Briefe des Katholikos Timotheos I **2** 1-32 **3** 1-15

Zwei Synoden des Katholikos Timotheos I **2** 283-311

Breydy, Michael (* 1928)

L'Edition Assémanienne du Bréviaire Maronite. Histoire et valeur obligatoire **42** 105-109

Précisions liturgiques syro-maronites sur le sacerdoce **48** 57-76

Der melodische Rhythmus in der Kultdichtung des syro-aramäischen Sprachraumes **57** 121-141

Über die älteste Vorlage der "Annales Eutychii" in der identifizierten Handschrift Sinait. Arab. 580 **59** 165-168

Mamila ou Maqella? La prise de Jérusalem et ses consequences (614 AD) selon la récension alexandrine des Annales d'Eutyches **65** 62-86

Abraham Ecchellensis et la collection dite (Kitab) al Huda **67** 123-143

Le Adversus Eunomium IV - V ou bien le Péri Arkhon de S. Basile? **70** 69-85

Besprechung: **58** Selbstanzeige

S. a. Kongreßberichte

Brock, Sebastian P. (* 1938)

A note on the Manuscripts of the Syriac Geoponicon **51** 186-187

The Baptist's diet in Syriac Sources **54** 113-124

Two Syriac Manuscripts in the Library of Selwyn College, Cambridge **55** 149-160

A Syriac fragment on the Sixth Council **57** 63-71

A baptismal adress attributed to Athanasius **61** 92-102

Jacob of Edessa's Discourse on the Myron **63** 20-36

An Anonymous Madrasha on Faith **64** 48-64

The Homily by Marutha of Tagrit on the Blessing
  of the Waters at Epiphany **66** 51-74

East Syrian Liturgical Fragments from the Cairo
  Genizah **68** 58-79

Buccola, Cosma

Le feste centenarie di Grottaferrata **5** 198-221

Bundy, David D. (* 1948)

The Peshitta of ISAIAH 53:9 and the Syrian Com-
  mentators **67** 32-45

Cannuyer, Christian

Langues usuelles et liturgiques des melkites au
  XIIIe s. **70** 110-117

Casel, Odo, OSB (1886-1948)

Λειτουργία - munus **29** 289-302

Besprechung: **18/9** Reitzenstein

Chaîne, Marius, SJ (1873-1960)

Une lettre de Sévère d'Antioche à la diaconesse
  Anastasie **11** 32-58

Clemons, James T.

Some Oriental manuscripts in the Friedsam Library
  of St. Bonaventure University **51** 101-105

An Ethiopic Prayerbook in the Friedsam Memorial
  Library of St. Bonaventure University **55** 164-
  165

Cöln, Eduard (1881-1908)

Besprechungen: **5** Vollmer, Roese

Cöln, Franz Joseph (1873-1949)

Die anonyme Schrift "Abhandlung über den Glauben
  der Syrer" **4** 28-97

Der Nomokanon Mîḫâ'îls von Malîg **6** 70-237 **7** 1-
  135 **8** 110-229

Eines Anonymus' Abhandlung über Feste und Fasten,
  Autorität und Gehorsam in der syrischen Kirche
  8 230-277

Ein merkwürdiger Bibelkanon **8** 453-457

Ueber Priesterehe und =degradation in der sy-
  risch-jakobitischen Kirche **8** 458-465

Besprechungen:
  6 Diettrich, Graf
  8 Die Heldentaten, Haas, Buch der Strahlen
S. a. Literaturbericht **5**
Conolly, Richard Hugh, OSB (1873–1948)
Sixth-Century Fragments of an East-Syrian Anapho-
  ra **20/2** 99–128
Cramer, Maria (1898–1978)
Das Koptische und die Entzifferung der Hierogly-
  phen. Ein Beitrag zur Geschichte der Koptologie
  in Europa **37** 116–131
Zur dualistischen Struktur der manichäischen Gno-
  sis nach den koptischen Manichaica **39** 93–101
Vat. copt. 18 und die Aussprache des Koptischen
  45 78–94 (Nachtrag: **46** 116)
Studien zu koptischen Pascha-Büchern **47** 118–128
  49 90–115   **50** 72–130
Illuminationen aus koptischen und koptisch-arabi-
  schen Tetraevangelien als Typen koptischer
  Buchmalerei **48** 77–83
Besprechungen:
  46 Meinardus   **50** Beiträge zur Kunst
S. a. Kongreßberichte, Literaturberichte **39, 40**
Cramer, Winfried, OSB (* 1933)
Mt 18, 10b in frühsyrischer Deutung **59** 130–146
Der Heilige Geist und die Taufe Jesu im armeni-
  schen Glaubensbekenntnis **65** 40–61
Besprechungen:
  58 Brock, Strothmann   **60** Vööbus
  61 Symposium Syriacum 1972, Deppe
  62 Brade, Strothmann   **64** Schlimme
  69 Bunge, Ebied – van Roey – Wickham
Cré, Léon, PA
La basilique hélénienne de l'Éléona retrouvée
  avec la grotte où Notre Seigneur instruisait
  ses disciples au Mont des Oliviers **9** 119–134
Nouvelles de l'Éléona **9** 316–321
Crum, Walter Ewing (1865–1944)
Besprechung: **11** Schleifer

Daiber, Hans (* 1942)

Ein vergessener syrischer Text: Bar Zoʻbī über
die Teile der Philosophie **69** 73-80

Davids, Adelbert J. M. (Ephräm) (* 1937)

Besprechungen:

49 Dehnhard   **51** Rousseau, Arbanites

52 Vetera Christianorum, Dvornik, Arbanites

54 Vetera Christianorum 5, Ohse

55 Jansma, Riedinger

56 Oberg, Vetera Christianorum 6 und 7, Dvornik,
Korakides, Mees, Wegzeichen

57 Bullard, Abramowski - Goodman, Bienert,
Vetera Christianorum 9, Korakides

58 Milik, Stawrowsky, Zenkowsky - Petzold, Papa-
dopulos, Barbel, Bienert, Hauschild, Nowak,
Vetera Christianorum 9 und 10, Quacquarelli,
Kotter, Kannengießer

59 van Dieten, Früchtel, Hadas-Lebel, Hagedorn,
Korakides, Recchia, Puglia paleocristiana,
Quacquarelli

60 Kreiser - Diem - Majer, Pro Oriente, Terzoli,
Böhlig, Mühlenberg, Kotter, Caro, Vetera
Christianorum 11

61 Quecke, Böhlig - Wisse

62 Sprenger

63 Mühlenberg, Aland, de Santos Otero, Bienert

64 Vetera Christianorum, Quacquarelli, May,
Tomos agapis

68 Strothmann, Schlimme, Gibson, Noret - Gaspar,
de Santos Otero, Vetera Christianorum 19 und
20, Otranto, Quacquarelli

Deeters, Gerhard (1892-1961)

Das Alter der georgischen Schrift **39** 56-65

Besprechung: **34** Abeghian

S. a. Literaturberichte **34-36**

Degen, Erika (* 1938)

Daniel bar Maryam. Ein nestorianischer Kirchenhi-
storiker **52** 45-80

Besprechungen: **55** Mekhitarean, Antreassian, Stone

Degen, Rainer (* 1941)

Zwei Miszellen zur Chronik von Se'ert **54** 76-95

A Further Manuscript of Barhebraeus' "Creme of Wisdom": Princeton, Theological Seminary, MS Nestorian 25 **61** 86-91

Zur syrischen Übersetzung der Aphorismen des Hippokrates **62** 36-52

Ḥumšā, ein hebräisches Lehnwort im Syrischen **62** 53-59

Besprechungen: **61** Kaufhold **62** Strothmann

Diettrich, Gustav (1869-1947)

Zur Geschichte der Philosophie in der nestorianischen Kirche **9** 321-324

Die Abū Ḥalīm-Gebete im Breviarium Chaldaicum und ihr Text in den Berliner Handschriften **28** 244-246

Djobadze, Wakhtang Z.

The Sculptures on the Eastern Facade of the Holy Cross of Mtzkhet'a **44** 112-135 **45** 70-77

Medieval Inscriptions in the Vicinity of Antioch on-the-Orontes **49** 116-130

The Georgian Churches of Tao-Klarjet'i Construction Methods and Materials **62** 114-134

Medieval Bread Stamps from Antioch and Georgia **63** 163-176

Observations on the Georgian Monastery of Yalia (Ġalia) in Cyprus **68** 196-209

Besprechungen: **51** Mécérian **52** Wessel

Dölger, Franz Joseph (1879-1940)

Besprechung: **12** Schwartz, Sesan

S. a. Literaturbericht **9**

Dombrowski, B. W. W.

Frumentius/Abbā Salāmā: Zu den Nachrichten über die Anfänge des Christentums in Äthiopien **68** 114-169 (mit F. A. Dombrowski)

Dombrowski, Franz Amadeus (* 1957)

Frumentius/Abbā Salāmā: Zu den Nachrichten über die Anfänge des Christentums in Äthiopien **68** 114-169 (mit B.W.W. Dombrowski)

Drerup, Engelbert (1871-1942)
Besprechung: **25/6** Abel

Ebied, Rifaat Yassa
A Newly-discovered Version of the Arabic Sibylline Prophecy **60** 83-94 (mit M.J.L. Young)
Two Elegies on the Patriarch Ignatius Ṣarrūf **61** 71-77 (mit M.J.L. Young)
A Theological Work by Severus Ibn al-Muqaffaʿ from Istanbul: MS Aya Sofia 2360 **61** 78-85 (mit M.J.L. Young)
Edelmann, Raphael (* 1902)
Bestimmung, Heimat und Alter der synagogalen Poesie **29** 16-31
Ehrhard, Albert (1862-1940)
Besprechungen:
  9 de Stoop **10** Rücker **11** Papamichael, Nau
  12 Nau **14** Beës
S. a. Literaturbericht **10**
Eising, Hermann (1908-1981)
Schriftgebrauch und Schriftverständnis in den Matthäus-Homilien des Johannes Chrysostomus **48** 84-106
Elbern, Victor H. (* 1918)
Plastische Kreuzkompositionen an mittelalterlichen Sakralbauten Armeniens und ihr ikonologisches Verständnis **67** 167-184
Engberding, Hieronymus, OSB (1899-1969)
Urgestalt, Eigenart und Entwickelung eines altantiochenischen eucharistischen Hochgebetes **29** 32-48
Die syrische Anaphora der Zwölf Apostel und ihre Paralleltexte **34** 213-247
Eine neuerschlossene, bedeutsame Urkunde zur Geschichte der östlichen Weiheriten **36** 38-51
Der Nil in der liturgischen Frömmigkeit des Christlichen Ostens **37** 56-88
Wann wurde Severus zum Patriarchen von Antiochien geweiht **37** 132-134

Sin. georg. 39, fol. 129^r-132^r und seine Beziehungen zur vorbyzantinischen Liturgie von Jerusalem **53** 89-107

"Martyrium Sancti Petri apostoli Romae, ante octavam diem Maii"? **53** 221-226

Besprechungen:

27 Hamm   **30** Koffler   **38** Aßfalg, Bakoš

39 Codrington - Raes, von Ivánka, Grabler - Stöckl, Kamil, Ohm

40 Vööbus, Hunger, Costaz

41 Grillmeier, Bruck, Frank-Duquesne, Nasrallah, Ohm, Kerényi, Raes, van den Oudenrijn

42 Hammerschmidt, Ayoutanti - Tillyard, Wellesz, Dumbarton Oaks Papers 9/10, Byzantinische Geschichtsschreiber 4-6, von Walter

43 Grumel, Dumbarton Oaks Papers 11, Ortiz de Urbina, Mango, Hoch - von Ivánka, Kopp, Mader, Sayegh, Schubert, Frank

44 Schneemelcher, M. Cramer, Jansma, Guillaumont, van den Oudenrijn, Dvornik, Byzantinische Geschichtsschreiber 9, Baumstark, Bultmann, Sherrard, Skrobucha

45 Hammerschmidt, Kirchhoff, Deér, Wirth

46 Lossky, Breydy, de Fénoyl, Tillyard, Brugge, Velimirović, Grabar, Loretto, Haenchen, Schall, van den Oudenrijn, Adam, Tyciak, Vandenberghe, Kalokyrou, Wentzlaff - Eggebert

47 Hammerschmidt, Mateos, Demus, Sauget, Dumbarton Oaks Papers 13, Onasch

49 Dumbarton Oaks Papers 14, Aßfalg - Molitor, Aßfalg

50 Birdsall, Brogi, Hafner, Der Nersessian, Dumbarton Oaks Papers 15

51 Blank, Bujnoch, Der Nersessian, Schwartz, Laurent, Mateos, Bonifatius

52 Hammerschmidt, Mango, Dumbarton Oaks Papers 16 und 17, Bujnoch

55 Jäger

van Esbroeck, Michel, SJ (* 1934)

L'homélie d'Eustathe d'Antioche en géorgien (CPG 3394) **66** 189-214

Euringer, Sebastian (1865-1943)

Der mutmaßliche Verfasser der koptischen Theotokien und des äthiopischen Weddâsê Mârjâm **9** 215-226

Die neun "Töpferlieder" des Simeon von Gêšîr **11** 221-235

Die Anaphora des hl. Jakobus, des Bruders des Herrn **12** 1-23

Anmerkungen zu "Studien zur äthiopischen Kirchenmusik" von Dr. E. Wellesz (O.Chr. 1920 S. 74-106) **18/9** 151-154

Das Epitaphium des Tasfâ Ṣejon (Petrus Aethiops) und seine Chronologie **23** 49-66

Die äthiopische Anaphora des hl. Epiphanius, Bischofs der Insel Cypern **23** 98-142

Die Marienharfe ('Argānona Weddāsē). Nach der Ausgabe von Pontus Leander übersetzt **24** 120-145 338-355 **25/6** 79-108 248-278 **27** 202-231 **28** 60-89 209-239

Die äthiopische Anaphora des hl. Athanasius **24** 243-298

Des Îšôʿdâd von Maru Kommentar zum Hohenlied **29** 49-74

Zwei orientalische Epitaphien in San Michele in Sassia in Rom **30** 161-163

Ṭabiba Ṭabibân **31** 240-260

San Stefano dei Mori (Vatikanstadt) in seiner Bedeutung für die abessinische Sprachwissenschaft und Missionsgeschichte **32** 38-59

Die äthiopische Anaphora unserer Herrin Maria **34** 63-102 248-262

Das Hohelied des "Bundes der Erbarmung" **35** 71-107 192-213 **36** 68-73

Besprechungen: **24** Littmann **30** Haefeli

Faulhaber, Michael (1869-1952)

Babylonische Verwirrung in griechischen Namensi-
geln **7** 370-387

Fauth, Wolfgang (* 1924)

Seth-Typhon, Onoel und der eselsköpfige Sabaoth.
Zur Theriomorphie der ophitisch-barbelognosti-
schen Archonten **57** 79-120

Arbath Jao. Zur mystischen Vierheit in griechi-
schen und koptischen Zaubertexten und in gno-
stischen oder apokryphen Schriften des christ-
lichen Orients **67** 65-103

Ferhat, Petrus, CMVind (1883-1914)

Der Jobprolog des Julianos von Halikarnassos in
einer armenischen Bearbeitung **9** 26-31

Denkmäler altarmenischer Meßliturgie.

  1. Eine dem hl. Gregor von Nazianz zugeschrie-
bene Liturgie **9** 204-214

  2. Die angebliche Liturgie des hl. Katholikos
Sahak **11** 16-31

S. a. Literaturberichte **9-12**

Fiaccadori, Gianfranco

On the Dating of Īliyā al-Ǧawharī's Collectio
canonica **68** 213-214

Īliyā al-Ǧawharī, Īliyā of Damascus **70** 192-193

Frank, Hieronymus, OSB (1901-1975)

Das Alter der römischen Laudes- und Vesperanti-
phonen der Weihnachtsoktav und ihrer griechi-
schen Originale **36** 14-18

Besprechung: **32** Halkin

Franses, Desiderius, OFM (1888- ?)

Besprechung: **25/6** Bludau

Gätje, Helmut (1927-1986)

Der Liber de sensu et sensato von al-Fārābī bei
Albertus Magnus **48** 107-116

Gaïsser, Hugues, OSB (1853-1919)

Les Heirmoi de Pâques dans l'Office grec **3** 416-
510

Gamber, Klaus (1919-1989)

Fragmente eines griechischen Perikopenbuches des
5. Jh. aus Ägypten **44** 75-87

Gansyniec, R.

Die Apologie und der Libellus Justins d. M. **18/9**
56-76

Gassisi, Sofronio (1873-1923)

I Manoscritti Autografi di S. Nilo Juniore, fon-
datore del Monastero di S. M. di Grottaferrata
4 308-370

Innografi Italo Greci: Poesie di S. Nilo Iuniore
e di Paolo Monaco, Abbati di Grottaferrata **5**
26-81

S. a. Literaturbericht **10**

Gerö (Gero), Stephen (* 1943)

The Nestorius Legend in the Toledoth Yeshu **59**
108-120

Cyril of Alexandria, Image Worship, and the Vita
of Rabban Hormizd **62** 77-97

The Lamb and the King: "Saying" 27 of the Gospel
of Philip Reconsidered **63** 177-182

Besprechung: **64** Wilkinson

Gessel, Wilhelm (* 1933)

Besprechungen:
  52 de Santos Otero, Lomiento   **54** Vogt
  56 Evans, Lomiento   **57** Aubineau   **67** Aubineau
  70 Festugière, Crouzel

Giamil, Samuel (1847-1917)

Symbolum Nestorianum anni p. Ch. n. 612 **1** 61-79

Gietmann, Gerhard, SJ (1845-1912)

Besprechung: **6** Krücke

Göller, Emil (1874-1933)

Ein nestorianisches Bruchstück zur Kirchenge-
schichte des 4 und 5 Jahrhunderts **1** 80-97

Eine jakobitische "vita" des Nestorius **1** 276-287

Besprechungen: 3 Norden   **11** Anaissi

Goldziher, Ignaz (1850-1921)

Neutestamentliche Elemente in der Traditionslit-
teratur des Islam **2** 390-397

Verfasser

Gribomont, Jean, OSB (1920-1986)

Gilles de Viterbe, le moine Élie, et l'influence de la littérature maronite sur la Rome érudite de 1515 **54** 125-129

Griffith, Sidney H.

Ḥabīb ibn Ḥidmah Abū Rāʾiṭah, a Christian mutakallim of the First Abbasid Century **64** 161-201

The Gospel in Arabic: An Inquiry into its Appearence in the First Abbasid Century **69** 126-167

Grill, Severin Matthias, OCist (1893-1975)

Eine unbekannte syrische Handschrift in Wien **50** 56-60

Eine unbekannte syrische Handschrift in Innsbruck: Cod. 401. Bibl. Univ. **52** 152-155

Eine syrische Handschrift im Stift Heiligenkreuz (N.-ö.) **56** 164-168

Grossmann, Peter

Zum Typ der 'Breithauskirche' in Ägypten **59** 159-164

de Grüneisen, Wladimir

Un chapiteau et une imposte provenants d'une ville morte. Etude sur l'origine et l'époque des chapiteaux-corbeille **10** 281-316

Guidi, Ignazio (1844-1935)

Due antiche preghiere nel Rituale abissino dei Defonti **9** 20-25

Besprechungen:

  1 Marr

  2 Touraïeff, Marr, Wright - Touraïeff - Kokowzeff, Miednikoff   **3** Marr

  4 Marr, von Lemm, Steindorff, Basset

  5 Marr

S. a. Literaturberichte **2, 3, 9**

van Gulik, Wilhelm (1873-1907)

Die Konsistorialakten über die Begründung des uniert-chaldäischen Patriarchates von Mosul unter Papst Julius III **4** 261-277

Besprechungen: **4** Labourt, Rabbath

Haase, Felix (1882- ?)

Die armenische Rezension der syrischen Chronik
  Michaels des Großen **13** 60-82 271-284

Untersuchungen zur Chronik des Pseudo-Dionysios
  von Tell-Maḥrê **14** 65-90 240-270

Die Abfassungszeit der Edessenischen Chronik **15/6**
  88-96

Die Chronik des Josua Stylites **17** 62-73

Die Abfassungszeit der armenischen Geschichte des
  Moses von Khoren **18/9** 77-90

Neue Bardesanesstudien **20/2** 129-140

Besprechung: **18/9** Schmidt

Habbi, Joseph (* 1938)

Les Chaldéens et les Malabares au XIXe siècle **64**
  82-108

Le Livre des Signes de Al-Ḥasan b. Bahlūl **68** 210-
  212

Haffner, August (1869-1941)

Das Hexaëmeron des Pseudo-Epiphanius **18/9** 91-145

Hage, Wolfgang (* 1935)

Besprechungen:
  60 van den Brincken   **63** Gero   **68** Schlicht

Haile, Getatchew

Religious Controversies and the Growth of Ethio-
  pic Literature in the Fourteenth and Fifteenth
  Centuries **65** 102-136

The Homily of Zär'a Ya'əqob in Honour of St. John
  the Evangelist, EMML 1480, ff. 48r-52v **67** 144-
  166

de Halleux, André, OFM (* 1929)

Die Genealogie des Nestorianismus nach der früh-
  monophysitischen Theologie **66** 1-14

Hammerschmidt, Ernst (* 1928)

Hypostasis und verwandte Begriffe in den Bekennt-
  nisschriften des Gennadios II. von Konstantino-
  pel und des Metrophanes Kritopulos **40** 78-93

Usia, Hypostasis und verwandte Begriffe in den
  Bekenntnisschriften des Petros Mogilas und des
  Dositheos von Jerusalem **42** 77-91

Besprechungen:
 10 Vogels   **11** Schermann   **13** von Soden
Heffening, Willi (1894-1944)
Eine arabische Versio der zweiten Paraenesis des
  Johannes Chrysostomos an den Mönch Theodoros
  20/2 71-98
Die griechische Ephraem-Paraenesis gegen das
  Lachen in arabischer Übersetzung **24** 94-119 **33**
  54-79
Spuren des Diatessaron in liturgischer Überliefe-
  rung. Ein türkischer und ein Karšūnī-Text **32**
  225-238 (mit Curt Peters)
Liturgische Texte der Nestorianer und Jakobiten
  in Süd-Türkischen Mundarten **33** 232-235
Zwei altertümliche Litaneien aus dem Paschabuch
  der koptischen Kirche **36** 74-94 (mit einem An-
  hang von Anton Baumstark **36** 94-100)
Besprechung: **20/2** Obermann
S. a. Literaturberichte **27-36**
Heiming, Odilo, OSB (1898-1988)
Die ›Enjânêhirmen der Berliner Handschrift Sach.
  349 **27** 19-55
Heine, Peter (* 1944)
Bericht über den wissenschaftlichen Nachlaß von
  Paul Krüger **60** 175-176
Hengstenberg, Willy (1885-1963)
Der Drachenkampf des heiligen Theodor **10** 78-106
  241-280 (Nachtrag: **11** 135-137)
S. a. Literaturberichte **39, 40**
Hesse, Otmar (* 1940)
Markus Eremita und seine Schrift "De Melchise-
  dech" **51** 72-77
Hilpisch, Stephan, OSB (1894-1971)
Besprechungen: **25/6** Peradze **27** Inglisian
Hoberg, Gottfried (1857-1924)
Bruchstücke koptischer Bibelhandschriften im Be-
  sitze Sr. Königlichen Hoheit des Prinzen Johann
  Georg, Herzog zu Sachsen **13** 138-140

Hofmann, Josef (* 1914)
Der arabische Einfluß in der äthiopischen Über-
setzung der Johannes-Apokalypse. Textkritische
Untersuchung auf Grund von Handschriften **43** 24-
53 **44** 25-39
Honigmann, Ernst (1892-1954)
Marinianus von Rosapha **20/2** 214-217
Hoppe, Ernst Max
Die türkischen Gagauzen-Christen. Ein Beitrag zu
ihrer Kenntnis **41** 125-137
Horten, Max (1874-1945)
Die Lehre von der Minne im Islam. Eine Studie zur
Problemgruppe der christlich-islamischen Bezie-
hungen **24** 223-232
Hünermann, Friedrich (1886- ?)
Besprechungen:
24 Wagenmann, Miura - Stange, Weigl

Inglisian, Vahan, CMVind. (1897-1968)
Das wissenschaftliche Leben der Armenier in der
Gegenwart **39** 102-111
Die Beziehungen des Patriarchen Proklos von Kon-
stantinopel und des Bischofs Akakios von Meli-
tene zu Armenien **41** 35-50
S. a. Literaturberichte **23, 25/6-36, 38-40**

Jacob, André
Besprechung: **55** Arranz
Jansma, T.
Beiträge zur Berichtigung einzelner Stellen in
Ephraems Genesiskommentar **56** 59-79
Weitere Beiträge zur Berichtigung einzelner Stel-
len in Ephraems Kommentare[n] zu Genesis und
Exodus **58** 121-131
Jaussen, Antonin, OP (1871-1962)
Besprechung: **11** Lammens
Jeannin, Jules, OSB (1866- ?)
L'Octoëchos Syrien. I. Etude historique **11** 82-104
II. Etude musicale **11** 277-298 (mit J. Puyade)

Johann Georg, Herzog zu Sachsen (1869-1938)
Die griechische Kirche in Hama **9** 245-248
Die Fresken in Deir-es-Surjânî **11** 111-114
Sadad, Karjeten und Hawarim **24** 233-242
Die Holztüre in Deir Mar-Aelian in Syrien bei
  Karjeten **25/6** 59-63
Ein syrisches Email des IX. Jahrhunderts **29** 75-76
Johnson, David W., SJ
Further Remarks on the Arabic History of the Pa-
  triarchs of Alexandria **61** 103-116
Jungmann, Paul (1929-1975)
Die armenische Fassung des sog. pseudo-athanasia-
  nischen Dialogus de Sancta Trinitate IV (Arme-
  nisch: Betrachtung über die Körperlichkeit des
  Erlösers) **53** 159-201
Junker, Hermann (1877-1962)
Koptische Poesie des 10. Jahrhunderts **6** 319-411
  7 136-253 **8** 2-109
Die neuentdeckten christlichen Handschriften in
  mittelnubischer Sprache **6** 437-442
Eine saʿîdische Rezension des Engelshymnus **6** 442-
  446

Kahle, Paul (1875-1964)
Die zwölf Marḳa-Hymnen aus dem "Defter" der sama-
  ritanischen Liturgie **29** 77-106
Besprechung: **24** Andrae
Kaiser, Karl
Die syrische "Liturgie" des Kyriakos von Antio-
  cheia **5** 174-197
S. a. Literaturberichte **9-13**
Karst, Joseph (1871- ?)
Besprechungen: **9** Manandian, Finck
Kaufhold, Hubert (* 1943)
Islamisches Erbrecht in christlich-syrischer
  Überlieferung **59** 19-35
Einige ergänzende Bemerkungen über Abraham Šek-
  wānā **67** 208-211
Der Richter in den syrischen Rechtsquellen. Zum

Einfluß islamischen Rechts auf die christlich-
orientalische Rechtsliteratur **68** 91-113
Nochmals zur Datierung der Kanonessammlung des
Elias von Damaskus **68** 214-217
Über die Entstehung der syrischen Texte zum isla-
mischen Recht **69** 54-72
Besprechungen:
   53 Galbiati - Noja, Coquin
   55 Vööbus, Mounayer, Selb
   58 Kanon, Potz
   59 Vööbus   **65** Duffy - Parker
   67 Mar Aprem, Rohrbacher
   68 Sauget, de Mauroy, Hartmann
   70 Anschütz, Fischer, Hable Selassie
S. a. Kongreßberichte
Kaufmann, Carl Maria (1872-1951)
Menas und Horus-Harpokrates im Lichte der Ausgra-
bungen in der Menasstadt **9** 88-102
Archäologische Miszellen aus Ägypten **11** 105-110
299-304
Konstantin und Helena auf einem griechischen Ho-
stienstempel **12** 85-87
Das koptische Tubenkreuz, eine bisher unbekannte
Gattung altchristlicher Kreuze **12** 306-311
Ein spätkoptisches bemaltes Grabtuch aus Antinou-
polis in Oberägypten **15/6** 128-132
Zwei altkoptische Festbrotstempel aus dem Gebiete
von Antinoupolis in Oberägypten **29** 107-110
Besprechungen: **1** Strzygowski   **11** Dölger
   34 Pfister, Strzygowski, Bruns
Kawerau, Peter (1915-1988)
Barbarossas Tod nach ʿImād ad-Dīn und Michael
Syrus **48** 135-142
Besprechung: **47** Mühlhaupt
Kazan, Stanley
Isaac of Antioch's Homily against the Jews **45** 30-
53 **46** 87-98 **47** 89-97 **49** 57-78
Keil, Joseph (1878-1963)
Ephesos **28** 1-14

Keseling, Paul (1892-1956)
Die Chronik des Eusebius in der syrischen Über-
  lieferung **23** 23-48 223-241 **24** 33-56
Kessler, Dieter (* 1948)
Besprechung: **70** Kolta
Ketter, Peter (1885-1950)
Ein koptischer Text von Joel 1,5-15 **13** 1-9
el-Khoury, Nabil (* 1941)
Auswirkungen der Schule von Nisibis **59** 121-129
Besprechung: **60** Gyekye
Khoury, Raif Georges
Besprechung: **56** Nasrallah
Kirfel, Willibald (1885-1964)
Besprechung: **23** Edgerton
Kirsch, Johann Peter (1861-1941)
Bericht über die Tätigkeit der orientalischen
  wissenschaftlichen Station der Görresgesell-
  schaft in Jerusalem **9** 116-119 **10** 333-336 **11**
  332-334 **12** 344-346 **13** 319-321
Das orientalische Institut der Görresgesellschaft
  in Jerusalem 1929-1930 **28** 107-110
Die Entdeckung eines christlichen Gotteshauses
  und einer jüdischen Synagoge mit Malereien aus
  der ersten Hälfte des 3. Jahrhunderts in Dura-
  Europos in Mesopotamien **30** 201-208
Kirschner, Bruno (1884-1964)
Alfabetische Akrosticha in der syrischen Kirchen-
  poesie **6** 1-69 **7** 254-291
Kluge, Theodor (1880-1959)
Die apokryphe Erzählung des Joseph von Arimathäa
  über den Bau der ersten christlichen Kirche in
  Lydda. Aus dem Georgischen übersetzt **12** 24-38
Studien auf dem Gebiete des georgischen Bibeltex-
  tes **12** 120-122
Quadragesima und Karwoche Jerusalems im siebten
  Jahrhundert **13** 201-233 (Nachtrag: 359-363) (mit
  Anton Baumstark)
Oster- und Pfingstfeier Jerusalems im siebten
  Jahrhundert **14** 223-239 (mit Anton Baumstark)

Kmosko, Michael (? -1931)

Analecta Syriaca e codicibus Musei Britannici excerpta **2** 33-57 **3** 91-125 384-415

De apocrypha quadam dominici baptismi descriptione corollarium **4** 194-203

Kötting, Bernhard (* 1910)

Zu den Strafen und Bußen für die Wiederverheiratung in der frühen Kirche **48** 143-149

Koschorke, Klaus

Schenute: De Certamine Contra Diabolum **59** 60-77 (mit Stefan Timm und Frederik Wisse)

Krause, Martin (* 1930)

S. Kongreßberichte

Kropp, Angelicus M., OP (1892-1980)

Die Kreuzigungsgruppe des koptischen Papyrus Brit. Mus. Ms. or. 6796 **25/6** 64-68

Die koptische Anaphora des heiligen Evangelisten Matthäus **29** 111-125

Kropp Manfred (* 1947)

Zur "Kurzen Chronik" der äthiopischen Könige **65** 137-147 **66** 144-188

Zwei äthiopische Handschriften aus der Sammlung Rehm in St. Bonifaz (München-Andechs) **67** 212-218

Gab es eine große Chronik des Kaisers Fasilädäs von Äthiopien? **70** 188-191

Besprechungen:

63 Tafla   **65** Wagner
66 Weischer, van Donzel
67 Tafla, Marrassini   **69** Haile, Uhlig
70 A Catalogue of Ethiopian Mss., Kaplan

S. a. Kongreßberichte

Krüger, Paul (1904-1975)

Die Regenbitten Aphrems des Syrers **30** 13-61 144-151

Zum theologischen Menschenbild Babais d. Gr. Nach seinem noch unveröffentlichten Kommentar zu den beiden Sermones des Mönches Markus über "das geistige Gesetz" **44** 46-74

Kusch, Horst (1924-1958)
Friede den Menschen - sprachgeschichtlich be-
  trachtet **45** 109-114

Lafontaine, Guy (* 1938)
Recherches sur l'Orient Chrétien à l'Université
  Catholique de Louvain **60** 177-178
Die Löwener Edition des griechischen Textes und
  der orientalischen Übersetzungen der Werke des
  hl. Gregor von Nazianz **64** 223
Lahrkamp, Helmut (* 1922)
Nordwestdeutsche Orientreisen und Jerusalemwall-
  fahrten im Spiegel der Pilgerberichte **40** 113-130
Lattke, Michael (* 1942)
Besprechung: **66** el-Khoury
Legier, E.
Essai de biographie d'Enée de Gaza **7** 349-369
Lehmann, Michael (? -1974)
Das Katharinenkloster auf Sinai. Ein Juwel byzan-
  tinischer Kunst **52** 138-151
Lietzmann, Hans (1875-1942)
Sahidische Bruchstücke der Gregorios- und Kyril-
  losliturgie **17** 1-19
Lilie, Ralph J. (* 1947)
Besprechung: **61** Jenkings - Westerink
von Lilienfeld, Fairy (* 1917)
S. Kongreßberichte
Littmann, Enno (1875-1958)
Die Gemälde der Sergios-Kirche in Ṣadad **25/6** 288-
  291
Besprechung: **35** Kamil
Lüdtke, Willy (1875-1945)
Zur Überlieferung der Reden Gregors von Nazianz
  11 263-276
S. a. Literaturberichte **12-17**

Maas, Paul (1880-1964)
Kontakion auf den hl. Theodoros unter dem Namen
  des Romanos **10** 48-63

Macina, R.

L'énigme des prophéties et oracles à portée
"Macchabéenne" et leur application ἐκ προσώπου
selon l'exégèse antiochienne **70** 86-109

Macomber, William F.

Further Precisions Concerning the Mosul Manu-
script of the Chronicle of Seʿert **55** 210-213

An Interesting Fragment of an East Syrian Festal
Hymnary of the Fourteenth (?) Century **57** 72-78

Mader, Andreas Evaristus, SDS (1881-1949)

Die Ausgrabung an der Abrahamseiche bei Hebron
23 333-351 **24** 360-379

Die Ausgrabungen der Görresgesellschaft am See
Genesareth **28** 254-258

Das Orientalische Institut der Görresgesellschaft
in Jerusalem 1932/33 **30** 199-201

Drei Darstellungen von Tierkämpfen im Mosaikboden
der Brotvermehrungskirche bei eṭ-Ṭabgha am See
Genesareth **31** 40-48

Ein Bilderzyklus in der Gräberhöhle der St.
Euthymius-Laura auf Mardes (Chirbet el-Mard)
in der Wüste Juda **34** 27-58 192-212

Besprechung: **28** Sukenik - Mayer

Madey, Johannes (* 1933)

Zur Gegenwartslage der Orientalischen Kirchen **59**
169-184

Background and History of the Present Schism in
the Malankara Church **60** 95-112

The Eastern Churches in India. A Chronicle **60**
152-161

The Eastern Churches in India. A Chronicle 1974-
1977 **61** 117-127

The Eastern Churches in India. A Chronicle 1977-
1982 **67** 185-203

Marzolph, Ulrich (* 1953)

Die Quelle der Ergötzlichen Erzählungen des Bar
Hebräus **68** 218

Die Quelle der Ergötzlichen Erzählungen des Bar
Hebräus **69** 81-125

Mateos, Juan, SJ
L'office monastique à la fin du IVe siècle: An-
tioche, Palestine, Cappadoce **47** 53-88
Max, Herzog zu Sachsen (1870-1951)
Besprechung: **36** Kirchhoff
McNeil, Brian
The Odes of Solomon and the Scriptures **67** 104-122
van der Meer, Petrus E., OP (1895-1963)
Fünf kappadokische Geschäftsbriefe **29** 126-137
Meinardus, Otto F. A. (* 1925)
Ancient and Modern Churches of Alexandria **48** 163-
179
Recent Developments in Egyptian Monasticism
(1960-1964) **49** 79-89
Wall-Paintings in the Monastic Churches of Judaea
50 46-55
The Coptic Church and African Missions **51** 97-100
The Nestorians in Egypt **51** 112-129
The XVIth Century Fresco of the ΔΕΥΤΕΡΑ ΠΑΡΟΥΣΙΑ
at Sinai **53** 212-220
A Study of the Relics of Saints of the Greek Or-
thodox Church **54** 130-278
The Last Judgments in the Armenian Churches of
New Julfa **55** 182-194
The Place of the Anapeson of Soumela in Byzantine
Art **55** 195-203
Interpretations of the Wall-Paintings of the Sie-
ge of Constantinople in the Bucovina **56** 169-183
The Equestrian Deliverer in Eastern Iconography
57 142-155
The Panhagia of Orchomenos: a Votive Icon of the
Second World War **57** 156-161
The Iconography of the Eucharistic Christ in the
Armenian Churches of New Julfa **58** 132-137
Notes on the Working Churches of Moscow **59** 147-158
Zwei Moskauer Wandmalereien: Die Belagerung von
Konstantinopel **60** 113-121
Zwei Gottesmutter-Kalender-Ikonen der Staro-
obrjadtsy **60** 122-130

Zur monastischen Erneuerung in der koptischen
  Kirche **61** 59-70
Der Erzengel Michael als Psychopompos **62** 166-168
Nilometer Readings According to a 13th Century
  Coptic Source **62** 169-195
Zum 25. Jahrestag der Auffindung des Gottesmut-
  ter-Gürtels in Homs, Syrien **63** 61-74
Wortspiele als Entstehungsfaktor der therapeuti-
  schen Funktionen einiger griechischer Heiligen
  64 216-222
Die Nischen-Fresken im Roten Kloster bei Sohâg **65**
  148-162
Die Kaisersöhne der sketischen Wüste **70** 181-187
Meinertz, Max (1880-1965)
Besprechung: **28** Sievers
Mercati, Giovanni Battista (1866-1957)
Una lettera di Nicolò arcivescovo latino di Atene
  e due Vescovi sconosciuti di Carmino **2** 196-201
La lettera di Severo Antiocheno su Matt. 23,35 **12**
  59-63
Merk, Augustin, SJ (1869-1945)
Besprechung: **17** Jordan
Michel, Anton (1884-1958)
Die jährliche Eucharistia nach dem Bildersturm
  20/2 151-161
Die Echtheit der Panoplia des Michael Kerullarios
  36 168-204
Michels, Thomas, OSB (1892-1979)
Christus mit der Buchrolle. Ein Beitrag zur Iko-
  nographie der Himmelfahrt Christi **29** 138-146
Millet, Gabriel (1875-1953)
Un type de la prière des morts: l'épitaphe d'Ama-
  chis **29** 303-316
Minassian, Martiros
L'Évangéliaire arm. 10680 du Maténadaran **63** 108-
  129
Norayr N. Biwzandac'i et ses archives **69** 194-209
Besprechung: **61** Renoux

Mohlberg, Kunibert, OSB (1878-1963)

Maximinianus von Ravenna (546-567) und die orientalische Quelle des Martyrologium Hieronymianum **29** 147-152

Besprechung: **30** Menzinger

Mohler, Ludwig (1883-1943)

Zwei unedierte griechische Briefe über das Unionskonzil von Ferrara-Florenz **14** 213-222

Eine bisher verlorene Schrift von Georgios Amirutzes über das Konzil von Florenz **17** 20-35

Molitor, Joseph (1903-1978)

Byzantinische Troparia und Kontakia in syro-melchitischer Überlieferung **25/6** 1-36 179-199 **27** 191-201 **28** 43-59 **30** 72-85 164-179

Die georgische Bibelübersetzung. Ihr Werdegang und ihre Bedeutung in heutiger Sicht **37** 23-29

Das Adysh-Tetraevangelium. Neu übersetzt und mit altgeorgischen Paralleltexten verglichen **37** 30-55 **38** 11-40 **39** 1-32 **40** 1-15 **41** 1-21 **42** 1-18 **43** 1-16 **44** 1-16 **45** 1-19 **46** 1-18 **47** 1-15

Evangelienzitate in einem altgeorgischen Väterfragment **40** 16-21

Chanmetifragmente. Ein Beitrag zur Textgeschichte der altgeorgischen Bibelübersetzung **41** 22-34 **43** 17-23 **44** 17-24 **45** 115-126 **46** 19-24 **49** 38-56

Synoptische Evangelienzitate im Sinai-Mravalthavi von 864 **48** 180-190

Die altgeorgische Version der katholischen Briefe ins Lateinische übertragen **49** 1-17 **50** 37-45

Die georgische Version der Apokalypse (von 978) ins Lateinische übertragen (und untersucht) **50** 1-12 **51** 1-28 **52** 1-21

Zum Textcharakter der altgeorgischen Katholischen Briefe **51** 51-66

Tatians Diatessaron und sein Verhältnis zur altsyrischen und altgeorgischen Überlieferung **53** 1-88 **54** 1-75 **55** 1-61

Zum Textcharakter der armenischen Apokalypse **55**

90-148 **56** 1-48

Die syrische Übersetzung des 1. und 2. Thessalo-
nicherbriefes ins Lateinische übertragen und
mit der altarmenischen Version verglichen **55**
166-181 **56** 150-163

Die georgische Version des Römerbriefes unter
Hervorhebung typisch syrischer Lesarten ins La-
teinische übertragen **57** 31-56

Die georg. Version des 1. und 2. Korintherbriefes
ins Lateinische übertragen und nach Syriazismen
untersucht **58** 1-38

Die altgeorgische Version des Galater- und Ephe-
serbriefes ins Lateinische übertragen und nach
Syriazismen untersucht **59** 1-18

Die altgeorgische Version des Philipper-, Kolos-
ser- und des 1. und 2. Thessalonicherbriefes
ins Lateinische übertragen und nach Syriazismen
untersucht **60** 1-23

Zur vierfachen Redaktion des Tifliser Paulustex-
tes **61** 1-2

Die georgische Version des 1. und 2. Timotheus-
briefes und des Titusbriefes ins Lateinische
übertragen und nach Syriazismen untersucht **61**
3-19

Die armenische Version des Hebräerbriefes ins
Lateinische übertragen und nach Syriazismen un-
tersucht **62** 1-17

Besprechungen:
38 Black   **40** Garitte, Tarchnišvili
41 Tarchnišvili - Aßfalg, Garitte, Lang
43 Bedi Kartlisa   **44** Bedi Kartlisa
45 Tarchnišvili, Šanidze, Tschenkéli
46 Moss, Tarchnišvili, Bedi Kartlisa, Inglisian
49 Bedi Kartlisa, Tschubinašvili, Scherbaschi-
dze, Tschenkéli, Spuler
50 Jensen, Bedi Kartlisa
52 Hage, Lang, Bedi Kartlisa
60 Aßfalg - Krüger
S. a. Literaturberichte **38-41**

Müller, Caspar Detlef Gustav (* 1927)

Was können wir aus der koptischen Literatur über
  Theologie und Frömmigkeit der Ägyptischen Kir-
  che lernen? **48** 191-215

Stellung und Bedeutung des Katholikos-Patriarchen
  von Seleukeia-Ktesiphon im Altertum **53** 227-245

Die ältere Kirchenrechtsliteratur der Perserkir-
  che **59** 47-59

Ergänzende Bemerkungen zu den deutschen Textfun-
  den in Nubien **62** 135-143

Die nubische Literatur. Bestand und Eigenart **62**
  196-199

Damian, Papst und Patriarch von Alexandrien **70**
  118-142

Besprechungen: **63** Schenkel   **70** Büchler

S. a. Kongreßberichte, Personalia

Müller, Walter W. (* 1933)

Besprechung: **58** Shahîd

Mulder, Willem, SJ

Besprechung: **24** Michels

Nasrallah, Joseph (* 1911)

Sulaimān al-Ġazzī, évêque melchite de Gaza (XIe
  siècle) **62** 144-157

Deux auteurs melchites inconnus du Xe siècle **63**
  75-86

Deux versions Melchites partielles de la Bible du
  IXe et du Xe siècles **64** 202-215

Nau, François (1864-1931)

Le texte grec des récits du moine Anastase sur
  les saints pères du Sinaï **2** 58-89

Le texte grec des récits utiles à l'âme d'Ana-
  stase (le Sinaïte) **3** 56-90

Neugebauer, Otto (* 1899)

Ethiopic Easter Computus **63** 87-102

Nötscher, Friedrich (1890-1966)

Besprechungen:
  24 Dürr, Storr   **47** Dalglish

van den Oudenrijn, Marcus Antonius, OP (1890-1962)
Uniteurs et Dominicains d'Arménie **40** 94-112   **42**
  110-133   **43** 110-119   **45** 95-108   **46** 99-116

Palmer, Andrew (* 1955)
Charting undercurrents in the history of the
  West-Syrian people: The resettlement of Byzan-
  tine Melitene after 934 **70** 37-68
Besprechung: **70** Bell
Palmieri, Aurelio, OSA (1870-1926)
La conversione ufficiale degl'Iberi al cristia-
  nesimo **2** 130-150   **3** 148-172
S. a. Literaturbericht **3**
Peradze, Gregor (1899-1945)
Die Weihnachtsfeier Jerusalems im siebten Jahr-
  hundert **23** 310-318 (Einleitung und Anmerkungen
  von Anton Baumstark)
Die altgeorgische Literatur und ihre Probleme **24**
  205-222
Die alt-christliche Literatur in der georgischen
  Überlieferung **25/6** 109-116 282-288   **27** 80-98
  232-236   **28** 97-107 240-244   **30** 86-92   180-198
Die Probleme der ältesten Kirchengeschichte Geor-
  giens **29** 153-171
S. a. Literaturbericht **27**
Peters, Curt (1905-1944)
Targum und Praevulgata des Pentateuchs **31** 49-54
Zur Pluralbildung im Altnubischen **31** 104-107
Spuren des Diatessaron in liturgischer Überliefe-
  rung. Ein türkischer und ein Karšūnī-Text **32**
  225-238 (mit Willy Heffening)   (Nachtrag **33**
  96-97)
Die Zitate aus dem Matthäus-Evangelium in der sy-
  rischen Übersetzung der Theophanie des Eusebius
  33 1-25
Der Text der soghdischen Evangelienbruchstücke
  und das Problem der Pešiṭta **33** 153-162
Proben eines bedeutsamen arabischen Evangelien-
  textes **33** 188-211

Peterson, Erik (1890-1960)
Zum Messalianismus der Philippus-Akten **29** 172-179
Pigulewsky (Pigulevskaja), Nina V. (1894-1970)
Das Ende der Straßburger Sahdona-Handschrift **23**
293-309
Plooij, Daniel (1877-1935)
Die heutige Lage des Diatessaronproblems **23** 201-
222
Poirier, Paul-Hubert (* 1948)
Bar Hebraeus sur le libre arbitre **70** 23-36
Power Edmund, SJ (1878-1953)
St. Peter in Gallicantu and the house of Caiphas
28 182-208
Price, James R.
Syriac Manuscripts in the Freer Gallery of Art,
Washington, D.C. **55** 161-163 (mit Philip M. Sey-
mour)
Puttrich-Reignard, Oswin (* 1906)
Bericht über die Frühjahrsgrabung 1937 auf
Chirbet el-minje bei Tabgha am See Genezareth
in Palästina **34** 269-272
Puyade, Julien, OSB
L'Octoëchos Syrien. I. Etude historique **11** 82-104
II. Etude musicale **11** 277-298 (mit J. Jeannin)

Quasten, Johannes (1900-1987)
Besprechung: **30** Völker, Oppenheim
Quecke, Hans, SJ (* 1928)
Besprechung: **47** Grill

Raes, Alfons, SJ (1886-1983)
ΚΑΤΑ ΠΑΝΤΑ ΚΑΙ ΔΙΑ ΠΑΝΤΑ. En tout et pour tous **48**
216-220
Rahlfs, Alfred (1865-1935)
Zu den altabessinischen Königsinschriften **14** 282-
313
Reil, Johannes (1877- ?)
Noch einmal zum illustrierten syrischen Evange-
liar des Markusklosters in Jerusalem **9** 324f.

Reinink, Gerrit J.
Der Verfassername "Modios" der syrischen Schatz-
  höhle und die Apokalypse des Pseudo-Methodios
  67 46-64
Rengstorf, Karl Heinrich (* 1903)
Der Brief des Bischofs Samuel Gobat von Jerusalem
  an den Kaiser Theodoros II. von Äthiopien vom
  28. November 1865 **48** 221-234
Renoux, Charles, OSB
Fragments Arméniens des Recognitiones du Pseudo-
  Clément **62** 103-113
Restle, Marcell (* 1932)
Besprechung: **60** Kirschbaum - Braunfels
Roeder, Günther (1881-1966)
Besprechung: **12** Zimmermann
Roncaglia, Martiniano Pellegrino
Besprechung: **61** Annuaire Catholique
S. a. Literaturberichte (am Ende)
Rücker, Adolf (1880-1948)
Die literarischen Handschriften des jakobitischen
  Markusklosters in Jerusalem **10** 120-136 317-333
  (mit Anton Baumstark und Georg Graf)
Der Ritus der Bekleidung mit dem ledernen
  Mönchsschema bei den Syrern **12** 219-237
Ein weiterer Zeuge der älteren Perikopenordnung
  der syrischen Jakobiten **15/6** 146-153
Über einige nestorianische Liederhandschriften,
  vornehmlich der griech. Patriarchatsbibliothek
  in Jerusalem **17** 107-123
Zwei nestorianische Hymnen über die Magier **18/9**
  33-55
Über zwei syrische Anaphorensammlungen **18/9** 154-157
Denkmäler altarmenischer Meßliturgie.
  4. Die Anaphora des Patriarchen Kyrillos von
     Alexandreia **23** 143-157
  5. Die Anaphora des heiligen Ignatius von An-
     tiochien **27** 56-79
Bericht über einige syrische Handschriften **24**
  159-163

Schlimme, Lorenz (* 1945)

Die Lehre des Jakob von Edessa vom Fall des Teufels **61** 41-58

Schmid, Josef (1893-1975)

Zusätzliche Bemerkungen [zu: Anton Spitaler, Zur Klärung des ökumeniusproblems] **31** 216-218

Schmidt, J. Heinrich (1897- ?)

Die Ergebnisse der Deutschen Ktesiphon-Expedition **27** 99-106

Besprechung: **30** Volbach

Schmidt, Margot

Das Auge als Symbol der Erleuchtung bei Ephräm und Parallelen in der Mystik des Mittelalters **68** 27-57

Besprechungen: **60** Murray   **69** Brock

S. a. Kongreßberichte

Schneider, Alfons Maria (1896-1952)

St. Peter in Gallicantu (Das Gefängnis Christi im Palast des Kaiphas) **27** 175-190

Ed-dschunêne **27** 236-239

Die Kirche von eṭ-Ṭaijibe **28** 15-22

Die byzantinische Kapelle auf Masada (es-Sebbe) **28** 251-253

Zu einigen Kirchenruinen Palästinas **30** 152-60   **31** 219-225

Der Kaiser des Mosaikbildes über dem Haupteingang der Sophienkirche zu Konstantinopel **32** 75-79

Die Grabung der Görresgesellschaft auf Chirbet Minje am See Genesareth **33** 102-105

Neue Funde in eṭ-ṭâbġa **34** 59-62

Forschungen und Funde in Istanbul **34** 118-122

Ziegelstempel aus Konstantinopel **34** 263-269

Das Kalamon-Kloster in der Jerichoebene **35** 39-43

Bemerkungen zum neuen Bericht über die Grabungen in chirbet el-minje **35** 122-126

Das Architektursystem der Hagia Sophia zu Konstantinopel **36** 1-13

Die "Bauinschrift" von chirbet el-minje **36** 115-117

Die Kathedrale von Edessa **36** 161–167
Miscellanea Constantinopolitana **36** 224–225
Besprechung: **34** Kalliga
Schreiber, Georg (1882–1963)
Christlicher Orient und mittelalterliches Abend-
    land. Verbindungslinien und Forschungsaufgaben
    38 96–112 **39** 66–78
Schulte, Raphael, OSB (* 1925)
Besprechungen: **51** Gruber, Korbacher
Schulz, Hans Joachim (* 1932)
Konzelebration bei Symeon von Thessalonike **48**
    260–267
Besprechung: **47** Tyciak
Schulz, Regine
Besprechung: **70** Meinardus
Schwartz, Eduard (1858–1940)
Besprechung: **12** Schermann
Segelberg, Eric (* 1920)
The Benedictio Olei in the Apostolic Tradition of
    Hippolytus **48** 268–281
Seymour, Philip M.
Syriac Manuscripts in the Freer Gallery of Art,
    Washington, D.C. **55** 161–163 (mit J.R. Price)
Sidarus, Adel Y. (* 1941)
Besprechung: **60** Bauer
Siman, Amanouil–Pataq, OP
Die pneumatische Dimension der Eucharistie nach
    der Überlieferung der syrischen Kirche **60** 131–151
Speigl, Jakob (* 1933)
S. Kongreßberichte
Spies, Otto (1901–1981)
Die äthiopische Überlieferung der Abhandlung des
    Evagrius περὶ τῶν ὀκτὼ λογισμῶν **29** 203–228
Islam und Syntage **57** 1–30
Spitaler, Anton (* 1910)
Zur Klärung des Ökumeniusproblems **31** 208–215
Sprenger, Hans Norbert (* 1945)
Wie soll eine Konkordanz zur syrischen Bibel aus-
    sehen? **63** 183–190

Spuler, Bertold (* 1911)
Zur religiösen Lage in Südslawien **48** 282-285
Stapper, Richard (1870-1939)
S. Literaturbericht **9**
Steffes, Johann Peter (1883-1955)
Besprechungen: **25/6** Hume
  28 Messina, Schlier, Klauser, Freistedt
Stegenšek, Augustin (1875-1920)
Eine syrische Miniaturenhandschrift des Museo
  Borgiano **1** 343-355
Neuere russische Arbeiten zur armenisch-georgi-
  schen Philologie **1** 373-378
Ueber angebliche Georgsbilder auf den aegypti-
  schen Textilien im Museum des Campo Santo **2**
  170-178
Die Kirchenbauten Jerusalems im vierten Jahrhun-
  dert in bildlicher Darstellung **9** 272-285
Besprechung: **1** de Bock
S. a. Literaturbericht **1**
Steinmetzer, Franz Xaver (1879-1948)
Besprechung: **6** Ter-Mikaelian
Stiehl, Ruth, (* 1926)
S. Franz Altheim
Strothmann, Werner (* 1907)
Makarios und die Makariosschriften in der syri-
  schen Literatur **54** 96-105
Strzygowski, Josef (1862-1941)
Die Sophienkirche in Salonik: Ein Denkmal, das
  für die Wissenschaft zu retten wäre **1** 153-158
Der Schmuck der älteren el-Hadrakirche im syri-
  schen Kloster der sketischen Wüste **1** 356-372
Antiochenische Kunst [Die Pfeiler von Acre] **2**
  421-433
Der algerische Danielkamm **9** 83-87
Zur byzantinischen Kunstgeschichte **12** 128-140
Ravenna als Vorort aramäischer Kunst **13** 83-110
Der Mittelmeerglaube in der altchristlichen Kunst
  und die Tatsachenwelt von Asien und Europa **29**
  229-250

Stummer, Friedrich (1886-1955)

Einige Bemerkungen zur Geschichte des Karmel **27**
15-18

Die Bewertung Palästinas bei Hieronymus **32** 60-74

Besprechungen: **27** Kopp **33** Peters

Suttner, Ernst Christoph (* 1933)

Materialien zur frühen syrischen Theologiege-
schichte im Nachlaß eines verunglückten Patro-
logen (In Memoriam August Vogl) **59** 187-188

Besprechungen: **68** de Margerie, Pro Oriente

von Sybel, Ludwig (1846-1929)

Zum Kreuz in Apsismosaiken **15/6** 119-127

Taeschner, Franz (1888-1967)

Der Anteil der Christen und der Muslime an der
islamischen Kunst **29** 251-263

Die alttestamentlichen Bibelzitate, vor allem aus
dem Pentateuch, in aṭ-Ṭabarī's Kitāb ad-dīn
wad-daula und ihre Bedeutung für die Frage nach
der Echtheit dieser Schrift **31** 23-39 (Nachtrag:
277-278)

Die monarchianischen Prologe zu den vier Evange-
lien in der spanisch-arabischen Bibelüberset-
zung des Isaak Velasquez nach der Münchener
Handschrift Cod. arab. 238 **32** 80-99

Besprechung: **30** Vasmer

Tarchnišvili, Michael, SIC (1897-1958)

Kurzer Überblick über den Stand der georgischen
Literaturforschung **37** 89-99

Die Anfänge der schriftstellerischen Tätigkeit
des hl. Euthymius und der Aufstand von Bardas
Skleros **38** 113-124

Das Verhältnis von Kirche und Staat im Königreich
Georgien **39** 79-82

Die geistliche Dichtung Georgiens und ihr Ver-
hältnis zur Byzantinischen **41** 76-96

Besprechung: **42** Molitor

Timm, Stefan (* 1944)

S. Klaus Koschorke

Tinnefeld, Franz (* 1937)
Besprechung: **62** Dennis
Tisserant, Eugène (1884-1972)
Notes pour servir à la biographie d'Étienne Évode
Assémani **29** 264-276
Torbey, Antoine
Les preuves de l'existence des anges, d'après le
traité de Grégoire Bar-Hebraeus sur les anges
39 119-134
Townsley, Ashton L.
Eucharistic Doctrine and the Liturgy in Late By-
zantine Painting **58** 138-153

Ugolini, Mariano (1862-1917)
Due frammenti di un antichissimo salterio nesto-
riano **2** 179-186
Il Ms. Vat. Sir. 5 e la recensione del V. T. di
Giacomo d'Edessa **2** 409-420
Uhlig, Siegbert (* 1939)
Zur Überlieferungsgeschichte des äthiopischen
Henochbuches **69** 184-193
Unger, Rüdiger
Zur sprachlichen und formalen Struktur des gno-
stischen Textes "Der Donner: der vollkommene
Nous" **59** 78-107
Uthemann, Karl-Heinz (* 1939)
Besprechung: **55** Wessel

Vandenhoff, Bernhard (1868-1929)
Vier geistliche Gedichte in syrischer und neu-
syri[s]cher Sprache aus den Berliner Hand-
schriften Sachau 188 und 223 übersetzt und mit
Einleitung versehen **8** 389-452
Ein Brief des Elias bar Šinaja über die Wahl des
Katholikos Išoʿjahb IV **11** 59-81 236-262
Die Götterliste des Mar Jakob von Sarug in seiner
Homilie über den Fall der Götzenbilder **13** 234-262
Vardanian, Aristaces, CMVind (1887-1941)
Des Johannes von Jerusalem Brief an den albani-
schen Katholikos Abas **10** 64-77

Des Timotheos von Alexandrien, Schülers des hl.
  Athanasios, Rede "in sanctam virginem Mariam et
  in salutationem Elisabeth" **10** 227-234
S. a. Literaturbericht **10**
Vetter, Paul (1850-1906)
Armenische Apostelakten **1** 168-170
Die armenischen apokryphen Apostelakten.
  I. Das gnostische martyrium Petri **1** 217-239
  II. Die Akten der Apostel Petrus und Paulus **3**
      16-55 324-383
Vööbus, Arthur (1909-1988)
Das Alter der Peschitta **38** 1-10
Beiträge zur kritischen Sichtung der asketischen
  Schriften, die unter dem Namen Ephraem des Sy-
  rers überliefert sind **39** 48-55
Syrische Herkunft der Pseudo-Basilianischen Homi-
  lie über die Jungfräulichkeit **40** 69-77
Die Selbstanklagen Ephräms des Syrers in griechi-
  scher Überlieferung. Beobachtungen über ihre
  Herkunft **41** 97-101
Ein neuer Text von Ephraem über das Mönchtum **42**
  41-43
Ein merkwürdiger Pentateuchtext in der pseudo-
  klementinischen Schrift De virginitate **43** 54-58
Das literarische Verhältnis zwischen der Biogra-
  phie des Rabbūlā und dem Pseudo-Amphilochiani-
  schen Panegyrikus über Basilius **44** 40-45
Methodologisches zum Studium der Anweisungen
  Aphrahaṭs **46** 25-32
Neues Licht über das Restaurationswerk des Jōḥan-
  nān von Mardē **47** 129-139
Neues Licht über die kirchlichen Reformbestrebun-
  gen des Patriarchen Dionysios von Tell Maḥrē **48**
  286-300
Reorganisierung der westsyrischen Kirche in Per-
  sien **51** 106-111
Neue Angaben über die Regierungszeit des Patriar-
  chen Qyriaqos **52** 87-91

Weber, Simon (1866-1929)

Besprechungen: **13** Karapet   **14** Kalemkiarian

Weischer, Bernd Manuel (* 1937)

Der Dialog "Dass Christus Einer ist" des Cyrill von Alexandrien **51** 130-185   **52** 92-137

Die äthiopischen Psalmen- und Qērlosfragmente in Erevan/Armenien **53** 113-158

Die Glaubenssymbole des Epiphanios von Salamis und des Gregorios Thaumaturgos im Qērellos **61** 20-40

Ein arabisches und äthiopisches Fragment der Schrift "De XII gemmis" des Epiphanios von Salamis **63** 103-107

Das christologische Florilegium in Qērellos II **64** 109-135

Besprechungen: **67** Hartmann, Lockot   **68** Beyene **70** Dombrowski, Chojnacki

Wellesz, Egon (1885-1974)

Die Kirchenmusik im byzantinischen Reiche **14** 91-125

Zur Entzifferung der byzantinischen Notenschrift **15/6** 97-118

Studien zur äthiopischen Kirchenmusik **17** 74-106

Die Epochen der byzantinischen Notenschrift **29** 277-288

Besprechung: **27** Quasten

S. a. Literaturberichte **14-17**

Wessel, Klaus (1916-1987)

Besprechungen:

  51 Underwood

  52 Restle, Michalowski, Grabar, Gerke

  53 Kellia, Dumbarton Oaks Papers 20 und 21, Delvoye

  55 Kirschbaum, Dumbarton Oaks Papers 22, Hubert - Porcher - Volbach, Claude, Budde, Papageorgiou, Babić, Dinkler, Dufrenne, Philippe

  56 Dumbarton Oaks Papers 23 und 24, Ovadiah, Ricercha, Khatchatrian, Budde

  57 Buschhausen, Lange, Dumbarton Oaks Papers 25 und 26

190

58 Mathews, Weitzmann, Kasser, Bianchi - Roncai,
Sandri - Vahramian, Fratadocchi, Amberd
59 Dumbarton Oaks Papers 27, Strube, Nasrallah,
Documenti di architettura armena, Michalowski, Zaloscer
60 Dumbarton Oaks Papers 28, Durić, Walters,
Jansma, Gaprindashvili, Cuneo, Der Nersessian
61 Dumbarton Oaks Colloquium, Dumbarton Oaks Papers 29, Neubauer
62 Egloff, Coquin, Hutter, Papoudjian, Mepisaschwili - Zinzadse, Dumbarton Oaks Papers 30,
Restle
63 Weitzmann, Dumbarton Oaks Papers 31, Megaw -
Hawkins, Ricerca, Alpago-Novello, Tchoubinachvili, Nauerth, Hutter, Kämpfer
64 Weitzmann, Belting - Mango - Mouriki, Marava-Chatzinicolaou
65 Dumbarton Oaks Papers 32, Restle
66 Kádár, Hofrichter - Uluhogian, Dumbarton Oaks
Papers 33, Alpago-Novello - Beridze
67 Renner   68 Hutter

Wickert, Jacob (1880- ?)
Die Panoplia dogmatica des Euthymios Zigabenos.
  Untersuchung ihrer Anlage und ihrer Quellen,
  ihres Inhaltes und ihrer Bedeutung **8** 278-388
Wießner, Gernot (* 1933)
Sonderforschungsbereich Orientalistik an der
  Universität Göttingen **55** 217f.
Wilpert, Joseph (1857-1944)
Il nome di NOE in un'arca graffita del secolo III
  5 290-292
Winkler, Gabriele (* 1940)
Der geschichtliche Hintergrund der Präsanktifikatenvesper **56** 184-206 (Korrekturnachtrag: **57**
209)
Zur Geschichte des armenischen Gottesdienstes im
  Hinblick auf den in mehreren Wellen erfolgten
  griechischen Einfluss **58** 154-172

Kongreßberichte

XXIII. Internationaler Orientalistenkongreß in Cambridge, 1954 **39** 135 (M. Cramer)

XXVI. Internationaler Orientalistenkongreß in New Delhi, 1964 **50** 131 (Hammerschmidt)

XIV. Deutscher Orientalistentag in Halle a. d. Saale, 1958 **43** 153-155 (Hammerschmidt)

XV. Deutscher Orientalistentag in Göttingen, 1961 **46** 152-154 (Hammerschmidt)

XVI. Deutscher Orientalistentag in Heidelberg, 1965 **50** 132-137 (Aßfalg)

XVII. Deutscher Orientalistentag in Würzburg, 1968 **52** 162f. (Aßfalg)

XX. Deutscher Orientalistentag in Erlangen, 1977 **62** 210f. (von Lilienfeld)

I. Symposium Syriacum in Rom, 1972: vgl. die Besprechung der Kongreßakten **61** 142-144

II. Symposium Syriacum in Chantilly, 1976 **61** 131-135 (M. Schmidt)

III. Symposium Syriacum in Goslar, 1980 **65** 219-221 (Aßfalg)

IV. Symposium Syriacum in Groningen, 1984 **69** 212-218 (M. Schmidt)

I. Internationaler Kongreß für das christliche Arabisch in Goslar, 1980 **65** 221-223 (Aßfalg)

II. Symposium on Christian Arabic in Groningen, 1984 **69** 218-220 (Breydy)

II. Koptologische Arbeitskonferenz in Halle a.d. Saale, 1966 **51** 188f. (Hammerschmidt)

Internationales Kolloquium über die Zukunft der koptischen Studien in Kairo, 1976 **61** 128-130 (Krause)

II. Nubiologisches Kolloquium in Warschau, 1972 **57** 178-181 (C.D.G. Müller)
III. Nubiologisches Kolloquium in Chantilly, 1975 **60** 172-175 (C.D.G. Müller)
IV. Nubiologisches Kolloquium in Cambridge, 1978 **63** 194-197 (C.D.G. Müller)
V. Nubiologisches Kolloquium in Heidelberg, 1982 **67** 218-220 (C.D.G. Müller)

Second International Conference of Ethiopian Studies in Manchester, 1963 **50** 131 (Hammerschmidt)
Third International Conference of Ethiopian Studies in Addis Abeba, 1966 **50** 131f. (Hammerschmidt)
8th International Conference of Ethiopian Studies in Addis Abeba, 1984 **69** 221f. (M. Kropp)

Zweites Internationales Symposium über georgische Kunst in Tbilisi, 1977 **62** 207-209 (Aßfalg)

Studientagung über östliches Mönchtum in Rom, 1958 **42** 156f. (Engberding)

1600 Jahrfeier Ephäms des Syrers in Kaslik, 1973 **58** 176-178 (M. Schmidt)

IV. Kongreß der Gesellschaft für das Recht der Ostkirchen in Regensburg, 1978 **63** 197-200 (Kaufhold)

Internationales Symposium über den Codex Manichaicus Coloniensis in Rende (Cosenza), 1984 **69** 210f. (Böhlig)

Kongreßberichte

I Congresso Internazionale di Studi di Musica Bizantina e Orientale Liturgica in Grottaferrata, 1968 **52** 160-162 (Bernhard)

Symposium "Häresien und Schismen. Oppositionelle Strömungen im antiken Christentum" in Berlin, 1966 **51** 188 (Hammerschmidt)

Dritte Internationale Patristikerkonferenz in Oxford, 1959 **44** 152-156 (Hammerschmidt)
Fourth International Conference on Patristic Studies in Oxford, 1963 **50** 131 (Hammerschmidt)

Kolloquium "Afrika und Rom " in Halle a.d. Saale, 1967 **52** 158 (Hammerschmidt)

12. Internationaler Byzantinistenkongreß in Ochrid, 1961 **46** 152 (Wirth)

Veranstaltungen des Stiftungsfonds "Pro Oriente" in Wien, 1967-1968 **52** 158-160 (Bernhard)

2. Regensburger ökumenenisches Symposium, 1970 **55** 218f. (Speigl)

Literaturberichte

Litteraturbericht. Bearbeitet vom Schriftleiter [= A. Baumstark]. Mit Unterstützung von I. Guidi (Bände 2, 3), A. Palmieri (Band 3), F. Cöln (Band 5)

Gliederung:
    I. Sprachwissenschaft
   II. Orts- und Völkerkunde, Kulturgeschichte, Folklore
 III. Geschichte
  IV. Dogma, Legende, Kultus und Disciplin
   V. Die Litteraturen
  VI. Die Denkmäler
 VII. Geschichte der orientalischen Studien

1	194-214, 394-425	**4**	215-268, 441-478
2	228-263, 477-519	**5**	337-403
3	247-301, 564-604		

Literaturbericht. Bearbeitet vom Herausgeber [= A. Baumstark]. Mit Unterstützung von E. Beiser (Bände 14, 15/6), F. J. Dölger (Band 9), A. Ehrhard (Band 10), P. Ferhat (Bände 9 bis 12), S. Gassisi (Band 10), H. Goussen (Band 10), I. Guidi (Band 9), K. Kaiser (Bände 9 bis 13), W. Lüdtke (Bände 12 bis 17), A. Rücker (Band 20/2), J. Sauer (Bände 9, 10, 12), R. Stapper (Band 9), A. Vardanian (Band 10), E. Wellesz (Bände 14-17)

Gliederung: wie oben
(IV.: ... Disziplin   V.: Die Literaturen)

9	163-189, 363-398	**14**	193-211, 336-345
10	163-204, 354-395	**15/6**	183-195
11	171-220, 354-399	**17**	170-187
12	170-217, 355-389	**18/9**	187-247
13	181-200, 347-358	**20/2**	226-312
14	193-211, 336-345		

Literaturbericht. Mit grundsätzlicher Beschrän-
kung auf den außereuropäischen christlichen
Orient unter Beihülfe von W. Inglisian bearbeitet
vom Hauptherausgeber [= A. Baumstark]
Gliederung:
  I. Allgemeines
 II. Geschichte und Realien
III. Nichtgriechische Sprachen und Literaturen
     (Syrisch, Christlich-Palästinensisch, Kop-
     tisch, Arabisch, Äthiopisch, Armenisch,
     Georgisch, Türkisch)
 IV. Die Denkmäler (Archäologie und Kunstge-
     schichte, Epigraphik, Numismatik)
23   357–403
25/6 132–178

Literaturbericht. Mit grundsätzlicher Beschrän-
kung auf den außereuropäischen Orient unter Bei-
hilfe von V. Inglisian (Bände 27 bis 36), G. Graf
(Bände 27 bis 36), G. Peradze (Band 27), G. Dee-
ters (Bände 34 bis 36) bearbeitet von W. Heffe-
ning
Gliederung: wie Band 23 und 25/6
27   119–164 (für 1928 und 1929)
28   120–161 (für 1930)
29   317–346 (für 1932)
30   103–132 (für 1933)
31   131–164 (für 1934)
32   169–200 (für 1934)
33   123–151 (für 1934/35)
34   133–167 (für 1935/36)
35   133–156 (für 1936/37)
36   136–160 (für 1937/38)

Literaturbericht. Mit grundsätzlicher Beschrän-
kung auf den nicht-byzantinischen christlichen
Orient in Verbindung mit A. Böhlig (Band 38), G.
Graf (Bände 38, 39), V. Inglisian (Bände 38 bis
40), M. Cramer (Bände 39, 40), W. Hengstenberg

(Bände 39, 40), J. Aßfalg (Band 40) bearbeitet
von J. Molitor
Gliederung:
 I. Umfassendes. Varia
 II. Einzelgebiete
38 149-159
39 144-152
40 150-160
41 154-156 (= Schluß des Literaturberichtes
          von Band 40)

Stegenšek, Augustin, Neuere russische Arbeiten
  zur armenisch-georgischen Philologie **1** 373-378

Graf, Georg, Christlich-arabische Novitäten **24**
  167-175

Roncaglia, Martiniano,
  Ausgewählte Bibliographie über den christlichen
    Orient (1962-1972) **57** 210-212
  Ausgewählte Bibliographie über den Christlichen
    Orient aus den libanesischen Druckereien
    (1973-1977) **63** 191-193
  Ausgewählte Bibliographie über den Christlichen
    Orient aus den libanesischen Druckereien **67**
    204-207

Buchbesprechungen

ʿAbd al-Masīḥ, Y. - O.H.E. Burmester, History of the Patriarchs of the Egyptian Church II **38** 142 (Graf)

Abeghian, A., Neuarmenische Grammatik **34** 272-274 (Deeters)

Abegjan, M., Istorija drevnearmjanskoj literatury **62** 219 (Aßfalg)

Abel, A., Abu ʿĪsā Muḥammad b. Hārūn al-Warrāq **38** 143 (Graf)

Abel, F.-M., Grammaire du grec biblique **25/6** 291-295 (Drerup)

Abramowski, L. - A.E. Goodman, A Nestorian Collection of Christological Texts **57** 189-193 (Davids)

Adam, A., Antike Berichte über die Essener **46** 148 (Engberding)

Aland, K., Repertorium der griechischen christlichen Papypri I **63** 216f. (Davids)

Allberry, C.R.C., A Manichaean Psalm-Book II **36** 117-126 (Baumstark)

Alpago-Novello, A., u.a., Architecture Géorgienne **63** 233f. (Wessel)

Alpago-Novello, A., u.a., Art and Architecture in Medieval Georgia **66** 253-255 (Wessel)

Alpago-Novello, A., u.a., Consistenza e tipologia delle chiese armene in Iran **63** 233 (Wessel)

Altheim, F. - R. Stiehl, Kyrilliana, in: Die Araber in der Alten Welt III **52** 132-134 (Weischer)

Anaissi, T., Bullarium Maronitarum **11** 145f. (Göller)

Anaphorae Syriacae
   I (= Rücker, Codrington) **36** 245-251 (Baumstark)
   II,1 (= Codrington, Raes) **39** 140f. (Engberding)
   II,2 (= Raes) **41** 142-144 (Engberding)

Anasjan, A.S., Armjanskaja bibliologija V-XVIII
  vv. II **62** 218f. (Aßfalg)

Andrae, T., Der Ursprung des Islams und das Chri-
  stentum **24** 188-190 (Kahle)

Annales d'Étiopie 1 **41** 151f. (Engberding)   2,3
  49 154-156 (Hammerschmidt)

Annuaire Catholique d'Égypte 1973 **61** 155f.
  (Roncaglia)

Anrich, G., Hagios Nikolaos **23** 351f. (Rücker)

Anschütz, H., Die syrischen Christen vom Tur
  ʿAbdin **70** 205-211 (Kaufhold)

Antreassian, A., Jerusalem and the Armenians, 2nd
  ed. **55** 239 (E. Degen)

Arbanites, A.K., Βιβλιογραφία ἐλασσόνων ἐκκλησιῶν
  τῆς ᾿Ανατολῆς **51** 215 (Davids)

Arbanites, A.K., ᾿Επίτομος ἱστορίας Σύρω-᾿Ιακοβι-
  τικῆς ᾿Εκκλησίας **52** 177 (Davids)

Arbanites, A.K., ῾Η Κοπτικὴ ἐκκλησία **51** 214f.
  (Davids)

Armeniaca. Mélanges d'études arméniennes publiés
  a l'occasion du 250ᵉ anniversaire de l'entrée
  des pères Mékhitaristes dans l'île de Saint
  Lazare **56** 217-219 (Aßfalg)

Armeniertum - Ariertum **30** 243f. (Rücker)

Arranz, M., Le Typicon du monastère du Saint-
  Sauveur à Messine **55** 247-249 (Jacob)

Aßfalg, J., Die Ordnung des Priestertums (Diss.
  phil. München 1952) **38** 144f. (Engberding)
  Buchausgabe (1955) **40** 134 (Engberding)

Aßfalg, J., Syrische Handschriften **49** 133-135
  (Engberding)

Aßfalg, J. - P. Krüger, Kleines Wörterbuch des
  Christlichen Orients **60** 183 (Molitor)

Aßfalg, J. - J. Molitor, Armenische Handschriften
  49 133-136 (Engberding)

Atiyah, E., The Arabs **41** 148 (Hammerschmidt)

Aubineau, M., Hésychius de Jérusalem...: Homélies
  pascales **57** 185f. (Gessel)

Aubineau, M., Les homélies festales d'Hésychius de Jérusalem I **67** 222 (Gessel)

Awad, G.H., Ancient Monuments in Iraq. The Monastery of Rabban Hormizd **31** 276f. (Rücker)

Ayrout, H., Fellahs d'Égypte **37** 139-141 (M. Cramer)

Ayoutanti, A. - H.J.W. Tillyard, The Hymns of the Hirmologion **42** 143f. (Engberding)

Babić, G., Les chapelles annexes des églises byzantines **55** 267-269 (Wessel)

Bakoš, J., Psychologie de Grégoire Aboulfaradj dit Barhebraeus **38** 146f. (Engberding)

Baldi, G. - B. Bagatti, Saint Jean-Baptiste dans les souvenirs de sa patrie **68** 232-234 (Kühnel)

Barbel, J., Gregor von Nyssa: Die große katechetische Rede **58** 201-203 (Davids)

Bardenhewer, O., Geschichte der altkirchlichen Literatur I, II, 2. Aufl. **13** 147-155   III **10** 344-348 (Baumstark)   IV **27** 113f. (Graf)

Bardenhewer, O., Patrologie, 3. Aufl. **10** 339-341 (Baumstark)

Basset, R., Le Synaxaire Arabe Jacobite **4** 432-437 (Guidi)

Bauer, G., Athanasius von Qūṣ **60** 204f. (Sidarus)

Bauer, W., Der Apostolos der Syrer **3** 552-555 (Baumstark)

Baumstark, A., Die christlichen Litteraturen des Orients **10** 146-148 (Bezold)

Baumstark, A., Die Modestianischen und die Konstantinischen Bauten am Hl. Grabe zu Jerusalem **14** 179-190 (Sauer)

Baumstark, A., Nocturna laus **44** 146-148 (Engberding)

Bayan, G., Le Synaxaire arménien de Ter-Israel I, II **9** 347-349 (Baumstark)

Baynes, N.H., The Byzantine Empire **27** 243 (Baumstark)

Beck, H.-G. s. Byzantinische Geschichtsschreiber

Bedi Kartlisa

No. 23 **41** 150f.   26/7 **43** 157f.   32/3 **44** 157
34/7 **46** 146-148   Band XIII-XVIII **49** 143-146
XIX-XX **50** 154   XIX-XXIV   **52** 169-71   (Molitor)

Beës, N.A., Die Inschriftenaufzeichnung des Kodex Sinaiticus Graecus 508 **20/2** 225 (Rücker)

Beës, N.A., Verzeichnis der griechischen Handschriften des peloponnesischen Klosters Mega Spilaeon I **14** 163-169 (Ehrhard)

Beiträge zur Kunst des christlichen Ostens **50** 154-158 (M. Cramer)

Bell, G.L., The Churches and Monasteries of the Tur ʿAbdīn **12** 158-164 (Baumstark)
Nachdruck (1982) **70** 202-204 (Palmer)

Belting, H. - C. Mango - D. Mouriki, The Mosaics and Frescoes of St. Mary Pammakaristos **64** 234-236 (Wessel)

van Berchem, M. - J. Strzygowski, Amida **9** 153-156 (Baumstark)

Beyene, Y., L'unzione di Cristo nella teologia etiopica **68** 236 (Weischer)

Beyer, H.W., Der syrische Kirchenbau **27** 253-255 (Baumstark)

Bianchi, F. - L. Roncai, Antologia critica I.a **58** 220f. (Wessel)

Biblical and Patristic Studies. In memory of Robert Pierce Casey **50** 144f. (Engberding)

Bienert, W.A., "Allegoria" und "Anagoge" bei Didymos dem Blinden von Alexandria **57** 193f. (Davids)

Bienert, W.A., Dionysius von Alexandrien. Das erhaltene Werk **58** 203f. (Davids)

Bienert, W.A., Dionysius von Alexandrien. Zur Frage des Origenismus im dritten Jahrhundert **63** 220f. (Davids)

Blachos, K., ῾Η χερσόνησος τοῦ ἁγίου ὄρους ᾿Αθω **4** 429f. (Baumstark)

Black, M., A Christian Palaestinian Syriac Horologion **38** 145f. (Molitor)

Blank, J., Meliton von Sardes: Vom Passa **51** 193f.
(Engberding)

Blau, J., A Grammar of Christian Arabic **53** 261-
263 (Aßfalg)

Bludau, A., Die ersten Gegner der Johannesschrif-
ten **25/6** 126f. (Franses)

Bludau, A., Die Pilgerreise der Aetheria   **31** 116-
122 (Baumstark)

de Bock, W., Matériaux pour servir à l'archéolo-
gie de l'Égypte chrétienne (russisch) **1** 390-2
(Stegenšek)

Böhlig, A., Das Ägypterevangelium von Nag Hammadi
60 203f. (Davids)

Böhlig, A. - F. Wisse, Zum Hellenismus in den
Schriften von Nag Hammadi **61** 153-155 (Davids)

Bonifatius OSB, Sprüche der Väter **51** 199 (Engber-
ding)

Brade, L., Untersuchungen zum Scholienbuch des
Theodoros bar Konai **62** 214f. (W. Cramer)

Bregadze, T'., u.a., K'art'ul ḥelnacert'a aġceri-
loba qop'ili saeklesio muzeumis (A) kolek'c'i-
isa **60** 196f. **62** 221 (Aßfalg)

Breydy, M., Kultdichtung und Musik im Wochenbre-
vier der Maroniten II **58** 193-5 (Selbstanzeige)

Breydy, M., L'office divin dans l'Eglise Syro-
Maronite **46** 129 (Engberding)

Breyer, L. s. Byzantinische Geschichtsschreiber

Brière, M., Les homiliae cathedrales de Sévère
d'Antioche **13** 332-334 (Rücker)

von den Brincken, A.-D., Die "Nationes Christia-
norum Orientalium" **60** 183-186 (Hage)

Brock, S., The Harp of the Spirit **69** 225f. (M.
Schmidt)

Brock, S., The Syriac Version of the Pseudo-
Nonnos Mythological Scholia **58** 191 (W. Cramer)

Brockhaus, H., Die Kunst in den Athos-Klöstern,
2. Aufl. **27** 257f. (Baumstark)

Brogi, M., La Santa Salmodea annuale della Chiesa
Copta **50** 145f. (Engberding)

Brooks, E.W., James of Edessa: The Hymns of Seve-
rus of Antioch **9** 332-335 (Baumstark)

Brooks, E.W. - J.B. Chabot, Eliae metropolitae
Nisibeni opus chronologicum **9** 328-330 (Baum-
stark)

Bruck, E.F., Kirchenväter und soziales Erbrecht
41 138f. (Engberding)

Brugge, A., Contacarium Palaeoslavicum Mosquense
46 133f. (Engberding)

Bruns, G., Der Obelisk und seine Basis auf dem
Hippodrom zu Konstantinopel **34** 278-280 (Kauf-
mann)

Budde, L., Antike Mosaiken in Kilikien I **55** 264f.
II **56** 237 (Wessel)

Büchler, B., Die Armut der Armen **70** 220f. (C.D.G.
Müller)

Bujnoch, J., Hus in Konstanz **52** 167 (Engberding)

Bujnoch, J., Zwischen Rom und Byzanz. Leben und
Wirken der Slavenapostel Kyrillos und Methodios
51 194-7 (Engberding)

Bullard, R.A., The Hypostasis of the Archons **57**
186-189 (Davids)

Bulletin de la societe archeologique Bulgare 1, 2
10 351-354   3 **12** 168f.   4 **14** 191f. (Baumstark)

Bultmann, G.H., Romanos der Melode **44** 148 (Eng-
berding)

Bunge, G., Rabban Jausep Ḥazzaya: Briefe über das
geistliche Leben **69** 226f. (W. Cramer)

Burmester, O.H.E., Koptische Handschriften I **61**
150f. (Aßfalg)

Buschhausen, H., Die spätrömischen Metallscrinia
und frühchristlichen Reliquiare I **57** 196f.
(Wessel)

Butler, H.C., Early Churches in Syria **32** 164-168
(Baumstark)

Byzantinische Geschichtsschreiber (Engberding)
1 und 2 (von Ivánka, Die letzten Tage von Kon-
stantinopel; Grabler - Stöckl, Europa im
XV. Jh.) **39** 142

3 (Hunger, Die Normannen in Thessalonike) **40** 144-6

4 bis 6 (Doblhofer, Byzantinische Diplomaten; Beck, Vademecum des byzantinischen Diplomaten; Breyer, Bilderstreit) **42** 151-153

7 und 8 (Die Krone der Komnenen; Grabler - von Ivánka, Abenteurer auf dem Kaiserthron) **46** 135-137

9 (Grabler, Die Kreuzfahrer erobern Konstantinopel) **44** 146

10 (Loretto, Nikephoras Phokas) **46** 137f. (Engberding)

[Cachin, G.M.,] Modo facile di seguire la Messa Siro-Maronita **32** 257 (Rücker)

Cahiers Coptes 1, 2 **37** 135-139 (M. Cramer)

Carali, P., Les Campagnes d'Ibrahim Pacha en Syrie **25/6** 127f. (Graf)

Carali, P., Le Christianisme et l'Islam **31** 272-275 (Graf)

Carali, P., L'exaltation de la sainte Croix: Homélie attribué à Saint Cyrille de Jérusalem (= La Revue Patriarcale 9, 1934) **32** 274-276 (Graf)

Carali, P., Fakhr ad-Din Principe del Libano I **34** 276-278 (Graf)

Caro, R., La Homiletica Mariana Griega **60** 211f. (Davids)

Chabot, J.B., Chronique de Michel le Syrien I **1** 187-191 (Baumstark)

Chabot, J.B., S. Cyrilli Alexandrini Commentarii in Lucam I **13** 159-162 (Rücker)

Cheikho, L., Petrus ibn Rahib: Chronicon orientale **9** 137f. (Baumstark)

Chojnacki, St., Major Themes in Ethiopian Painting **70** 219 (Weischer)

von Christ, W., Geschichte der Griechischen Literatur, 6. Aufl., II **24** 179-185 (Baumstark)

Claude, D., Die byzantinische Stadt im 6. Jahr-
hundert **55** 261-264 (Wessel)

Clemen, P., Die romanische Monumentalmalerei in
den Rheinlanden **15/6** 160-175 (Baumstark)

Codrington, H.J., s. Anaphorae Syriacae

Collectanea s. Studia Orientalia Christiana

Conolly, R.H., Anonymi auctoris Expositio offi-
ciorum ecclesiae **11** 151f. (Baumstark)

Coquin, Ch., Les édifices chrétiens du Vieux-
Caire I **62** 230f. (Wessel)

Coquin, R.-G., Les Canons d'Hippolyte **53** 269f.
(Kaufhold)

Costaz, L., Grammaire syriaque **40** 147-149 (Eng-
berding)

Cramer, Maria, Das christlich-koptische Ägypten
einst und heute **44** 137-139 (Engberding)

Cramer, Maria, Koptische Hymnologie **57** 184f.
(Aßfalg)

Crawfoot, J.W., Churches at Bosra and Samaria-
Sebaste **35** 126-131 (Baumstark)

Crouzel, H., Origène **70** 197 (Gessel)

Cumont, F., La cosmogonie Manichéenne d'après
Théodore bar Khôni **8** 468f. (Wirtz)

Cuneo, P., Le Basiliche di Tʿux, Xncorgin ... **60**
228f. (Wessel)

Dalglish, E. R., Psalm Fifty-one in the Light of
Ancient Near Eastern Patternism **47** 155f.
(Nötscher)

Dalton, O. M., Byzantine Art and Archeology **11**
165-171 (Baumstark)

Dalton, O. M., Catalogue of early christian anti-
quities ... in the British Museum **2** 217-223
(Baumstark)

van Damme, D., A Short Classical Armenian Grammar
60 191-194 (Aßfalg)

Deér, J., The Dynastic Porphyry Tombs of the Nor-
man Period in Sicily **45** 150-153 (Engberding)

Dehnhard, H., Das Problem der Abhängigkeit des

Basilius von Plotin **49** 156-158 (Davids)

Delitzsch, F., Die Lese- und Schreibfehler im Alten Testament **18/9** 174f. (Wolff)

Delly, E.-K., La Théologie d'Elie bar-Šénaya **43** 143f. (Hammerschmidt)

Delvoye, Ch., L'Art byzantin **53** 276-278 (Wessel)

Demus, O., The Church of San Marco in Venice **47** 148-150 (Engberding)

Dennis, G. T., The Letters of Manuel II Palaeologus **62** 228 (Tinnefeld)

Deppe, K., Kohelet in der syrischen Dichtung **61** 144f. (W. Cramer)

Der Nersessian, S., Aghtʿamar **50** 147f. (Engberding)

Der Nersessian, S., Armenian Manuscripts in the Gallery of Art **51** 197 (Engberding)

Der Nersessian, S., Armenian Manuscripts in the Walters Art Gallery **60** 229-31 (Aßfalg)

Der Nersessian, S., Études Byzantines et Arméniennes **60** 231f. (Aßfalg)

Der Nersessian, S., Manuscrits arméniens illustrés des XIIe, XIIIe et XIVe s. de la bibliothèque des Pères Mekhitaristes de Venise **36** 132-135 (Baumstark)

Dibelius, O., Das Vaterunser **3** 237f. (Schermann)

van Dieten, J.L., Nikephoros Gregoras: Rhomäische Geschichte I **59** 190f. (Davids)

Diettrich, G., Ein Apparatus criticus zur Pešitto zum Propheten Jesaias **6** 452-461 (F. Cöln)

Diettrich, G., Išôʿdadh's Stellung in der Auslegungsgeschichte des Alten Testaments **2** 451-458 (Baumstark)

Diettrich, G., Die nestorianische Taufliturgie **3** 219-226 (Baumstark)

Diettrich, G., Des nestorianischen Patriarchen Elias III. Abu Ḥalim Gebete zu den Morgengottesdiensten **28** 118f. Baumstark)

Diez, E. - J. Quitt, Byzantinische Denkmäler III **4** 423-428 (Baumstark)

Dumbarton Oaks Papers
  8 **40** 131-133   9/10 **42** 146-151   11 **43** 138-141
  12 **45** 140-144   13 **47** 150-153   14 **49** 131-133
  15 **50** 148f.   16,17 **52** 166f. (Engberding)
  20,21 **53** 272-276   22 **55** 257-259   23,24 **56**
  228-230   25,26 **57** 200-207   27 **59** 198-200
  28 **60** 217-219   29 **61** 172-178   30 **62** 236-239
  31 **63** 226-231   32 **65** 231-234   33 **66** 250-253
  (Wessel)
Durić, V.J., Byzantinische Fresken in Jugoslawien
  60 220-223 (Wessel)
Dvornik, F., Early Christian and Byzantine Poli-
  tical Philosophy **52** 175f. (Davids)
Dvornik, F., The Idea of Apostolicity in Byzan-
  tium **44** 145f.(Engberding)
Dvornik, F., The Photian Schism **56** 224 (Davids)

Ebied, R.Y. - A. van Roey - L.R. Wickham, Peter
  of Callinicum: Anti-Tritheist Dossier **69** 227
  (W. Cramer)
École des Langues Orientales Anciennes de l'In-
  stitut Catholique de Paris. Mémorial du Cin-
  quantenaire **49** 136-8 (Aßfalg)
Edelby, N., Note sur le catholicossat de Romagyris
  (POC 2, 1952) **38** 144 (Graf)
Edgerton, E. The Panchatantra reconstructed **23**
  196-198 (Kirfel)
Egloff, M., Kellia. La poterie copte **62** 229f.
  (Wessel)
Ehrhard, A., Die altchristliche Litteratur und
  ihre Erforschung von 1884-1900. I **1** 191-194
  (Baumstark)
Ehrlich, E. L., Kultsymbolik im Alten Testament
  45 154f. (Hammerschmidt)
Elbogen, I., Der jüdische Gottesdienst **17** 137-140
  (Baumstark)
Engberding, H., Das eucharistische Hochgebet der
  Basileiosliturgie **28** 264-267 (Rücker)
Erman, A., Die Hieroglyphen **12** 140f. (Baumstark)

Euringer, S., Die Überlieferung der arabischen Übersetzung des Diatessarons **10** 350f. (Baumstark)

Evans, D.B., Leontius of Byzantium **56** 226f. (Gessel)

Evetts, B., History of the Patriarchs of the Coptic Church of Alexandria III **9** 340 (Baumstark)

de Fenoyl, M., Le sanctoral copte **46** 131f. (Engberding)

Festschrift für Friedrich Carl Andreas **14** 161-163 (Baumstark)

Festschrift für Eduard Sachau **13** 326-330 (Baumstark)

Festugière, A.-J., Les actes apocryphes de Jean et de Thomas **70** 196 (Gessel)

Filow, B., Sainte Sophie de Sofia **12** 164-168 (Baumstark)

Finck, F.N., Katalog der armenischen Handschriften des Herrn Abgar Johanissian zu Tiflis **9** 143 (Karst)

Finck, F.N. - L. Gjandschezian, Verzeichnis der armenischen Handschriften [Tübingen] **9** 143f. (Karst)

Fischer, R.H. (Hrsg.), A Tribute to Arthur Vööbus **70** 211f. (Kaufhold)

Frank, B., KATA-IMI et KATA-TAGAE **43** 152 (Engberding)

Frank-Duquesne, A., Schöpfung und Zeugung **41** 139-141 (Engberding)

Fratadocchi, T. B., La Chiesa di S. Eǰmiacin a Soradir **58** 222f. (Wessel)

Frček, J., Euchologium Sinaiticum. Texte slave **32** 252-255 (Baumstark)

Freistedt, E., Altchristliche Totengedächtnistage **28** 263f. (Steffes)

Früchtel, E., Origenes: Das Gespräch mit Herakleides **59** 191f. (Davids)

Fuchs, H., Die Anaphora des monophysitischen Patriarchen Johannan I. **23** 354-356 (Baumstark)

Galbiati, G. - S. Noja, Precetti e canoni giuridico-morali per arabi cristiani I **53** 266-269 (Kaufhold)

Gaprindashvili, G., Ancient Monuments of Georgia: Vardzia **60** 227f. (Wessel)

Garitte, G., L'ancien version géorgienne des Actes des Apôtres **40** 143f. (Molitor)

Garitte, G., Catalogue des manuscrits géorgiennes litteraires du Mont Sinai **41** 147f. (Molitor)

Garitte, G., Lettres de S. Antoine, version géorgienne et fragments coptes **40** 147 (Molitor)

Gerke, F., Spätantike und frühes Christentum **52** 187-195 (Wessel)

Gero, St., Byzantine Iconoclasm during the Reign of Leo III **63** 207-209 (Hage)

Gero, St., Byzantine Iconoclasm during the Reign of Constantine V **63** 207-209 (Hage)

Giamberardini, G., Il natale nella chiesa copta **45** 144-147 (Hammerschmidt)

Giamberardini, G., Il primato e l'unione delle chiese nel medio oriente **46** 143f. (Krüger)

Gibson, E., The "Christians for Christians" inscriptions of Phrygia **68** 228f. (Davids)

Gibson, M.D., The Commentaries of Isho'dad of Merv **11** 156-161 (Baumstark)

Giraudo, C., La struttura letteraria della preghiera eucaristica **70** 197-199 (Winkler)

Gössmann, F., Das Era-Epos **43** 151f. (Hammerschmidt)

de Gonzague, L., Les anciens missionaires Capucins de Syrie **30** 228 (Graf)

Grabar, A., Die Kunst des frühen Christentums **52** 184-186 (Wessel)

Grabar, A., Die Kunst im Zeitalter Justinians **52** 187 (Wessel)

Grabar, A., La peinture religieuse en Bulgarie **27** 260-262 (Baumstark)

Grabar, A., Recherches sur les influences orientales dans l'art Balkanique **27** 262-264 (Baumstark)

Grabler, F. s. Byzantinische Geschichtsschreiber

Graf, G., Der Sprachgebrauch der ältesten christlich-arabischen Literatur **6** 462f. (F. Cöln)

Graf, G., Verzeichnis arabischer kirchlicher Termini (Sonderdruck aus ZS 7-9) **31** 271f. (Rücker)

Granderath, Th., Geschichte des vatikanischen Konzils **3** 557f. (Baumstark)

Gratzl, E., Drei armenische Miniaturen-Handschriften **13** 345-347 (Baumstark)

Grébaut, S., Les trois derniers traités du Livre des mystères du ciel et de la terre **9** 343-345 (Bezold)

Grégoire, H. - M.A. Kugener, Marc le diacre: Vie de Porphyre **31** 123-125 (Baumstark)

Grill, S., Bar Chadbschaba **47** 156f. (Quecke)

Grillmeier, A., Der Logos am Kreuze **41** 138 (Engberding)

Gruber, G., ZΩH. Wesen, Stufen und Mitteilung des wahren Lebens bei Origenes **51** 210f. (Schulte)

de Grüneisen, W., Études Comparatives: Le Portrait **11** 161-165 (Baumstark)

de Grüneisen, W., Sainte-Marie-Antique **9** 359-363 (Baumstark)

Grumel, V., La Chronologie **43** 136-138 (Engberding)

Guidi, I., Le synaxaire Étiopien II **9** 345-347 (Baumstark)

Guidi, I. - E.-W. Brooks - J.-B. Chabot, Chronica Minora I, II **9** 137f. (Baumstark)

Guillaumont, A., u.a., Evangelium nach Thomas **44** 142 (Engberding)

Gyekye, K., Ibn al-Ṭayyib's Commentary on Porphyry's Eisagoge **60** 205-207 (el-Khoury)

Haas, H., Japans Zukunftsreligion **8** 470 (F. Cöln)

Ḥabasî, L. - Z. Tâôdorôs, In der Wüste der Araber (arab.) **25/6** 296-300 (Graf)

Haberland, E., Galla Süd-Äthiopiens **55** 235f.
  (Hammerschmidt)

Haberland, E., Untersuchungen zum äthiopischen
  Königtum **49** 150-154 (Hammerschmidt)

Hable Selassie, S., Bookmaking in Ethiopia **70**
  219f. (Kaufhold)

Hadas-Lebel, M., Les Ouevres de Philon d'Alexan-
  drie: De providentia **59** 192-194 (Davids)

Haefeli, L., Die Peschitta des Alten Testamentes
  30 226f. (Euringer)

Haefeli, L., Syrien und sein Libanon **28** 273f.
  (Rücker)

Haenchen, E., Die Botschaft des Thomas-Evange-
  liums **46** 138 (Engberding)

Hafner, S., Serbisches Mittelalter **50** 146f. (Eng-
  berding)

Hage, W., Die syrisch-jakobitische Kirche in
  frühislamischer Zeit **52** 167f. (Molitor)

Hagedorn, D., Der Hiobkommentar des Arianers Ju-
  lian **59** 194-197 (Davids)

Haile, G., The Different Collections of Nägś
  Hymns in Ethiopic Literature **69** 228f. (M.
  Kropp)

Haile, G. - W. F. Macomber, A Catalogue of Ethio-
  pian Manuscripts VII, VIII **70** 212-215 (M.
  Kropp)

Halkin, F., Sancti Pachomii Vitae Graecae **32** 268-
  272 (Frank)

Hamm, F., Die liturgischen Einsetzungsberichte im
  Sinne vergleichender Liturgieforschung unter-
  sucht **27** 110-112 (Engberding)

Hammerschmidt, E., Äthiopische Handschriften vom
  Ṭānāsee. 1 **60** 199-201 (Aßfalg)

Hammerschmidt, E., Äthiopische liturgische Texte
  der Bodleian Library **45** 130-140 (Engberding)

Hammerschmidt, E., Äthiopistik an deutschen Uni-
  versitäten **53** 265f. (Aßfalg)

Hammerschmidt, E., Illuminierte Handschriften der

Staatsbibliothek Preußischer Kulturbesitz und Handschriften vom Ṭānāsee **63** 239f. (Aßfalg)

Hammerschmidt, E., Die koptische Gregoriusanaphora **42** 134-142 (Engberding)

Hammerschmidt, E., Stellung und Bedeutung des Sabbats in Äthiopien **52** 164 (Engberding)

Hammerschmidt, E., Studies in the Ethiopian Anaphoras **47** 140-143 (Engberding)

Hammerschmidt, E. - O. A. Jäger, Illuminierte äthiopische Handschriften **55** 236-239 (Aßfalg)

Hammerschmidt, E., u. a., Symbolik des orthodoxen und orientalischen Christentums **47** 143-145 Tafelband **52** 165 (Engberding)

Hartmann, J., Amharische Grammatik **67** 227 (Weischer)

Hartmann, K.-P., Untersuchungen zur Sozialgeographie christlicher Minderheiten **68** 224-6 (Kaufhold)

Hauschild, W.-D., Basilius von Caesarea: Briefe II **58** 204 (Davids)

Hebbelynck, A. - A. van Lantschoot, Codices Coptici Vaticani I **34** 274-276 (Graf)

Heiler, F., Die Ostkirchen **57** 183 (Aßfalg)

Heisenberg, A., Grabeskirche und Apostelkirche **9** 349-357 (Baumstark)

Henze, Cl. M., Mater de Perpetuo Succorso **24** 199-201 (Baumstark)

Herbst, H., Der Bericht des Franziskaners Wilhelm von Rubruck über seiner Reise in das Innere Asiens **24** 381f. (Rücker)

Hieber, H., Die Miniaturen des frühen Mittelalters **13** 339-341 (Baumstark)

Hilgenfeld, A., Ausgewählte Gesänge des Giwargis Warda von Arbel **4** 204-209 (Baumstark)

Hobeika, P., Virgo Maria realiter Mater Dei **30** 100f. (Rücker)

Hoch, G. - E. von Ivánka , Sakramentalmystik der Ostkirche **43** 144f. (Engberding)

Hommel, F., Geschichte des alten Morgenlandes **12** 142 (Baumstark)

Buchbesprechungen

Horn, E., Ichnographiae Locorum et Monumentorum
  Veterum Terrae Sanctae, ed. H. Golubovich 2
  474-477 (Baumstark)
Horologion 25/6 295f. (Graf)
Hubert, J. - J. Porcher - W. F. Volbach, Die
  Kunst der Karolinger 55 259-261 (Wessel)
Huck, A., Synopse der drei ersten Evangelien, 9.
  Aufl., 33 106-109 (Baumstark)
Hume, R.E., The World's Living Religions 25/6
  125f. (Steffes)
Hunger, H. s. Byzantinische Geschichtsschreiber
Hutter, I. Corpus der byzantinischen Miniaturen-
  handschriften I 62 231f. II 63 236f. III 68
  234f. (Wessel)

Imnaišvili, V., At'anasi Alek'sandreli, C'hovre-
  bay cmidisa Antonisi 56 219 (Aßfalg)
Inglisian, V., Der Diener Gottes Mechithar von
  Sebaste 27 109 (Hilpisch)
[Inglisian, V.,] Die heilige Messe nach dem arme-
  nisch-katholischen Ritus 32 255f. (Rücker)
Inglisian, V., Hundertfünfzig Jahre Mechithari-
  sten in Wien 46 149f. (Molitor)
von Ivánka, E. s. Byzantinische
  Geschichtsschreiber

Jacoby, A., Ein bisher unbeachteter apokrypher
  Bericht über die Taufe Jesu 2 458-467 (Baum-
  stark)
Jaeger, W., Das frühe Christentum und die grie-
  chische Bildung 55 220 (Engberding)
Jaeger, W., Gregorii Nysseni opera I: Contra Eu-
  nomium libri 20/2 222f. (Rücker)
Jammo, S.Y.H., La structure de la messe chaldé-
  enne du début jusqu'à l'anaphore 66 240f.
  (Winkler)
Janin, R., Les églises separées d'orient 27 266
  (Graf)

Jansma, N.S.H., Ornements des manuscrits coptes du Monastère Blanc **60** 226f. (Wessel)

Jansma, T., Investigations into the Early Syrian Fathers on Genesis (Oudtestamentliche Stud. 12, 1958) **44** 140 (Engberding)

Jansma, T., Natuur, lot en vrijheid. Bardesanes **55** 233-235 (Davids)

Jedin, H. (Hrsg.), Atlas zur Kirchengeschichte **55** 243f. (Aßfalg)

Jenkins, R.J.H. - L.G. Westerink, Nicholas I patriarch of Constantinople: Letters **61** 167f. (Lilie)

Jensen, H., Altarmenische Chrestomathie **50** 153 (Molitor)

Johann Georg Herzog zu Sachsen, Streifzüge durch die Kirchen und Klöster Ägyptens **13** 175-181 (Sauer)

Johann Georg Herzog zu Sachsen, Neue Streifzüge durch die Kirchen und Klöster Ägyptens **27** 255f. (Volbach)

Johann Georg Herzog zu Sachsen, Neueste Streifzüge durch die Kirchen und Klöster Ägyptens **28** 272f. (Volbach)

Jones, A. H. M. - E. Monroe, A History of Ethiopia **41** 148f. (Hammerschmidt)

Jordan, H., Armenische Irenaeusfragmente **17** 152-154 (Merk)

Jordan, H., Geschichte der altchristlichen Literatur **10** 341-344 (Baumstark)

Journal of the Syriac Academy 2 und 3 **66** 218-230 (Samir; Besprechungsaufsatz)

Jungmann, J.A., Die Stellung Christi im liturgischen Gebet **27** 247-250 (Baumstark)

Kádár, Z., Survival of Greek Zoological Illuminations in Byzantine Manuscripts **66** 248-50 (Wessel)

Kämpfer, F., Das russische Herrscherbild **63** 237f. (Wessel)

Kalemkiarian, G., Lebensbeschreibungen zweier armenischer Patriarchen und zehn Bischöfen **14** 334f. (Weber)

Kalliga, M., Die Hagia Sophia von Thessalonike **34** 127-129 (Schneider)

Kalokyrou, K. D., ʿΗ οὐσία τῆς ὀρθοδόξου ἁγιογραφίας **46** 149 (Engberding)

Kamil, M., Amharische Kaiserlieder **43** 149f. (Hammerschmidt)

Kamil, M., Catalogue of all Manuscripts in the Monastery of St. Catherine on Mount Sinai **55** 220f. (Aßfalg)

Kamil, M., Fihrist maktabat dair Sānt Kātarīn **39** 139f. (Graf)

Kamil, M., Des Josef ben Gorion (Josippon) Geschichte der Juden **35** 244f. (Littmann)

Kamil, M., Das Land des Negus **39** 143 (Engberding)

Kannengiesser, Ch., Athanase d'Alexandrie: Sur l'Incarnation du Verbe **58** 208-212 (Davids)

Kanon. Jahrbuch der Gesellschaft für das Recht der Ostkirchen I **58** 195f. (Kaufhold)

Kaplan, St., The Monastic Holy Man and the Christianization of Early Solomonic Ethiopia **70** 215-218 (M. Kropp)

Karapet, Siegel des Glaubens **13** 334-339 (Weber)

Karo, G. - J. Lietzmann, Catenarum Graecarum Catalogus **3** 238f. (Schermann)

Kasser, R., u.a., KELLIA. Topographie I **53** 270-272 II **58** 218f. (Wessel)

Kaufhold, H., Die Rechtssammlung des Gabriel von Baṣra **61** 145-150 (R. Degen)

Kaufhold, H., Syrische Texte zum islamischen Recht **55** 232f. (Selbstanzeige)

Kaufmann, C. M., Die Menasstadt und das Nationalheiligtum der altchristlichen Ägypter I **9** 150-153 (Baumstark)

Kéchichian, I., Nersès Šnorhali: Jesus Fils unique **60** 196 (Aßfalg)

Kehrer, H., Die heiligen drei Könige in Literatur und Kunst **9** 158-163 (Baumstark)

Kerényi, K., Die Herkunft der Dionysosreligion **41**
142 (Engberding)

Khatchatrian, A., L'architecture arménienne **56**
235f. (Wessel)

el-Khoury, N., Die Interpretation der Welt bei
Ephraem dem Syrer **66** 242 (Lattke)

Kirche im Osten 1 **43** 156f. (Engberding)

Kirchhoff, K., Hymnen der Ostkirche, 2. Aufl. **45**
149f. (Engberding)

Kirchhoff, K., Osterjubel der Ostkirche **36** 242-
245 (Max Herzog zu Sachsen)

Kirsch, J.P., Der stadtrömische christliche Fest-
kalender **23** 198-200 (Baumstark)

Klauser, Th., Die Cathedra im Totenkult der heid-
nischen und christlichen Antike **28** 262f. (Stef-
fes)

Knopf, R., Einführung in das Neue Testament, 2.
Aufl. **23** 189-194 (Baumstark)

Knutsson, B., Studies in the Text and Laguage of
three Syriac-Arabic Versions of the Book of
Judicum **65** 87-101 (Samir; Besprechungsaufsatz)

Kobilinsky Ellis, L., W. A. Joukowsky. Seine Per-
sönlichkeit, sein Leben und sein Werk **31** 127f.
(Baumstark)

Koffler, H., Die Lehre des Barhebräus von der
Auferstehung der Leiber **30** 237f. (Engberding)

Kolta, K. S., Christentum im Land der Pharaonen
70 223f. (Kessler)

Kopp, Cl., Elias und Christentum auf dem Karmel
27 106-108 (Stummer)

Kopp, Cl, Die Heiligen Stätten der Evangelien **43**
145f. (Engberding)

Korakides, A.S., Τὰ ἀνθρώπινα δάνεια ... **56** 224f.
(Davids)

Korakides, A.S., Ἡ περὶ τοῦ Λόγου θεολογία τῶν
κοντακίων Ῥομανοῦ τοῦ Μελῳδοῦ **59** 197 (Davids)

Korakides, A.S., Τὸ πρόβλημα τῆς καταγογῆς τοῦ
Ῥομανοῦ τοῦ Μελῳδοῦ **57** 195 (Davids)

Korbacher, J., Außerhalb der Kirche kein Heil? **51** 212f. (Schulte)

Kotter, B., Die Schriften des Johannes von Damaskos II: Expositio fidei **58** 207f. III: Contra imaginum calumniatores orationes tres **60** 210f. (Davids)

Kraus, J., Die Anfänge des Christentums in Nubien **28** 259f. (Graf)

Kreiser, K. - W. Diem - H.G. Majer (Hrsg.), Lexikon der islamischen Welt **60** 186f. (Davids)

Krücke, A. , Der Nimbus und verwandte Attribute **6** 449-452 (Gietmann)

Krumbacher, K., Der hl. Georg in der griechischen Überlieferung **10** 148-154 (Baumstark)

Kurth, J., Die Wandmosaiken von Ravenna, 2. Aufl. **15/6** 158-160 (Baumstark)

Labourt, H., Dionysius bar Ṣalībī: Expositio liturgiae **9** 138-140 (Baumstark)

Labourt, H., De Timotheo I Nestorianorum patriarcha **4** 437f. (van Gulik)

Lafontaine, G., La version grecque ancienne du livre arménien d'Agathange **60** 207-209 (Winkler)

Lammens, H., Fâṭima et les filles de Mohamet **11** 341-343 (Jaussen)

Lammens, H., La Syrie. Précis historique **23** 356f. (Rücker)

Lang, D. M., The Balavariani **52** 168f. (Molitor)

Lang, D. M., Lives and Legends of the Georgian Saints **41** 148 (Molitor)

Lange, R., Imperium zwischen Morgen und Abend **57** 198-200 (Wessel)

Laurent, V., Le Corpus des Sceaux de l'Empire byzantin V **51** 198 (Engberding)

Leipoldt, J., u.a., Religionsgeschichte des Orients in der Zeit der Weltreligionen **47** 145f. (Hammerschmidt)

von Lemm, O., Der Alexanderroman bei den Kopten **4** 212 (Guidi)

von Lemm, O., Das Triadon. Ein sahidisches Ge-
dicht **4** 211 (Guidi)

Leroy, J., Les manuscrits coptes et coptes-arabes
illustrés **61** 151f. (Aßfalg)

Leroy, L., Les miracles de Saint Ptolémée **9** 337
(Baumstark)

Leroy, L. - S. Grébaut, Sévère ibn al-Moqaffaʿ **9**
337-340 (Graf)

Lexikon der christlichen Ikonographie, hrsg. von
E. Kirschbaum I, II **55** 253-257 (Wessel)   V-VII
60 214-217 (Restle)

Lietzmann, H., Messe und Herrenmahl **28** 110-116
(Baumstark)

Littmann, E., Galla-Verskunst **24** 186f. (Euringer)

Littmann, E., Die Heldentaten des Dom Christoph
da Gama in Abessinien **8** 469f. (F. Cöln)

Littmann, Philosophi Abessini **9** 140f. (Baumstark)

Lockot, H. W., Bibliographia Aethiopica **67** 228
(Weischer)

Lomiento, G., Il dialogo di Origene con Eraclide
56 227 (Gessel)

Lomiento, G., L'esegesi origeniana del Vangelo di
Luca **52** 173f. (Gessel)

Loretto, F. s. Byzantinische Geschichtsschreiber

Lossky, V, Die mystische Theologie der morgenlän-
dischen Kirche **46** 127f. (Engberding)

Macler, F., Miniatures arméniennes **13** 341-344
(Baumstark)

Macuch, R., Geschichte der spät- und neusyrischen
Literatur **61** 140f. (Aßfalg)

Mader, A.E., Altchristliche Basiliken und Lokal-
traditionen in Südjudäa **18/9** 178-187 (Sauer)

Mader, A.E., Mambre. Die Ergebnisse der Ausgra-
bungen **41** 150   **43** 146-8 (Engberding)

Mager, H., Die Peschiṭho zum Buche Josua **15/6**
153-155 (Allgeier)

Maiberger, P., "Das Buch der kostbaren Perle" **57**
183f. (Aßfalg)

Maier, J., Das altisraelitische Ladeheiligtum 52
197f. (Hammerschmidt)

Manandian, A., Die Scholien zu fünf Reden des
Gregor von Nazianz 9 142f. (Karst)

Manassī Jūḥannā, Buch des vollkommenen Beweises
30 227f. (Graf)

Mango, C., The Homilies of Photios Patriarch of
Constantinople 43 142f. (Engberding)

Mango, C., Materials for the Study of the Mosaics
of St. Sophia in Istanbul 52 165f. (Engberding)

Mar Aprem, Teach Yourself Aramaic 67 223 (Kaufhold)

Marassini, P., Gadla Yohannes Mesraqawi: Vita di
Yohannes l'Orientale 67 225f. (Kropp)

Marawa-Chatzinicolaou, A. - Chr. Toufexi-Paschou,
Catalogue of the Illuminated Byzantine Manu-
scripts of the National Library of Greece I 64
236-238 (Wessel)

Marchet, X., Le véritable emplacement du Palais
de Caïphe et l'Église Saint Pierre à Jérusalem
27 250-252 (Baumstark)

de Margerie, B., Introduction à l'histoire de
l'exégèse: Les pères grecs et orientaux I 68
237f. (Suttner)

Marmardji, A. M., Diatessaron de Tatien 33 236-
244 (Baumstark)

Marr, N., Conversione degli Armeni, Giorgiani,
Abchasi e Alani per opera di S. Gregorio. Ver-
sione araba (russisch) 5 332f. (Guidi)

Marr, N., Testi e ricerche di filologia armeno-
giorgiana (russisch) III 1 392f. IV 2 227f.
V 3 563f. 4 210 (Guidi)

Martikainen, J., Gerechtigkeit und Güte Gottes 66
234-237 (Beck)

Martikainen, J., Das Böse und der Teufel in der
Theologie Ephraems des Syrers 63 205-207 (Beck)

Mateos, J., La célébration de la parole 57 208f.
(Winkler)

Mateos, J., Le Typicon de la Grande Eglise I 47
146-148 II 51 198f. (Engberding)

Mathews, Th. F., The Early Churches of Constanti-
nople. Architecture and Liturgy **58** 212-7 (Wes-
sel)

de Maurois, H., Les Assyro-Chaldéens dans l'Iran
d'aujourd'hui **68** 224-226 (Kaufhold)

May, G., Schöpfung aus dem Nichts **64** 230-232 (Da-
vids)

Mayer, R. - J. Reuss, Die Qumranfunde und die Bi-
bel **44** 140f. (Hammerschmidt)

Mécérian, J., Expedition archéologique dans l'An-
tiochène occidentale **51** 199-210 (Djobadze)

Mécérian, J., Histoire et institutions de
l'église Arménienne **51** 223f. (Aßfalg)

van der Meer, F., Maiestas Domini **36** 252-258
(Baumstark)

Mees, M., Die Zitate aus dem Neuen Testament bei
Clemens von Alexandrien **56** 225 (Davids)

de Meester, P., Ἀκολουθία τοῦ ἀκαθίστου ὕμνου **3**
555-557 (Baumstark)

Megaw, A.H.S. - E.J. Hawkins, The Church of the
Panagia Kanakariá at Lythrankomi in Cyprus **63**
231f. (Wessel)

Meinardus, O.F.A., The Copts in Jerusalem **46**
139f. (M. Cramer)

Meinardus, O.F.A., Monks and Monasteries of the
Egyptian Deserts **46** 140-143 (M. Cramer)

Meinardus, O.F., Die Wüstenväter des 20. Jahrhun-
derts **70** 221f. (R. Schulz)

Meissner, B., Die Keilschrift **12** 141f. (Baum-
stark)

Mekhitarian, A., Treasures of the Armenian Pa-
triarchate of Jerusalem **55** 239 (E. Degen)

Mélanges de l'Université Saint-Joseph Beyrouth 19
33 245-252 (Baumstark)

Mémorial Mgr Gabriel Khouri-Sarkis (1898-1968) **55**
223 (Aßfalg)

Menzinger, O., Mariologisches aus der vorephesi-
nischen Liturgie **30** 232 (Mohlberg)

Mepisaschwili, R. - W. Zinzadse, Die Kunst des
alten Georgien **62** 233-236 (Wessel)

Mesraqawi, G.Y., Vita di Yohannes l'Orientale **67** 225f. (M. Kropp)

Messina, G., Der Ursprung der Magier **28** 260f. (Steffes)

Michalcescu, J., Θησαυρὸς τῆς ὀρθοδοξίας **4** 430f. (Baumstark)

Michalowski, K., Faras. Die Kathedrale aus dem Wüstensand **52** 180-184 (Wessel)

Michalowski, K., Faras. Die Wandbilder **59** 206-209 (Wessel)

Michels, Th., Beiträge zur Geschichte des Bischofsweihetages **24** 202 (Mulder)

Miednikoff, N. A., La Palestina dalla conquista araba fino alle crociate secondo le fonti arabe. I (russisch) **2** 469 (Guidi)

Mikadze, G.V., Bibliografija rabot po drevnegruzinskoj literature II **55** 242 (Aßfalg)

Milik, J.T., Świety Świerad. Saint Andrew Zoeradus **58** 198 (Davids)

Millet, G., Monuments de l'Athos. I. Les peintures **27** 258-260 (Baumstark)

Millet, G., Monuments byzantins de Mistra **9** 156f. (Baumstark)

van Millingen, A., Byzantine Churches in Constantinople **11** 346-349 (Baumstark)

Mingana, A., Woodbrooke Studies II **27** 114-116 (Graf)   IV, V **30** 95-9 (Baumstark)

Miskgian, I., Manuale Lexicon Armeno-Latinum **51** 224f. (Aßfalg)

Mitteilungen des Septuaginta-Unternehmens der Gesellschaft der Wissenschaften zu Göttingen I, II **14** 325-332 (Baumstark)

Miura-Stange, A., Celsus und Origenes **24** 383f. (Hünermund)

Moberg, A., Buch der Strahlen. Die grössere Grammatik des Barhebräus **8** 470f. (F. Cöln) **14** 332-334 (Rücker)

Mohlberg, K., Das fränkische Sacramentarium Gela-

Oberg, E., Amphilochii Iconiensis Iambi ad Seleucum **56** 221f. (Davids)

Obermann, J., Der philosophische und religiöse Subjektivismus Ghazālīs **20/2** 223-225 (Heffening)

Ohm, Th., Die Religionen Asiens **39** 143 (Engberding)

Ohm, Th., Ruhe und Frömmigkeit **41** 141f. (Engberding)

Ohse, B., Der Patriarch Athenagoras I. **54** 283 (Davids)

Onasch, K., Einführung in die Konfessionskunde der orthodoxen Kirchen **47** 153 (Engberding)

Oppenheim, Ph., Symbolik und religiöse Wertung des Mönchskleides im christlichen Altertum **30** 236 (Quasten)

L'Orient Syrien 1 **40** 133 (Engberding)

Orlandi, T. Elementa di lingua e letteratura copta **56** 215-217 (Aßfalg)

Ortiz de Urbina, I., Patrologia Syriaca **43** 141f. (Engberding)

Otranto, G., Esegesi biblica e storia in Giustino **68** 231f. (Davids)

van den Oudenrijn, M.A., Eine alte armenische Übersetzung der Tertia Pars der Theologischen Summe **41** 144f. (Engberding)

van den Oudenrijn, M.A., Gamaliel. Äthiopische Texte zur Pilatusliteratur **44** 143-145 (Engberding)

van den Oudenrijn, M.A., Linguae Haicanae Scriptores Ordinis Praedicatorum **46** 145f. (Engberding)

Ovadiah, A., Corpus of the Byzantine Churches in the Holy Land **56** 230-234 (Wessel)

Papadopoulos, St. G., Πατέρες **58** 200f. (Davids)

Papadopoulos, St. G., Γρηγόριος ὁ Θεολόγος **58** 200f. (Davids)

Papageorgiou, A., Ikonen aus Zypern **55** 266f. (Wessel)

Papamichael, G.Ch., ʽΟ ἅγιος Γρηγόριος Παλαμᾶς **11** 146-148 (Ehrhard)

Paul de Lagarde und die syrische Kirchengeschichte, hrsg. vom Göttinger Arbeitskreis für syrische Kirchengeschichte **55** 222 (Aßfalg)

Peradze, G., Die Anfänge des Mönchtums in Georgien **25/6** 296 (Hilpisch)

Pereira, F. M. Estève, Le Livre d'Esther. Version éthiopienne **10** 157f. (Bezold)

Perier, J. und A., Les "127 Canons des Apôtres" **11** 154-156 (Baumstark)

Peters, C., Peschittha und Targumim des Pentateuchs **33** 252-254 (Stummer)

Peters, N., Der jüngst wieder aufgefundene hebräische Text des Buches Ecclesiasticus **3** 243-246 (Baumstark)

Peterson, E., ΕΙΣ ΘΕΟΣ **27** 245-247 (Baumstark)

Petitmengin, P., u. a., Pélagie la Pénitente **66** 247f. (Aßfalg)

Pfister, R., Textiles de Palmyre **34** 126f. (Kaufmann)

Philippe, J., Le monde byzantin dans l'histoire de la verrerie **55** 274f. (Wessel)

Plooij, D., A Further Study of the Liège Diatessaron **23** 194-196 (Baumstark)

Plooij, D., A Primitive Text of the Diatessaron **23** 194-196 (Baumstark)

Polotsky, H. J., Manichäische Homilien **32** 257-268 (Baumstark)

Potz, R., Patriarch und Synode in Konstantinopel **58** 197f. (Kaufhold)

Pradel, F., Griechische und süditalienische Gebete, Beschwörungen und Recepte des Mittelalters **8** 465-467 (Wirtz)

Preusser, C., Nordmesopotamische Baudenkmäler **12** 158-164 (Baumstark)

La prière des églises de rite byzantin I **62** 225f. (Winkler)

Pro Oriente. Konziliarität und Kollegialität **60** 187 (Davids)

Pro Oriente. ökumene - Konzil - Unfehlbarkeit **68**
   238f. (Suttner)
Puglia paleocristiana II **59** 197 (Davids)

Quacquarelli, A., Lavoro e ascesi nel monachesimo
   prebenedettino **68** 232 (Davids)
Quacquarelli, A., L'Ogdoade patristica **58** 207
   (Davids)
Quacquarelli, A., Scuola e cultura dei primi se-
   coli cristiani **59** 197 (Davids)
Quacquarelli, A, La società cristologica prima
   di Costantino **64** 229f. (Davids)
Quasten, J., Monumenta eucharistica et liturgica
   vetustissima **35** 238-241 (Baumstark)
Quasten, J., Musik und Gesang in den Kulten der
   heidnischen Antike **27** 265f. (Wellesz)
Quecke, H., Die Briefe Pachoms **61** 152f. (Davids)

[Rabban, R.,] La Messa Caldea detta "degli Apo-
   stoli" **32** 257 (Rücker)
Rabbath, A., Documents inédits pour servir à
   l'histoire du christianisme en orient I **4** 439-
   441 (van Gulik)
[Raes, A.,] Modo facile di attendere alle litur-
   gie bizantine **32** 256f. (Rücker)
   S. a. Anaphorae Syriacae
Raġġi, M., De la liturgie Maronite (= POC 1,
   1951) **38** 148 (Graf)
Rauschen, R., Grundriß der Patrologie, 4./5.
   Aufl., **13** 155-157 (Baumstark)
Recchia, V., Le Omelie di Gregorio Magno su Eze-
   chiele **59** 197 (Davids)
Reitzenstein, R., Das iranische Erlösungsmyste-
   rium **18/9** 175-178 (Casel)
Renner, D., Die koptischen Textilien in den Vati-
   kanischen Museen **67** 229f. (Wessel)
Renner, D., Die Textilien in der Sammlung des Prin-
   zen Johann Georg von Sachsen **67** 229f. (Wessel)

Renoux, Ch., Mēmrē de s. Ephrem sur Nicomédie **61** 156-167 (Minassian)

Restle, M., Die byzantinische Wandmalerei in Kleinasien **52** 177-180 (Wessel)

Restle, M., Istanbul - Bursa - Edirne - Iznik **62** 239f. (Wessel)

Restle, M., Studien zur frühbyzantinischen Architektur Kappadokiens **65** 234f. (Wessel)

Revillout, E., Les Apocryphes coptes II **12** 354f. (Allgeier)

Ricercha sull'architettura Armena. Rendiconti 2 **56** 234   10, 15 **63** 232 (Wessel)

Riedinger, R., Pseudo-Kaisarios **55** 244-247 (Davids)

Rietsch, Die Nachevangelischen Geschicke der Bethanischen Geschwister 2 471-473 (Baumstark)

Ringbom,, L.-I., Paradisus terrestris **45** 153f. (Krüger)

Roberts, C.H., Catalogue of the greek and latin papyri in the John Rylands Library III **36** 126-132 (Baumstark)

Roeder, G., Urkunden zur Religion des alten Ägypten **17** 135-137 (Baumstark)

Roese, E., Ueber Mithrasdienst 5 335f. (E. Cöln)

Rohrbacher, H., Materialien zur georgischen Bibliographie **67** 228f. (Kaufhold)

Rouët de Journel, M.E., Enchiridion Patristicum. Ed. altera **13** 157-159 (Baumstark)

Rouillard, G. - P. Collomp, Actes de Lavra I **36** 265-268 (Baumstark)

Rousseau, A., u.a., Irenée de Lyon: Contre les Hérésies **51** 213f. (Davids)

Rucker, I., Florilegium Edessenum anonymum **30** 232-235 (Rücker)

Rücker, A., Die Lukas-Homilien des hl. Cyrill von Alexandrien **10** 154f. (Ehrhard)

Rücker, A., Die syrische Jakobusanaphora **23** 352-354 (Baumstark)

s.a. Anaphorae Syriacae

Salmaslian, A., Bibliographie de l'Arménie, 2.
ed. **55** 242 (Aßfalg)

Sanders, J.C.J., Ibn aṭ-Ṭaiyib. Commentaire sur
la Genèse **53** 263f. (Aßfalg)

Sandri, M.G. - H. Vahramian, Ricerca sull'archi-
tettura selgiuchide **58** 221f. (Wessel)

Sanjian, A.K., Colophons of Armenian Manu-
scripts, 1301-1480 **55** 240f. (Aßfalg)

de Santos Otero, A., Die handschriftliche Über-
lieferung der altslavischen Apokryphen I **63**
217-220 II **68** 229f. (Davids)

de Santos Otero, A., Das kirchenslawische Evange-
lium des Thomas **52** 171-173 (Gessel)

Sauget, J. M., Bibliographie des Liturgies Orien-
tales **47** 150 (Engberding)

Sauget, J. M., Un cas très curieux de restaura-
tion de manuscrit **68** 222-224 (Kaufhold)

Sayegh, A., Melodecte. Recueil de chants byzan-
tins **43** 148f. (Engberding)

Sbath, P., Bibliothèque de Manuscrits Paul Sbath
I, II **25/6** 128-130   III **31** 275f. (Graf)

Sbath, P., Al-Fihris (Catalogue des Manuscrits
Arabes) I **35** 241-243 (Graf)

Sbath, P., Massime di Elia Metropolitano di Nisi-
bi **33** 254f. (Graf)

Sbath, P., Traités réligieux, philosophiques et
moraux, extraits des oeuvres d'Isaac de Ninive
32 272f. (Graf)

Sbath, P., Traité sur l'Âme par Bar-Hebraeus **25/6**
130f. (Graf)

Sbath, P., Vingt Traités Philosophiques et Apo-
logétiques d'Auteurs Arabes Chrétiens **27** 116-
119 (Graf)

Sbath, P. - M. Meyerhof, Le livre des questions
sur l'oeil de Honaïn ibn Ishaq **35** 243f. (Graf)

Schall, A., Zur äthiopischen Verskunst **46** 144f.
(Engberding)

Šanidze, A., u.a., Čil-etratis iadgari **62** 220f.
(Aßfalg)

Šanidze, A., Sinai-Mravaltavi vom Jahre 864 **45**
148f. (Molitor)

Schenke, H.-M., Die Herkunft des sogenannten
Evangelium Veritatis **44** 142f. (Hammerschmidt)

Schenkel, W., Kultmythos und Märtyrerlegende **63**
221-224 (C.D.G. Müller)

Scher, A. - P. Dib, Histoire Nestorienne (Chron-
que de Seert) **9** 340-343 (Baumstark)

Scher, A., Theodoros bar Kōnī: Liber Scholiorum
11 148-151 (Baumstark)

Scher, A., Traités d'Išaï le docteur et de Ḥnana
d'Adiabène **9** 335f. (Baumstark)

Scherbaschidze, L. A., Über das Problem der pro-
fanen Miniaturen des mittelalterlichen Georgi-
ens **49** 148 (Molitor)

Schermann, Th., Ägyptische Abendmahlsliturgien **11**
343-345 (Heer)

Schermann, Th., Die allgemeine Kirchenordnung **17**
142-152 (Baumstark)

Schermann, Th., Ein Weiherituale der römischen
Kirche **12** 347-354 (Schwartz)

Schleifer, J., Bruchstücke der sahidischen Bibel-
übersetzung **11** 345f. (Crum)

Schlicht, A., Frankreich und die syrischen Chri-
sten 1799-1861 **68** 236f. (Hage)

Schlier, H., Religionsgeschichtliche Untersuchun-
gen zu den Ignatiusbriefen **28** 261f. (Steffes)

Schlimme, L., Der Hexaemeronkommentar des Moses
bar Kepha **64** 228f. (W. Cramer)

Schlimme, L., Der Johanneskommentar des Moses bar
Kepha **68** 227f. (Davids)

Schmaltz, K., Mater Ecclesiarum. Die Grabeskirche
in Jerusalem **23** 178-181 (Baumstark)

Schmidt, C., Gespräche Jesu mit seinen Jüngern
18/9 170-173 (Haase)

Schmidt, C., Πράξεις Παύλου‘ Acta Pauli **34** 122-
126 (Baumstark)

Schneemelcher, W. (Hrsg.), Bibliographia patri-
stica I **44** 136f. (Engberding)

Schneider, A.M., Die Brotvermehrungskirche von
et-ṭâbġa am Genesarethsee **32** 161-164 (Baum-
stark)

Schneider, A.M., Byzanz. Vorarbeiten zur Topo-
graphie und Archäologie der Stadt **35** 131f.
(Baumstark)

Schubert, K., Die Gemeinde vom Toten Meer **43**
150f. (Engberding)

Schumacher, H., Christus in seiner Präexistenz
und Kenose **12** 346f. (Rücker)

Schwartz, E., Gesammelte Schriften V **51** 197f.
(Engberding)

Schwartz, E., Kaiser Constantin und die christli-
che Kirche **12** 145-148 (Dölger)

Scrittori cristiani antichi [= Reihe] **20/2** 220-
222 (Rücker)

Selb, W., ʿAb̲dīšōʿ Bar Bahrīz **55** 226-232 (Kauf-
hold)

Sesan, V., Kirche und Staat im römisch-byzantini-
schen Reiche I **12** 148-152 (Dölger)

Shahîd, I., The Martyrs of Najrân **58** 179-190 (W.
W. Müller)

Sherrard, Ph., Athos. Der Berg des Schweigens **44**
148-150 (Engberding)

Sickenberger, J., Die Lukaskatene des Niketas von
Herakleia **2** 470f. (Schermann)

Sievers, E., Der Textaufbau der griechischen
Evangelien klanglich untersucht **28** 267f. (Mei-
nertz)

Simaika Pascha, Murkus, Führer durch das kopti-
sche Museum und die wichtigsten alten Kirchen
und Klöster **30** 238-240 (Graf)

Skrobucha, H., Sinai **44** 150f. (Engberding)

von Soden, H., Die Schriften des Neuen Testaments
II **13** 330-332 (Heer)

Sprenger, H. N., Theodori Mopsuesteni commenta-
rius in XII Prophetas **62** 226f. (Davids)

Spuler, B., Die morgenländischen Kirchen **47** 145
(Hammerschmidt) **49** 149f. (Molitor)

Stählin, O., Die altchristliche griechische Literatur, 6. Aufl. **24** 182-185 (Baumstark)

Stapper, R., Katholische Liturgik, 5./6. Aufl. **28** 116f. (Baumstark)

Stapper, R. - A. Rücker, Ritus baptismi et missae **30** 98f. (Baumstark)

Stawrowsky, A., Essai de Théologie Irénique **58** 199 (Davids)

Steindorff, G., Koptische Grammatik, 2. Aufl. **4** 212f. (Guidi)

Stockmeier, P., Leo I. des Großen Beurteilung der kaiserlichen Religionspolitik **45** 155 (Hammerschmidt)

Stöckl, G. s. Byzantinische Geschichtsschreiber

Stone, M.E. (Ed.), Armenian and Biblical Studies **62** 219f. (Aßfalg)

Stone, M. E., The Manuscript Library of the Armenian Patriarchate in Jerusalem **55** 239f. (E. Degen)

de Stoop, E., Vie d'Alexandre l'Acémète **9** 330-332 (Ehrhard)

Storr, R., Das Frömmigkeitsideal der Propheten **24** 178 (Nötscher)

Strothmann, W., Die Anfänge der syrischen Studien **56** 212f. (Aßfalg)

Strothmann, W., Codex Syriacus Secundus. Bibel-Palimpsest aus dem 6./7. Jh. **62** 217f. (R. Degen)

Strothmann, W., Jakob von Sarug: Drei Gedichte über den Apostel Thomas in Indien **62** 216f. (W. Cramer)

Strothmann, W., Johannes von Apamea **58** 191-193 (W. Cramer)

Strothmann, W., Johannes von Mossul: Bar Sira **68** 227 (Davids)

Strothmann, W., Das Sakrament der Myron-Weihe in der Schrift "De Ecclesiastica Hierarchia" **66** 239f. (Winkler)

Strothmann, W., Syrische Hymnen zur Myron-Weihe **66** 237-239 (Winkler)

Strothmann, W., Das Wolfenbütteler Tetraevange-
lium Syriacum **56** 213 (Aßfalg)

Strube, Chr., Die westliche Eingangsseite der
Kirchen von Konstantinopel in justinianischer
Zeit **59** 200-202 (Wessel)

Strzygowski, J., L'ancien art chrétien de Syrie
35 245-258 (Baumstark)

Strzygowski, J., Der Dom zu Aachen und seine Ent-
stellung **3** 558-563 (Baumstark)

Strzygowski, J., Orient oder Rom **1** 182-187 (Kauf-
mann)

Strzygowski, J., Spuren indogermanischen Glaubens
in der Bildenden Kunst **34** 129-132 (Kaufmann)

Strzygowski, J., u. a., Kleinasien ein Neuland
der Kunstgeschichte **4** 414-422 (Baumstark)

Studia Orientalia Cristiana. Collectanea 8 **49**
138f. 9 **50** 151-153   12 **56** 214f. (Aßfalg)

Stummer, F., Einführung in die lateinische Bibel
27 244f. (Baumstark)

Sukenik, E.L. - L.A. Mayer, The Third Wall of Je-
rusalem **28** 268-272 (Mader)

Suttner, E.Chr.- C. Patock, Wegzeichen. Festgabe
zum 60. Geburtstag von Prof. Dr. H. M. Bieder-
mann **56** 225f. (Davids)

Symposium Syriacum 1972 **61** 142-144 (W. Cramer)

Tafla, B., A Chronicle of Emperor Yohannes IV **63**
209-214 (M. Kropp)

Tafla, B., Ethiopia and Germany **67** 223-225 (M.
Kropp)

Tafrali, O., Thessalonique au quatorzième siècle
11 352f. (Baumstark)

Tafrali, O., Topographie de Thessalonique **11** 350-
352 (Baumstark)

Tafrali, O., Mélanges d'Archéologie et d'Epigra-
phie Byzantines **11** 353 (Baumstark)

Taft, R. F., The Great Entrance **62** 222-225 (Wink-
ler)

Taft, R., The Liturgy of the Hours in the Christian East **70** 199-202 (Winkler)

Tarchnišvili, M., Le grand lectionnaire de l'église de Jérusalem I **45** 147f.   II **46** 131 (Molitor)

Tarchnišvili, M., Typicon Gregorii Pacuriani **40** 146f. (Molitor)

Tarchnišvili, M. - J. Aßfalg, Geschichte der kirchlichen georgischen Literatur **41** 145-147 (Molitor)

Tchoubinachvili, G., I monumenti del tipo di Ǧvari **63** 234 (Wessel)
S. a. Tschubinašvili

Ter-Mikaelian, N., Das armenische Hymnarium **6** 446-449 (Steinmetzer)

Terzoli, R., Il tema della beatitudine nei padri siri **60** 191 (Davids)

Thiersch, H., Pharos. Antike, Islam und Occident **9** 157f. (Baumstark)

Thomsen, P., Die Palästinaliteratur IV **24** 202-204 (Rücker)

Tiby, O., La Musica Bizantina. Teoria e storia **35** 258-260 (Baumstark)

Tillyard, H.J.W., The Hymns of the Pentecostarium **46** 132f. (Engberding)

Tisserant, E., Le calendrier d'Aboul Barakat **12** 157f. (Ehrhard)

Tisserant, E., Specimina Codicum Orientalium **12** 152-155 (Baumstark)

Tomos agapis. Dokumentation ... 1958-1976 **64** 233 (Davids)

Touraïeff, B., Ricerche nel campo delle fonti agiologiche della Storia d'Etiopia (russisch) **2** 223-227 (Guidi)

Troupeau, G., Catalogue des manuscrits arabes **60** 197-199 (Aßfalg)

Tschenkéli, K., Einführung in die georgische Sprache **45** 156 (Molitor)

Tschenkéli, K., Georgisch-deutsches Wörterbuch **49** 149 (Molitor)

Vincent, H., Bethléem. Le sanctuaire de la Nativité **23** 181-184 (Baumstark)

Vincent, H.- F.-M. Abel, Emmaüs. Sa Basilique **30** 240-342 (Rücker)

Völker, W., Das Vollkommenheitsideal des Origenes **30** 231f. (Quasten)

Vööbus, A., Discovery of Very Important Manuscript Sources for the Syro-Hexapla **60** 188 (W. Cramer)

Vööbus, A., Discovery of Very Important Manuscript Sources for the Syro-Roman Lawbook **59** 189f. (Kaufhold)

Vööbus, A., Early Versions of the New Testament **40** 142f. (Engberding)

Vööbus, A., The Hexapla and the Syro-Hexapla **60** 188 (W. Cramer)

Vööbus, A., The Statutes of the School of Nisibis **51** 220f. (Aßfalg)

Vööbus, A., Syrische Kanonessammlungen **55** 224-226 (Kaufhold)

Vogels, H.J., Die altsyrischen Evangelien in ihrem Verhältnis zu Tatians Diatessaron **10** 348-350 (Heer)

Vogels, H.J., Handbuch der neutestamentlichen Textkritik **23** 189-194 (Baumstark)

Vogt, H. J., Coetus Sanctorum **54** 279-281 (Gessel)

Voigt, H. (Hrsg.), XVIII. Deutscher Orientalistentag vom 21. bis 27. Juli 1968 in Würzburg. Vorträge **55** 222f. (Aßfalg)

Volbach, F., Spätantike und frühmittelalterliche Stoffe **30** 101f. (J.H. Schmidt)

Vollmer, H., Jesus und das Sacaeenopfer **5** 333-335 (Ed. Cöln)

Vosté, J., Catalogue de la Bibliothèque syro-chaldéenne du couvent de Notre-Dame des Semences **27** 112f. (Graf)

Wagenmann, J., Die Stellung des Apostels Paulus neben den Zwölf **24** 382f. (Hünermann)

Wagner, E., Yaḥyā Naṣrallāh. Legende und Geschichte **65** 229-231 (M. Kropp)

Walde, B., Christliche Hebraisten Deutschlands **15/6** 180-183 (Allgeier)

von Walter, R., Russische Mystik **42** 153f. (Engberding)

Walters, C. C., Monastic Archeology in Egypt **60** 223-226 (Wessel)

Weber, S., Sancti Irenaei Episcopi Lugdunensis Demonstratio Apostolicae Praedicationis **15/6** 155-157 (Baumstark)

Weigand, E., Die Geburtskirche von Bethlehem **9** 357-359 (Baumstark)

Weigl, F., Christologie vom Tode des Athanasius bis zum Ausbruch des nestorianischen Streites **24** 384 (Hünermann)

Weischer, B. M., Qērellos IV,3 **66** 242-244 (M. Kropp)

Weitzmann, K., Die Ikone. 6. bis 14. Jahrhundert **64** 233f. (Wessel)

Weitzmann, K., Illustrated Manuscripts at St. Catherin's Monastery on Mount Sinai **58** 217f. (Wessel)

Weitzmann, K., Spätantike und frühchristliche Buchmalerei **63** 224-226 (Wessel)

Wellesz, E. The Akathistos Hymnos **42** 144-146 (Engberding)

Wentzlaff-Eggebert, F.-W., Kreuzzugsdichtung des Mittelalters **46** 150f. (Engberding)

Wessel, K., Die Kultur von Byzanz **55** 250-253 (Uthemann)

Wessel, K. (Hrsg.), Reallexikon zur byzantinischen Kunst I **52** 195-197 (Djobadze)

Wiegand, Th., Milet. Ergebnisse der Ausgrabungen und Untersuchungen seit dem Jahre 1899 **15/6** 175-180 (Baumstark)

Wilkinson, J., Jerusalem Pilgrims Before the Crusades **64** 238f. (Gero)

Wilpert, J., Die Malereien der Katakomben Roms 3
526-552 (Baumstark)

Wirth, P., Untersuchungen zur byzantinischen Rhe-
torik **45** 155f. (Engberding)

Woermann, K., Geschichte der Kunst aller Zeiten
und Völker, 2. Aufl. I, II **14** 169-79   III **17**
163-9 (Baumstark)

Wright, W. - St. A. Cook, A Catalogue of the Sy-
riac Manuscripts ... of Cambridge **2** 204-217
(Baumstark)

Wright, W. - K.A. Touraïeff - K. Kokowzoff,
Breve schizzo della storia della letteratura
siriaca (russisch) **2** 467f. (Guidi)

Wulff, O., Altchristliche und byzantinische Kunst
I **13** 162-175   II **17** 154-162 (Baumstark)

Wulff, O., Altchristliche und mittelalterliche
byzantinische und italienische Bildwerke I **9**
145-150   II **10** 158-162 (Baumstark)

Wulff, O., Die Koimesiskirche in Nicäa **3** 226-237
(Baumstark)

Wulff, O. - M. Alpatoff, Denkmäler der Ikonen-
malerei **24** 195-199 (Baumstark)

Yammo, S. Y. H., La structure de la messe chal-
déenne **66** 240f. (Winkler)

Zaloscer, H., Die Kunst im christlichen Ägypten
59 209-219 (Wessel)

Zayat, H., Ar-Rūm al-Malakīyūn fi'l-islām (=
Mašriq 47, 1953) **38** 144 (Graf)

Zayat, H., La croix dans l'Islam **32** 276f. (Graf)

Zayat, H., Histoire de Saidanaja **30** 228-231
(Graf)

Zayat, H., Vie du patriarche melkite d'Antioche
Christophore (= POC 2, 1952) **38** 143f. (Graf)

Zayat, H. N. Edelby, Les sièges épiscopaux du
Patriarcat Melkite (= POC 3, 1953) **38** 147f.
(Graf)

Zenkowsky, B. - H. Petzold, Das Bild des Menschen

im Lichte der orthodoxen Anthropologie **58** 199f. (Davids)

Zimmermann, F., Die ägyptische Religion nach der Darstellung der Kirchenschriftsteller **12** 143-145 (Roeder)

Zoega, G., Catalogus codicum Copticorum manu scriptorum (Nachdruck 1973) **60** 201-203 (Aßfalg)

Personalia

Abd al-Masīh, Yassa **44** 160
Abeghian, Artasches **39** 138
Abel, Felix Maria, OP **37** 151
Abramowski, Luise **47** 159 **59** 185
Abuladze, Ilia **53** 257
Akinian, Nerses, CMVind **39** 138 **50** 139
Aland, Barbara **56** 207
Albright, W. F. **44** 160
Allgeier, Arthur **37** 150
Altheim, Franz **61** 138
Amantos, Konstantinos A. **45** 157
Amélineau, Émile Clément **48** 191
Amman, Albert Maria, SJ **59** 186
Antoniades, Evangelos V. **47** 158
Antoniades, Sophia **44** 160
Armalé (Armala) Isaac **39** 138
Arranz, Michael, SJ **53** 259
Aßfalg, Julius **46** 159 **52** 157

Balanos, Demetrius Simu **44** 158
Banesco, Nicolaus **44** 160
Baramidze, Alekʻsandre **56** 208 **66** 231
Bardy, Gustave **40** 140
Barsaum, Ignatius-Ephrem I. **42** 159
Bauer, Gertrud **55** 215 **60** 180
Bauer, Walter **45** 157
Baur Chrysostomos, OSB **46** 155
Baumstark, Anton **37** 2f. (Nachruf von G. Graf)
   48 14 **56** 207
Baynes, Norman H. **45** 157
Beatty, Alfred Chester **52** 157
Beauduin, Lambert, OSB **44** 158
Beck, Edmund, OSB **66** 231

Casel, Odo, OSB **37** 150
Casey, Robert Pierce **45** 158
Cechelli, Carlo **45** 159
Cerulli, Enrico **50** 142
Chabot, Jean Baptiste **37** 150
Chaîne, Marius **46** 155f.
Charon s. Korolevskij
Chatschikjan, Lewon S. **66** 233
Cheikho (Šaiḫū), Paul **43** 160
Codrington, H. W. **39** 140f.
Cöln, Eduard **5** 336 Fußn. 1
Cohen, Marcel **50** 142
Conolly, Richard Hugh, OSB **37** 150
Conti Rossini, Carlo **37** 150
Coussa, Gabriel Acacius **46** 159
Cowe, Peter Silas **68** 220
Cramer, Maria **63** 201-203
Cramer, Winfried, OSB **60** 179f. **62** 212 **64** 227
 66 232
Cramer, Valmar **43** 158
Crawfoot, J.W. **46** 156
Crum, Walter Ewing **37** 151
Č'ubinašvili, Giorgi **55** 214f. **57** 182

van Damme, Dirk, OP **56** 207
Davids, Adelbert **55** 214 **59** 185
Debrunner, Albert **44** 158
Deeters, Gerhard **46** 156f.
Degen, Rainer **57** 182 **66** 232
Dejaifve, George, SJ **53** 259
Delly, Emmanuel-Karim **40** 141 **47** 160
Deppe, Klaus **56** 209
Der Nersessian, Sirarpie **51** 191 **61** 136 **65** 224
 70 194
Diels, Paul **47** 158
Dietrich, Albert **42** 160
Dinkler, Erich **66** 233
Dölger, Franz **44** 160 **46** 159 **53** 257
Dold, Alban, OSB **45** 159

Personalia

Neugebauer, Otto **63** 201

Obolenskij, Dimitri **47** 160
Onasch, Konrad **45** 160   **46** 160
Ortiz de Urbina, Ignacio, SJ **69** 224
Ostrogorsky, Georg **61** 138
van den Oudenrijn, Marc-Antoine, OP **47** 159
Outtier, Bernard **60** 180   **69** 224

Pätsch, Gertrud **64** 225   **69** 223
Palacios, Miguel Asin **37** 150
Palikarova-Verdeil, R. **45** 159
Palmer, Andrew **68** 221
Papadopulos, J.B. **43** 160
Papalekas, Johannes **45** 160
Patock, Coelestin, OSA   **70** 195
van de Paverd, Francis, OSA **53** 259
Peeters, Paul, SJ **37** 150
Peters, Curt **30** 219   **37** 9
Peters, Hans **50** 140
Petersen, Theodore, CSP **50** 140
Peterson, Erik **45** 159
Pigulevskaja, Nina Victorovna **55** 216
Plank, Peter **70** 195
Plazikowsky-Brauner, Herma **51** 190
van der Ploeg, Johannes Petrus Maria, OP **68** 220
Podipara, Placid J., CMI **62** 212   **69** 224
Poidebard, Anton, SJ **39** 138
Polotsky, Hans Jakob **50** 142
Puttrich-Reignard, Oswin **30** 199

Qar'alī s. Carali
Qauḫč'išvili, Simon G. **50** 143   **60** 179   **66** 233
Quecke, Hans, SJ **55** 215f.
Qubaneišvili, Solomon **56** 208   **65** 224

Rabin, Chaim **40** 141
Raes, Alfons, SJ **42** 160   **46** 160
Rahmani, Ignatius Ephraem II. **25/6** 279-282
   (Nachruf von A. Rücker)

Ramanozoglu, M. **43** 160
Remmers, Gerhardus **50** 142f.
Rengstorf, Karl Heinrich **46** 160
Ricciotti, Giuseppe **44** 160
van Roey, Albert **69** 223
Rosenthal, Franz **40** 141
Rubin, Berthold **45** 160
Rücker, Adolf **10** 336 **11** 332 **12** 344f. **37** 3f.
  (Nachruf von G. Graf) **48** 14

Salać Antonius **45** 159
Salaville, Sévérien, AA **50** 140
Salia, Kalistrat **55** 215 **65** 224f. **68** 219 **70** 194
Šanda, Adalbert (Vojtěch) **40** 141
Sas-Zaloziecky, Wladimir R. **44** 159
Sauget, Joseph-Marie **43** 160 **53** 259
Sayegh (aṣ-Ṣā'iġ), Sulaiman **38** 141
Sbath, Paul **37** 151
Schaeder, Hans Heinrich **41** 153
Schäfers, Joseph **33** 97 99
Schall, Anton **42** 160 **44** 160 **64** 225f. **69** 223
Schanidze, Akaki **51** 192 **56** 208 **61** 136 **66** 231
  70 194
Scharbert Joseph **43** 160
Scheidweiler F. **43** 160
Schiller, Arthur A. **63** 204
Schlimme, Lorenz **64** 226
Schmidt, Andrea B. **70** 195
Schneider, Alfons Maria **28** 107-110 **30** 199 **37**
  146-148 (Nachruf von H. Engberding)
Schollmeyer, Chrysologus, OFM **50** 140
Scholz, Peter Otto **70** 195
Schreiber, Georg **47** 159
Schulz, Hans-Joachim **50** 143 **62** 212
Schweigl, Joseph, SJ **50** 140f.
Schweinfurth, Philipp **39** 138
Seidel, Ulrich **68** 221
Selb, Walter **47** 160

Texte

I. Äthiopisch:

Argānona Weddāsē (Marienharfe) **24** 125-141 338-
351 **25/6** 79-105 248-274 **27** 202-227 **28** 60-83
209-221 224-236 (dü) [KWCO 26]
Aufzählung der biblischen Bücher **5** 172f. (T/lü)
Bibel: Psalmenfragment (Ps. 86, 6f; 87; 88, 1-7;
95; 96) **53** 120-127 (T/dü)
Bund der Erbarmung, Hoheslied **35** 100-107 192-213
36 69-73 (dü)
Epiphanios von Salamis:
  Glaubensbekenntnis **61** 26-32 (T/dü) 39f. (T)
  Über die zwölf Edelsteine (Auszug) **63** 105-107
    (T/dü)
Euagrios Pontikos, Περὶ τῶν ὀκτὼ λογισμῶν **29** 207-
228 (Textvarianten/dü)
Gregor Thaumaturgos, Glaubensbekenntnis **61** 34-37
(T/dü)
Kurze Chronik:
  Geschichte des Königs Yōsṭōs **65** 142-147 (T/dü)
  Rebellion des Tanšē Māmmō **66** 147-187 (T/dü)
Liturgische Texte:
  Anaphora des hl. Athanasios **24** 246-287 (T/dü)
  Anaphora des hl. Epiphanios von Zypern **23** 100-
    137 (T/dü)
  Anaphora des hl. Jakob, des Herrenbruders **12** 2-
    23 (T/dü)
  Anaphora unserer Herrin Maria **34** 72-93 248-259
    (T/dü)
  Begräbnisrituale (Maṣḥafa genzat), zwei Gebete
    9 20-23 (T/lü)
  Sündenbekenntnis über den Weihrauch **43** 105f.
    (T/dü)

Qērellos [KWCO 306f.]:
  Dialog "Daß Christus einer ist" **51** 145-185 **52**
    92-122 (dÜ)
  2. Homilie über Melchisedech **53** 130-137 (T/dÜ)
  Christologisches Florilegium **64** 112-135 (T/dÜ)
  Endtraktate **53** 142-158 (T/dÜ)
Ṭabiba Ṭabiban **31** 240-260 (dÜ)
Zarʾa Yaʿqob, Homilie auf Johannes den Evangeli-
  sten **67** 148-166 (T/eÜ)

II. Akkadisch:

Fünf kappadokische Geschäftsbriefe **29** 126-136
  (Umschrift/dÜ)

III. Arabisch (einschließlich karšūnī):

Abhandlung über Feste und Fasten **8** 238-277 (T/lÜ)
  [Graf I 581]
Abu'l-Barakāt, Lampe der Finsternis: Verzeichnis
  der 70 Jünger **1** 246-275 **2** 316-343 (T/lÜ) [Graf
  II 439ff.]
Aufzählung der biblischen Bücher **8** 453-457 (T/dÜ)
Beicht- und Bußordnung bei den Kopten **32** 103-123
  (dÜ) [Graf I 612]
Bibel:
  Psalm 110 **31** 58-61 (T/dÜ)
  Evangelien: Auszüge **33** 196-211 (T/dÜ)
  S. a. Velasquez
Ephräm der Syrer, Paraenesis gegen das Lachen **24**
  106-119 (T/dÜ) [Graf I 423, 430]
Epiphanios von Salamis:
  Glaubensbekenntnis **61** 39 (T)
  Über die zwölf Edelsteine (Fragment) **63** 104f.
  (T) [Graf I 356]
Ḥanānīyā al-Munaiyar, Elegie auf den Patriarchen
  Ignatios Ṣarrūf **61** 72-75 (T/eÜ) [Graf III 244]

Ignatios Nūḥ, Abhandlung über den Glauben der Syrer **4** 40-97 (T/dü) [Graf IV 9f.]

Isaias von Skete, Asketikon (Fragmente) **48** 239-259 (T/fü) [Graf I 402]

Johannes Chrysostomos, Paraenesis an den Mönch Theodor **20/2** 78-98 (dü) [Graf I 352f.]

Karāma, Buṭrus, Elegie auf den Patriarchen Ignatios Ṣarrūf **61** 73-77 (T/eü) [Graf III 304]

Kyrillos ibn Laqlaq, Rangordnung der Bischöfe Ägyptens **24** 306-321 (T/dü) [Graf II 363]

Liturgische Texte:

  Meß- und Taufliturgie der Kopten **1** 8-45 (T/lü)

  Gebet für die Konsekration außerhalb der Messe **14** 44f. (T/dü)

  Jakobitisches Trauungsrituale (Auszug; karšūnī) **32** 228-231 (T/dü)

  Paschabuch der koptischen Kirche [Graf I 186, 191f.]:

  Zwei Litaneien **36** 81-100 (dü)

  Kolophon der Hs. Wien Cod. Copt. 9 **50** 73-75 (T/dü)

Michael von Aṯrīb und Malīǧ, Buch der geistlichen Arznei (karšūnī) **6** 78-237 **7** 2-135 **8** 110-229 (T/dü) [Graf II 420ff.]

al-Muḥtar ibn Buṭlān, Abhandlung über die hl. Eucharistie **35** 50-65 178-185 (T/dü) [Graf II 193f.]

al-Mu'taman abū Isḥāq ibn al-'Assāl, Sammlung der Grundlehren der Religion: Schriftstellerverzeichnis (= Kap. 1) **10** 208-217 (T/dü) [Graf II 409ff.]

Palästinabeschreibung des 16. Jahrhunderts **6** 244-299 (T/lü) [Graf III 155f.]

Paulos ar-Rāhib, Abhandlung über die Glaubensunterschiede **5** 132-161 (T/dü) [Graf II 76]

Über Priesterehe und -degradation **8** 459-465 (T/dü) [Graf IV 41]

Sibyllinische Prophezeiungen **60** 86-93 (T/eü) [Graf I 292ff.]

Synaxar, maronitisches, zum 29. Juni (karšūnī) **1**
  316-319 (T/g-lü) [Graf I 496]
Velasquez, Isaak, Bibelübersetzung aus dem Latei-
  nischen [Graf I 167f.]:
  Markus, Kap. 2 **31** 232-239 (T/dü)
  Monarchianische Prologe zu den vier Evangelien
    32 82-99 (T/dü)

IV. Armenisch:

Apostelakten, apokryphe:
  Martyrium Petri **1** 220-239 (T/g-lü)
  Akten der Apostel Petrus und Paulus **3** 20-55
    324-383 (T/g-lü)
Ps.-Athanasios (Basileios), Vierter Dialog über
  die Dreifaltigkeit **53** 166-201 (T/gü)
Bibel:
  Hebräerbrief **62** 1-17 (lü)
Johannes von Jerusalem, Brief an den albanischen
  Katholikos Abas **10** 66-77 (lü)
Julianos von Halikarnassos, Kommentar zum Buch
  Job: Prolog **9** 28-31 (T/lü)
Ps.-Klemens, Recognitiones (Fragmente) **62** 106-113
  (T/lü)
Liturgische Texte:
  Anaphora des hl. Gregorios von Nazianz **9** 205-
    214 (lü)
  Anaphora des hl. Ignatios von Antiocheia **27** 58-
    79 (lü)
  Anaphora des hl. Jakobos **15/6** 9-32 (lü)
  Anaphora des hl. Kyrillos von Alexandreia **23**
    145-157 (lü)
  Anaphora des hl. Katholikos Sahak **11** 17-31 (lü)
Timotheos von Alexandreia, Rede über die hl.
  Jungfrau Maria **10** 230-234 (lü)

V. Georgisch:

Bibel [Tarchnišvili 313-316]:
  Adischi-Tetraevangelium (ohne Lukasevangelium)
    37 31-44 **38** 11-35 **39** 1-27 **40** 1-13 **41** 1-20
    42 1-18 **43** 1-16 **44** 1-16 **45** 1-19 **46** 1-18
    47 1-15 (lü)
  Ḫanmeti-Fragmente der synoptischen Evangelien
    55 63-89 (T/lü)
  Paulusbriefe (ohne Hebräerbrief) **57** 32-54 **58**
    2-38 **59** 1-18 **60** 1-23 **61** 3-19 (lü)
  Katholische Briefe **49** 2-17 **50** 37-45 (lü)
  Apokalypse **50** 2-12 **51** 13-20 **52** 1-9 (lü)
Eustathios von Antiocheia, Homilie über Lazarus
  66 193-214 (T/fü)
Ps.-Joseph von Arimathäa, Erzählung über den Bau
  der ersten christlichen Kirche in Lydda **12** 25-
  38 (dü) [Tarchnišvili 163, 338]
Liturgische Texte:
  Anaphora des hl. Apostels Petrus **11** 7-15 (lü)
    [Tarchnišvili 445[4]]
  Jerusalemer Kanonar **13** 211-233 **14** 229-239 **23**
    314-318 (dü) [Tarchnišvili 440]

VI. Griechisch:

Anastasios (Mönch), Verschiedene Erzählungen über
  die heiligen Väter auf dem Sinai **2** 60-89 (T)
  [Beck 464]
Anastasios Sinaites, Erbauliche Erzählungen **3** 61-
  88 (T) [Beck 464]
Ephräm der Syrer, Paraenesis gegen das Lachen **33**
  62-79 (Rekonstruktion)
Georgios Amirutzes, Schrift über das Konzil von
  Florenz **17** 24-35 (T) [Beck 772]
Gregorios Pneumatikos, Brief an den Patriarchen
  von Alexandreia **14** 220-222 (T) [Beck 763f.]

Isaak der Syrer, Sentenzen **1** 49-60 288-298 (T)
  [Beck 453]
Johannes Palaiologos, Brief an den Patriarchen
  von Alexandreia **14** 219f. (T) [Beck 763f.]
Kyprianos von Antiocheia, Gebete **3** 311-323 (T)
Liturgische Texte:
  Liturgie des hl. Gregorius des Großen **4** 9-27
    (T) [Beck 244]
  Drei Passionsgesänge ägyptischer Liturgie **25/6**
    74-78 (T)
  Evangeliar (Fragmente) **44** 77-81 (T)
Neilos der Jüngere von Grottaferrata, Dichtungen
  5 58-73 (T) [Beck 607]
Paulos von Grottaferrata, Liturgische Hymnen **5**
  74-81 (T) [Beck 607f.]
Petros von Alexandreia, Didaskalia (Fragment) **2**
  350-351 (T)
Ps.-Romanos der Melode, Kontakion auf den hl.
  Theodoros **10** 51-63 (T) [Beck 426f.[6]]
Vita des Aberkios von Hierapolis **4** 279-307 (T)

VII. Koptisch:

Bibel:
  Joel 1,5-15 **13** 2-9 (T/lü)
  Evangelien, griechisch-saidische Fragmente **10**
    35-47 (T)
Dichtung des 10. Jahrhunderts **7** 136-253 **8** 2-109
  (T/dü)
"Der Donner: der vollkommene Nous" [gnostischer
  Text] **59** 83-105 (dü)
Liturgische Texte:
  Anaphora des hl. Gregorios (Fragment) **17** 4-9
    (T/dü)
  Anaphora des hl. Kyrillos (Fragment) **17** 8-19
    (T/dü)
  Anaphora des hl. Evangelisten Matthäus **29** 112-
    125 (T/dü)

Anaphorenfragmente **41** 68-73 **42** 44-53 **43** 76-93
(T/dÜ)

Engelshymnus **6** 443-446 (T/gT)

Koptisch-bohairische Texte zur Gregoriosanapho-
ra **44** 90-101 (T/dÜ)

Paschaubuch, Ṭuruḥāt **49** 91-111 **50** 108-120
(T/dÜ)

Trauungsrituale (Fragmente) **43** 96-101 (T/dÜ)

Schenute, Über den Kampf gegen den Teufel (Frag-
ment) **59** 62-71 (T/dÜ)

Severos von Antiocheia, Brief an die Diakonissin
Anastasia **11** 36-57 (T/fÜ)

VIII. Lateinisch:

Brief des Nikolaus, des lateinischen Erzbischofs
von Athen (1346) **2** 199-201 (T)

Päpstliche Konsistorialakten über die Begründung
des chaldäischen Patriarchats von Mosul **4** 265-
277 (T)

IX. Persisch:

Manichäische Zarathustra-Hymne M 7 (u.a.) **23** 262-
283 (T/dÜ)

X. Samaritanisch:

Zwölf Marḳa-Hymnen aus dem "Defter" der samarita-
nischen Liturgie **29** 82-106 (dÜ)

XI. Syrisch:

Amphilochios von Ikonion, Enkomion auf Basileios
von Kaisareia **31** 67-98 (dÜ) [Baumstark 262[6]]

Athanasios von Alexandreia, Mēmrā über die Taufe
und an die Täuflinge **61** 95-102 (T/eü) [Baum-
stark 82²]

Bibel:

    Diatessaron (Fragmente) **53** 2-88 **54** 1-75 **55** 1-
61 (lü)

    Thessalonicherbriefe **55** 167-181 **56** 150-161
(lü)

Dichtung, anonyme:

    Akrosticha (Soḡyātā) **6** 8-69 **7** 254-291 (T/dü)
[Baumstark 39⁵]

    Madrāšā über den Glauben **64** 49-59 (T/eü)

    Mēmrā über Jakob von Sarug **56** 112-149 (T/dü)

    ʿOnyātā über die Magier **18/9** 37-55 (T/dü)
[Baumstark 304²]

    Qālē **18/9** 20-32 (lü)

Ps.-Dionysios Areopagites, Autobiographie **7** 294-
341 (T/fü) [vgl. Graf I 268f.]

Elias bar Šīnāyā, Brief über die Wahl des Katho-
likos Īšōʿyahb IV. **11** 62-81 236-262 (dü)
[Baumstark 288⁶]

Ephräm der Syrer:

    Brief an Hypatios **58** 79-120 (dü) [Baumstark
38⁶]

    Rede gegen Bardaiṣān **60** 26-67 (dü) [Baumstark
38⁷]

    Gebet für das zukünftige Leben **66** 84-94 (Um-
schrift/dü) [Baumstark 51²]

Eusebios von Kaisareia, Evangelische Fragen und
Lösungen **20/2** 32-70 **23** 80-93 285-289 **24** 58-
67 (T/dü) [Baumstark 59⁷]

Georg, Mēmrā über Jakob von Sarug **56** 82-111
(T/dü) [Baumstark 159⁴]

Gīwargīs Wardā, Gedicht über die Kindheit des
Herrn **8** 395-405 (dü) [Baumstark 305⁵]

Glaubensbekenntnis, nestorianisches, vom Jahre
612 **1** 64-79 (T/lü) [Baumstark 138f.¹]

Isaak von Antiocheia, Mēmrā gegen die Juden **45**
31-53 (T/eü) [Baumstark 64¹²]

Islamisches Erbrecht **59** 25-34 (T/dü) [Baumstark 235[11]]

Īšō'dād von Merw, Pentateuchkommentar: griechische und hebräische Bibelzitate **9** 2-13 (T/g-lü) [Baumstark 234f.[10]]

Iwannīs von Dara, Über die Auferstehung der Leiber: Lehre Bardaiṣāns **30** 66-71 (T/dü) [Baumstark 277[6]]

Jakob von Edessa, Mēmrā über die Myronweihe **63** 23-36 (T/eü) [Baumstark 255[3]]

Jakob von Sarug:

Mēmrā über die Entschlafung Mariens **5** 91-99 (lü) [Baumstark 150[7]]

Mēmrā über die Siebenschläfer **13** 43-53 (dü) [Baumstark 158[3]]

Johannes von Bīrtā Mēmrā über die Entschlafung Mariens **5** 100-125 (T/lü) [Baumstark 191[2]]

Johannes Chrysostomos:

Mēmrā über die Passionswoche **51** 84-96 (T/dü)

Mēmrā für den Karfreitag **3** 106-125 (T/lü) [Baumstark 81[4]]

Johannes von Damaskos, Jambischer Pfingstkanon **36** 210-223 (T/dü) [Baumstark 337[4]]

Joseph, Sohn des Ǧamāl ad-Dīn (Gemdānī) [Baumstark 335[13], Macuch 99f.]:

Neusyrische Übersetzung des Gedichtes über die Kindheit des Herrn von Gīwargīs Wardā **8** 405-415 (dü)

Neusyrisches Gedicht über den Heilsplan **8** 415-430 (dü)

Neusyrische Hymne **8** 431-452 (dü)

Kirchengeschichte, nestorianisches Fragment **1** 82-97 (T/lü) [Baumstark 107[3]]

Kyrillos von Jerusalem, Idiomela der Karfreitagshoren **25/6** 236-247 (T/dü)

Liturgische Texte:

Anaphora der Zwölf Apostel **34** 214-237 (T/dü) [Baumstark 267[4]]

Anaphora des hl. Athanasios **2** 96-129 (T/lü)
  [Baumstark 301[6]]
Anaphora des hl. Kyriakos **5** 178-197 (T/lü)
  [Baumstark 271[2]]
Anaphora-Fragmente, ostsyrische **20/2** 102-119
  (T/lü)
Byzantinische Troparia und Kontakia in syro-
  melchitischer Überlieferung **27** 192-201 **28**
  44-59 **30** 72-85 164-179 (T/dü)
Zwei Festgebete des byzantinischen Ritus **36** 60-
  67 (T/dü)
Allerheiligenlitanei, melchitische **4** 116-119
  (T/lü)
Zwei syrische Weihnachtslieder **9** 198-203 (T/lü)
  [Baumstark 304[1]]
Ritus der Bekleidung mit dem ledernen
  Mönchsschema **12** 224-233 (T/dü) [Baumstark
  283f.[1]]
ʿEnyānē ("Responsorien") **27** 20-55 (T/dü) [Baum-
  stark 244[7]]
Ostsyrische Tisch- und Abendmahlsgebete **24** 76-
  93 (T/dü)
Ostsyrisches Hymnarium (Fragment) **57** 74f.
  (T/eü)
Ostsyrische liturgische Fragmente aus der Kai-
  roer Geniza **68** 65-79 (T/eü)
Ostsyrische Paradigmengebete **18/9** 20-32 (lü)
Mariologie: Kapitel, welches zeigt, daß Maria
  Gottesgebärerin ist **2** 50-57 (T/lü)
Mārūtā von Maipherqaṭ, Turgāmā über den Weißen
  Sonntag **3** 396-415 (T/lü) [Baumstark 54[7]]
Mārūtā von Tagrit, Homilie über die Wasserweihe
  an Epiphanie **66** 55-70 (T/eü) [Baumstark 245[3]]
Narsai, Drei Begräbnisgesänge **20/2** 4-29 (T/dü)
  [Baumstark 111[4]]
Nestorios, jakobitische "Vita" **1** 278-287 (T/lü)
  Baumstark 117[11]]
Oden Salomos (Nr. 17, 22, 24, 42) **62** 60-70 (dü)
  [Baumstark 16f.]

XII. Türkisch:

Sachregister

Abā s. Mar Abā
Abas, albanischer Kath. **10** 64-66
Abbā Salāmā (=Frumentios) **68** 114-164
Abbas der Große, persischer Schah **55** 182f.
ʿAbdallāh ibn al-Faḍl **20/2** 71-75 **27** 117 **64** 210
ʿAbdallāh ibn aṭ-Ṭaiyib, Abu'l-Faraǧ
  Bibelkommentare **35** 51 66 189f. **53** 263f.
  philos. Werke **48** 108f. **60** 205-207
  theol. Werke **27** 118 **33** 216
  Recht der Christenheit **1** 111f. 116 127f. **55**
    227-229 **68** 94
  Über die Wissenschaft und das Wunder **27** 118
  s.a. Diatessaron, arab. Version
ʿAbdallāh Qara'lī **68** 107
ʿAbd al-Masiḥ ibn Nāʿima ibn ʿAbdallāh **2** 188f.
ʿAḇdīšōʿ, chald. Patr. (1555-1570) **1** 386 **4** 264
  43 119
ʿAḇdīšōʿ bar Bahrīz: Liturgieerklärung **52** 58f.
  Rechtsbuch **55** 226-232 **59** 57 **69** 54 60 62f.
ʿAḇdīšōʿ bar Brīkā (Ebedjesus von Nisibis)
  Buch der Perle **33** 101 (Hs.) **35** 187
  Nomokanon **1** 109f. 127f. **68** 95
  Ordo iudiciorum **1** 109 **68** 95-104 111-113
  Sonstige Werke **33** 101
Aberkios von Hierapolis **4** 278-307
Abfall vom Glauben **7** 3-11
Abgar Akten **10** 243-253   Legende **52** 57f.
Abḥai, hl. **13** 18-25
Abiram, westsyr. Gegenpatr. **48** 295f. **52** 88
Abraham (AT) **6** 44-69
Abraham bar Dašandad **29** 183f.
Abraham Ecchellensis **67** 123-143
Abraham von Kaškar **51** 114 **52** 48

Abraham von Natpar **51** 115 123
Abraham von Zābē **1** 61-63
Abramios, Mönch **34** 48f.
Abtreibung **6** 171
Abū ʿAlī s. ʿĪsā ibn Isḥāq ibn Zurʿa
Abu Gosch, O. **9** 81f.
Abū Ḥalīm s. Elias III. Abū Ḥalīm
Abuʾl-Barakāt Šams ar-Riʾāsa ibn Kabar **1** 104f.
  240-275 **2** 312-343 **12** 157f. **27** 118 **28** 246-
  251 **30** 133-143 **38** 89 **47** 119
Abuʾl-Ḫair ar-Rašīd ibn aṭ-Ṭaiyib **27** 118 **30** 134-
  141
Abū ʿĪsā Muḥammad ibn Harūn ibn al-Warrāq **38** 143
Abū Isḥāq ibn Faḍlallāh **1** 105
Abū Rāʾiṭa s. Ḥabīb ibn Ḥidma
Abū Saʿd Manṣūr ibn al-Ḥusain al-Ābī **69** 82-125
Abū Saʿīd Manṣūr ibn ʿĪsā **69** 168ff.
Abū Šākir ibn Buṭrus ar-Rāhib s. an-Nusūʾ
el-ʿAbūd, O. in Palästina **30** 155-159
Abuna **23** 58-60 **32** 54f.
Abūqīr, O. bei Alexandreia **48** 165 178f.
Adamapokalypse **48** 44-49
Addai, Jünger Jesu **1** 385 s.a. Lehre der Apostel
Addai und Mari, Anaphora **29** 32-48 **41** 102-124
Adisch-Evangelium s. Reg. "Handschriften": Mestia
Adrnerse, Hypatos (Georg.) **44** 114-127 **45** 70
Adulis-Inschrift **14** 305-313
Ägidius von Viterbo **54** 125 129
Ägypten, christl. **13** 175-181 **27** 255 **28** 272f.
  40 120 **44** 137-139 **61** 155f.
  Hl. Familie in Ä. **24** 335
  Ostsyrer in Ä. **51** 112-122 **68** 62
  s.a. Koptisch(e/s) ...
Ägypterevangelium **57** 80 82 91f.**60** 203f.
Ägyptische Kirchenordnung **1** 105-107 117-120 137
  12 347-353 **17** 142-151
Aetheria, Pilgerin **9** 32-76 **31** 116-122
Äthiopien **14** 282-313 **39** 143 **41** 148f. **48** 221-
  234 **49** 150-154 **57** 166f. **65** 137-147 229-231

bet, anaphorisches; Liturgie sowie die Perso-
nen, nach denen die Anaphoren benannt sind
Anaphorensammlungen (Hss.)
  griech.-maronit.-äthiop.-armen. **54** 127
  kopt. **23** 174 **24** 379f. **41** 67-75 **42** 44-54 **43**
    76-95
  maronit. **4** 191f. **18/9** 154-156
  melchit. (syr.-arab.) **5** 329
  ostsyr. **5** 329
  westsyr. **5** 322 325f. **9** 108-114 **18/9** 154-157
    55 149 151-159
Anastasios, Mönch **2** 58-89
Anastasios Sinaites **2** 60 **3** 56-90 **8** 309 **14** 140
  25/6 112 **41** 55-57
Andreas, Apostel **2** 131f. **44** 145
Andreas von Jerusalem **24** 160f.
Andreas von Kaisareia **50** 1
Andreas von Samosata **1** 179-181 **41** 51-64
Ani, O. **52** 196
Anjoor s. Thozhiyoor
Anthropologie: Babai der Gr. **44** 48-74   Ephräm
  der Syrer **58** 80ff. Gregor von Nyssa **45** 141f.
Antiocheia **40** 115 **51** 199
  Bibliothek im Altertum **4** 153
  Juden in A. **49** 59f.
  liturgische Bräuche **56** 192f. 198
  Patriarchat **59** 172
  Synoden **1** 87 89 **2** 274 **66** 7
Antiphonarium, kopt. **57** 184f.
  A. Officii **33** 163-187 **36** 14-18
Anton I., georg. Kath. **37** 93
Antonios d. Gr. **10** 318f. **40** 147 **56** 219
Antonios von Tagrit **11** 132 **31** 13-22
Aphtardoketen **8** 358f.
Apokalypsen: Adamapokalypse **48** 44-49
  Buch der Geheimnisse des Himmels und der
    Erde (äthiop.) **4** 398-405 **5** 163f. **9** 343-345
  Geheime Offenbarung im Bibelkanon **23** 256-258
  A. des Ps.-Methodios **67** 47-64
  Petrusapokalypse **4** 398-405

Apokryphen: maronit. Liste **33** 225f.
   in altslawischen Versionen **63** 217-220 **68** 229f.
   Gespräche Jesu mit seinen Jüngern **18/9** 170-173
   s.a. Apostelakten; Evangelien; Joseph von Ari-
   mathäa; Pilatusakten-, Theklaakten; Transitus
   Mariae
Apollinaris von Laodikeia **2** 354-357 **40** 107 **60**
   209f. **64** 115-119
Apollinaristen **8** 349-352 **52** 128
Apologetische (polemische) Literatur
   Byzantiner **8** 294 337-372 **36** 168ff. **40** 78-93
   Kopten **30** 136-141   Maroniten **33** 227-231
   Melchiten **5** 126-161 **9** 242f. **62** 149-155
   Ostsyrer **1** 174 **27** 114f. 117f. **30** 62f.
   Westsyrer **4** 28-97 **24** 174 **27** 116f. **30** 95-97
      49 68 **64** 166-169 **66** 4-14
   s.a. Islam; Judentum; Religionsdisputationen
Apophthegmata Patrum **25/6** 114 **48** 235-238 **51** 199
   54 96-105 **58** 42
Apostel, Anaphora **4** 191-193 **29** 32 **34** 213-247
   45 20-29 **48** 117 119-124 **65** 127 129 133 **66** 120
Apostelakten, armenische **1** 168-170
   s.a. Johannes-, Paulus-, Petrus-, Petrus- und
   Paulus-, Philippus-, Thomasakten
Apostelkollegium **8** 231
Apostelsynoden (kirchenrechtl. Texte) **1** 109-116
   127-131 **52** 59
Apostelverzeichnisse **4** 402-405
Apostolische Kanones s. Kanones der Apostel
Apostolische Kirchenordnung **1** 102 107 **2** 398-408
   17 142-152 **63** 37-40
Apostolische Konstitutionen **7** 388f. **30** 209 **63**
   140f. **63** 138 140f. **65** 43
   Paralleltext zum 8. Buch **1** 98-137 **11** 74-78
   Liturgie des 8. Buches **2** 93f. **4** 405-408 **7**
      390-407 **34** 245 **45** 26f. **46** 35 41-59 **47** 17-
      50 **48** 219f. **49** 19 23f. 31-33
Apostolische Überlieferung s. Hippolyt

kopt. **13** 134f. 139
melchit. (griech.-arab.) **18/9** 158-160
ostsyr. **29** 182   **33** 98
westsyr. **5** 323   **9** 288
Begräbnis
  "Binde der Rechtfertigung", "Totenpaß" **35** 81
  Cathedra **28** 262f.
  Grabanlagen **1** 184   **30** 154   **34** 29-31
  Grabinschriften
    Epitaph des Amachis **29** 303-316
    für Orientalen in Rom **30** 161-163   **32** 52-54
    kopt. **4** 112   türkische **32** 225
  Grabtücher, kopt. **15/6** 128-130
  bei den Kopten **50** 151
  Totengedächtnistage **28** 263f.
  Totensalbung **35** 60f.
  Vorschriften, kopt. **8** 211
  s.a. Narsai, Begräbnisgesänge; Sterbegebete
Beichte
  bei den Kopten **24** 333   **43** 108   **48** 204
  Beichthandbücher
    kopt. **6** 70-237   **7** 1-135   **8** 110-229 ("Geistli-
      che Arznei")   **32** 100-123
    westsyr. **10** 324-326
  Bußkanones **5** 328   **32** 108-119
  Lossprechungsformel **44** 108f.
  Sündenbekenntnis über den Weihrauch **43** 108f.
Beirut **9** 356   Rechtsschule **57** 131
"Bekenntnis der Väter" s. Florilegien
Benjamin I., kopt. Patr. **10** 269
Bermudes, Johannes **23** 63-66   **32** 59
Bernd, Franziskanerbruder, Pilger **40** 124-126
Beschneidung **20/2** 213f.   **24** 333   **35** 65   **49** 72-77
  64 201
Bessarion, Kardinal **14** 215f. **17** 20-23   **48** 30 34 40
Bēṯ Lāp̄aṭ, Synode **11** 80f.   **59** 115
Bethanien **5** 264f.   **6** 281-283
Bethlehem **6** 243 291-293   **9** 357-359   **23** 181-184
  31 268-271   **35** 224-238   **56** 233

Paulusbriefe **55** 166-181   **56** 150-163   **57** 31-
56   **58** 1-38   **59** 1-18   **60** 1-23   **61** 3-19

Katholische Briefe **49** 1-17   **50** 37-45

Geheime Offenbarung **50** 1-12   **51** 13-20   **52**
1-15

Armenismen und Syriazismen **41** 32f.   **43** 21-23
46 19-24   **49** 51-56   **51** 61-65   **52** 16-21   **53**
2ff. 109

griech. **1** 303-309   **9** 1-19 **10** 1-47   **20/2** 180-182
23 158-169 319-333   **24** 146-159   **30** 223-225
31 55-66   **32** 139-160   **38** 118

Bibelzitate in Übersetzungen aus dem Syri-
schen **40** 71-76   **41** 99-101

"Caesareensischer" Text **25/6** 120-123   **33**
245f. 250-252

Koridethi-Evangelium **38** 118

Hexapla **1** 301-305   **25/6** 201f. 230f.   **48** 18-22

kopt. **10** 1-47   **11** 345f.   **13** 1-9 138-140   **23** 192

latein. **23** 207   **27** 1-14   **27** 165-174   **27** 244f.
28 163-181   **30** 2-11 213f.   **31** 49-54   **31** 170
31 227   **32** 138-160 384

persischer: Pehlewi **11** 328f.

neupersischer **13** 329f. **31** 187

soghdischer **11** 329   **12** 123-128   **33** 156-162

syr. **3** 552-555   **6** 452-461   **10** 348-350   **30** 2-11
31 167-188   **53** 1-88   **54** 1-75   **54** 1-75   **55** 1-
61 166-181   **56** 150-163   **62** 22f.

Peschitta **3** 244f. 552-555   **6** 452-461   **15/6**
153-155   **20/2** 189-213   **27** 244f.   **29** 1-15
30 212f. 218 223 226f.   **32** 201-224   **33** 153-
162 252-254   **38** 1-10   **51** 51   **53** 1-88   **57**
31-54   **58** 1-38   **59** 1-18   **60** 1-23   **61** 3-19
67 32-34

Hss.: **55** 161-163   **56** 164f. 213   **57** 57-60

Vetus Syra **10** 348-350   **18/9** 19   **29** 9-15   **33**
13-25 153-156   **38** 3 6-10   **53** 1-87   **54** 1-75
57 59f.   **64** 32-35

Syr. Massora **3** 175   **10** 122f.

Übersetzung des: Jakob von Edessa **2** 409-420
Mār Ab̲ā **1** 338 **2** 457 **9** 1f. 16
Paulos von Tella (Syro-Hexapla) **1** 301-305
2 452 454 **23** 158-169 **48** 18-22 **55** 166-
181 **56** 49-58 **60** 188 **67** 40f.
Polykarp (Philoxeniana) **30** 223f. **51** 1-13
20-28
Rabbula **30** 222f. **33** 23-25 **38** 1-5
Thomas von Ḥarqel **23** 191f. **33** 116 237 244
55 166-181 **56** 150-163 **58** 1ff. **64** 36-47
Bibelzitate in syr. Originalliteratur **2** 37-39
(Afrahaṭ) **39** 50-54 (Ephräm)
Bibelzitate in der syr. Übersetzungsliteratur
30 208-225 **33** 1-25 **61** 93
türkischer **32** 225 228-238 **33** 96f.
s.a. Diatessaron; Targum
Bibliographien
äthiop. **67** 228   georg. **55** 242 **67** 228f.
armen. **55** 242   syr. **64** 223
Liturgie **47** 150
s.a. unten Register "Literaturberichte"
Bibliotheken
orient. des 5./7. Jhdts. **4** 151-163
der armen. Unitoren **42** 13343 118
Biblioteca Vaticana, Personal **29** 269 271-276
Edschmiadzin **53** 115
Katharinenkloster, Sinai **52** 147f.
Weißes Kloster in Ägypten **60** 226
s.a. unten Register "Zitierte Handschriften"
Bilderstreit **12** 137 **20/2** 151-161 **63** 207-209
Bilderverehrung **8** 372-374 **62** 77-97
al-Bīrūnī **32** 27 29 31 **33** 44 **38** 89
Bischofskollegium **8** 232
Bišr ibn as-Sirrī **64** 203-206 **69** 132
Biwzandac'i, Norair **69** 194-209
Bogomilen **8** 285-290 320-322
Bolnisi, O. (Sionskirche) **45** 72f.
Bonitus von Neapel **10** 248-253 270-272 **11** 135-137
Borgia, Stefano, Kardinal († 1804) **37** 120

Bosra, O. in Syrien **35** 126-129
Breithauskirche **59** 159-164
Brevier: latein. **66** 75 82   nestor. **57** 74-78
 chald. (Ed. Bedjan) **2** 215 **4** 205f. **18/9** 147f.
  28 244-246 **30** 38-58 **46** 130 **57** 74-78
 maronit. **42** 105-109 **46** 129 **48** 62-65 **51** 102
  58 193-195
 westsyr. **11** 83
 s.a. Stundengebet
Brief, vom Himmer gefallener B. Christi **38** 128
Brkišoʻ, armen. Kath. **70** 151-154
Brotstempel (Hostienstempel) **12** 85-87 **29** 107-110
 34 258f. **63** 163-176
"Buch der Gesetze der Länder" **20/2** 130-133
Buchdruck
 äthiop. **23** 49f. **32**   kopt. **38** 140
  43-50 **34** 64f.   melchit. **25/6** 295f.
 armen. **46** 109f. 112   syr. **18/9** 147-150
  60 194f. **62** 1   **25/6** 279f. **56** 112f.
 georg. **37** 25f.
 s.a. Bibeldrucke
Buchmalerei
 altspanische **23** 187-189   bulgarische **27** 262
 serbische **5** 296f. 311-317 **24** 197
 spätantike und frühchristliche **4** 424 **13** 170-172
  31 99-104 **35** 1-38 **63** 224-226
 s.a. Äthiop., Armen., Byzant., Georg., Syr.,
 Kopt. Kunst
Buddhafigur **1** 165-167
Buddhismus, Einfluß auf Christentum **20/2** 138-140
 42 156 **49** 145 **52** 168 **63** 59f.
Bukowina **56** 169-183
Bulgarien **10** 351-354 **12** 164-169 **14** 191f. **27**
 260-264
"Bund der Erbarmung", Hoheslied (äthiop. Lit.) **35**
 71-107 192-213 **36** 68-73
Bundeslade **52** 197f.
Bundessöhne **31** 192-194
Buṭrus as-Sadamantī **24** 168 **30** 143

Rede gegen Bardaiṣan **60** 24-68
Rede über das zukünftige Leben **66** 75f.
Rede über Unseren Herrn **60** 25 **66** 75 **65** 6-8
Selbstanklagen (griech.) **41** 97-101
Übersetzungen ins Georgische **27** 80-85
Epiklese **34** 71 244 **37** 104 **40** 53-68 **41** 103 **43**
63-65 **48** 124-126 **58** 143 **60** 137-147 **63** 160-
162 **65** 57 Geistepiklese **69** 33-53
Epikur **5** 14f. 25
Epiphanie **23** 4f. 310-312 **31** 117f.
Vigil **51** 67f. Wasserweihe **66** 51-74
Epiphanios von Ḫandzt'a **41** 91f.
Epiphanios von Zypern (Salamis)
Anaphora (äthiop.) **23** 98-142
Ankyrōtos, Glaubensbekenntnis **61** 27-33 38-40
63 103 130 137ff. **65** 41ff.
Hexaëmeron **18/9** 91-145 Homilien **52** 123
Panarion **54** 113 118f. **57** 79f. 87 94f.
Über die Maße und Gewichte (georg.) **58** 42
Über die zwölf Edelsteine **63** 103-107
georg. Übersetzungen **27** 85f.
Episcopalis audientia **53** 241 **59** 48f.
Eqrōr, O. im Iraq **50** 21
Erblichkeit von kirchlichen Ämtern **4** 261 274
Erbrecht **12** 103 **14** 133 **41** 138f. **59** 19-35 53-56
69 55-72
Erbsünde **46** 77f. 81-84 **47** 102
Esayi s. Isaias
Esel (Kult, eselsköpfige Gottheiten) **57** 88-120
Esṭranglā (syr. Schrift) **67** 210 **70** 53f. 56
Ἐτήσιος εὐχαριστία **20/2** 151-161
Euagrios Pontikos **14** 260-265 **29** 203-228 **31** 125
39 135f. **46** 82 **63** 43-47 50f. 55 58 **64** 65-81
Euchaïta, O. bei Amasia **10** 83-106 240-280
Eucharistie
Aufbewahrung **37** 113f.
Lehre: byzant. **8** 377f. **42** 87-91 **58** 138-140
Ephräm der Syrer **38** 41-67 **40** 35f. **42** 31-34
60 132-150 **63** 205-207

Brief an Karpianos **57** 58
Evangelienfragen **1** 378-382   **2** 159 168 364-368
   20/2 30-70   **23** 80-97 284-292   **24** 57-69
Kirchengeschichte **1** 188f.   **2** 159   **14** 67-69
   18/9 56f. 60-68   **23** 23-48 223-241   **24** 33-56
   331f.   **30** 219 221   **33** 1f.   **52** 48f.
Theophanie **30** 221-223   **33** 1-25   **34** 172f.   **38** 6
Eusebios von Nikomedeia **1** 85-89
Eustathios von Ant. **1** 85-87   **51** 72f.   **66** 189-214
   Anaphora **39** 33f.
Eustathios von Perrhe **2** 271-275 280f.
Eustathios von Sebaste **1** 91
Eustathios von Thessalonike **45** 155f.
Eustratios von Durazzo **58** 139
Euthalios **68** 170-195
Euthymios, hl. Mönch in Palästina **31** 221f.   **34**
   31-35   **34** 192-194 212
Euthymios Mtacmindeli **6** 308   **11** 4   **37** 93   **38** 113-
   124   **50** 1
Eutyches **47** 144f.
Eutychios, melchit. Patr. von Alex. (Saʿīd b.
   Batrīq): Annalen **59** 165-168   **65** 62-86
   Buch des Beweises   **9** 227-244   **10** 136f.   **12** 105
      30 227f.
Evangeliar s. Lektionar
Evangelien: außerkanonische **14** 49-64
   "Evangelium der Wahrheit" **44** 142f.
   s.a. Bibel; Ägypter-, Hebräer-, Kindheits-,
   Petrus-, Philippusevangelium, Protoevangelium
   des Johannes
Evangelienharmonie: Ibn aṣ-Ṣuqāʿī **64** 210f. 215
   s.a. Diatessaron
Evangelische Kirchen im Orient
   Alexandreia **48** 177f.   s.a. Mission
Evangelisten, Symbole s. Ikonographie
Exorzismus **4** 103-115 120
Ezānā, äthiop. König **14** 282-305   **68** 114 158-164
Ezechiel, ostsyr. Kath., Kanones **11** 242f.
Eznik von Kolb, Auslegung von Mt. 18,10b **59** 134

Gerichtsbarkeit der orient. Kirchen **53** 241 **59**
47-59 **68** 91-100
Germanos Ādam, melchit. Metr. **12** 315-328
Geschichtsschreibung
äthiop. **52** 125 **63** 209-214 **65** 137f. **68** 115-
165 **70** 188-191 218f.
"Kurze Chronik" **35** 97 **65** 138-147 **66** 144-188
68 115 128 130 132 163 165
armen.
anonyme Chronik **40** 107
s.a. Gregor der Priester; Matthaios von Edes-
sa, Michael der Syrer, Chronik; Moses von
Dasḫuran (Kalankatuaci)
georg.
"Bekehrung Georgiens" (Kartlis Mokceva) **44**
119 **25/6** 296
Džuanšer **44** 115-118 120f.
"Leben Georgiens" (Kartlis cḫovreba) **44** 115f.
Leonti Mroveli **39** 63 **44** 123f.
Sumbat Dvitisdze **44** 119
griech.
Chronicon Paschale **1** 183 **14** 240-246
kopt.(-arab.) **60** 213f.
s.a. Jūsāb von Fūwah; an-Nušū' abū Šākir ibn
Buṭrus ar-Rāhib; Severos ibn al-Muqaffā'
maronit.
Chronicon Maroniticum (Chronica Minora II) **23**
240 **24** 49-55
melchit.-arab. s. Agapios von Manbiğ
ostsyr. **52** 48-50 52
Chronik von Arbela **50** 19-36 **52** 49 **67** 210f.
Chronik von Seert **9** 340-343 **13** 264f. **52** 60-
74 **54** 76-95 **55** 210-213
Fragment einer Kirchengeschichte **1** 80-97
s.a. 'Amr ibn Mattā; Daniel bar Maryam; Elias
bar Šīnāyā; Mārī ibn Sulaimān
westsyr.
Chronicon ad a. 846 pertinens (Chronica Mino-
ra II) **13** 28 **23** 240f. **24** 51-53

Beischriften **28** 95f. **34** 276 **50** 73-75

H.-Funde bei Jericho im Altertum **1** 305-307

Kataloge **28** 90-96 (syr.) **37** 92 94-96 (georg.)

Kolophone, armen. **55** 240f.

Schreiber, ostsyr. **68** 222-224 s.a. Šekwānā

Schreiberfehler in griech. H. **7** 371-385

Specimina orient. H. **9** 144 **12** 152-158

Tachygraphie (griech.) **4** 341-345

s.a. Bibliotheken; Buchmalerei; Paläographie;
Register "Handschriften"

Handelsreisende, armen. **66** 245-247

Ḫanmeti-Texte (georg.) **24** 212 **37** 26 **40** 16 **42**
154 **53** 109 s.a. Bibeltext, georg.

Hanūn ibn Yūḥannā ibn aṣ-Ṣalt **32** 273

Harar **65** 229-231

Ḥārit̲ s.a. Arethas

al-Ḥārit̲ ibn Sinān ibn Sanbāṭ **2** 358f. **30** 142 **64**
206-210

Ḥārit̲ ibn Nu'mān **4** 62f. **31** 165f.

Harpokrates **9** 88-102

Hārūn ar-Rašīd, Kalif **1** 142f 149f.

Hasankeph, O. in der Türkei **57** 190 **70** 47f.

Hauran (es-Sanamēn) **5** 222

Hawarim, O. in Syrien **24** 241

Hebräerevangelium **32** 247 **33** 21 **34** 172 **37** 6 **36**
21 35f.

Hebraistik **15/6** 180-183 **32** 147f.

Hebron

Ausgrabungen **23** 333-351 **24** 360-379 **30** 200 **43**
146-148   Reisebericht **6** 295-297

Heilige: als Fürsprecher **4** 107-110

griech.-orth. H. **54** 230-266

in therapeutischer Funktion **64** 216-222

s.a. Ikonographie

Heilige Drei Könige s. Magier

Heilige Familie in Ägypten **24** 335f. **35** 197

Heiligenkalender (Martyrologium, Synaxarion)

äthiop. (Senkessār) **4** 433-435 **6** 75-77 **9** 345-
347 **68** 115-119 127-134

altspanischer (mozarabischer) **32** 14-32
antiochenischer **33** 44
armen. **9** 347-349 **38** 90 **53** 222-226
georg. **38** 87-89 **53** 221-226
griech.-byzant. **23** 67-79 **38** 72-87 91-94 **47**
   114
Jerusalemer **32** 17f. 28
kopt. **12** 157f. **38** 90
   kopt.-arab. **4** 432-437 **6** 73-77 **12** 156f. **13**
   134f. **38** 89 94f.
maronit. **1** 314-319 **38** 90
melchit.-syr. **25/6** 8f. 18-36
ostsyr. **38** 90 **57** 61
westsyr. **5** 329 **8** 311-314 **12** 155f. **32** 16-32
   38 69-87
bei al-Birūnī **33** 44
Martyrologium Hieronymianum **29** 147-152
Heiliger Geist: Geist-Epiklese **69** 33-53
   im armen. Glaubensbekenntnis **65** 40-60
   s.a. Gotteslehre; Trinitätslehre
Heiliges Land s. Palästina
Heirmos
   griech.**3** 416-510 **27** 19ff. **41** 85-87 92f.
   georg. **41** 80 92f.   syr. **27** 19-55
Heirmologion
   georg. **41** 85f.   griech.-byzant. **42** 143f.
Helena, Mutter Konstantins **12** 85-87
Henochbuch, äthiop. **5** 166 169 **69** 184-193
Herakleios, byzant. Kaiser **65** 77-80
Hermas, Hirt des H. **11** 330f.
Herodes **18/9** 37-43
Ḥesnpaṭrīq, O. **70** 38-49
Hesychasten **11** 146f. **52** 140
Hesychios von Jerusalem **27** 232f.**67** 222
Heuschrecken (Speise Johannes' des Täufers) **54**
   113-124
Hexapla s. Bibeltext, griech. und syr.
Hibatallāh ibn al-ʿAssāl, al-Asʿad abuʾl-Faraǧ **35** 47
   51 67-69 121 **64** 212f. **68** 97

Jakobusliturgie
  griech. **1** 171f. **2** 92f. 348f. **3** 216-219 **5** 179
    24 4f. **29** 39 41 **33** 3 **41** 142-144 **42** 59f.
    72f. 136f. **46** 35 38-59 **47** 17-51 **49** 19-36
    50 14-18 **63** 160 **66** 118
  äthiop. **12** 1-23   armen. **15/6** 1-32
  georg. **27** 234   kopt. **43** 82-85
  maronit. **4** 191f.
  westsyr. **23** 353f. **34** 2 **42** 59f. **46** 38 44 52
    47 41 **49** 29 31 **55** 149 151-157 (Hs.) **63**
    160-162 **65** 57f.
    "kleinere" Anaphora **41** 142 -144 **55** 149 157-
      159 (Hs.)
      in türkischer Übersetzung **24** 162 **32** 226f.
        33 234
Jared, hl. (äthiop.) **9** 223f. **17** 81f. **35** 198f.
Jericho **6** 283
Jerusalem
  Anastasis-Rotunde **5** 229-234 246-250 255-258
  Äthiopier s. Register "Handschriften"
  Armenier **55** 218 239f.
    s.a. Register "Handschriften"
  Bauten in frühchristlicher Zeit **5** 229-258 285
    6 245-279 **9** 45-51 64-67 272-285 **14** 179-190
    23 175-178 **25/6** 300-302
  Bibliothek im 5.-7. Jh. **4** 150-153
  Chaldäer **51** 129
  Darstellung, künstlerische, von Sakralbauten **12**
    64-75
  Ecole Biblique **9** 314-316 **10** 336-338 **11** 334-
    336
  Eleona-Basilika (Ölberg) **5** 263ff. **9** 119-134
    316-321
  Georgier **51**125f.
  Geschichte **24** 174
    Eroberung durch die Perser **65** 75-77 82f.
  Gethsemani, Kirche **5** 267ff. **6** 277-279
  Görres-Gesellschaft, wissenschaftliche Station
    (wiss. Institut) **9** 116-119 **10** 333-336 **11**

Sachregister

Ostsyrisches Mönchtum **31** 189-207 **51** 113-115 118-
120 124 127f. **52** 47f.

Pachomios **32** 268-272 **61** 152f.

Paläographie
äthiop. **53** 117f.   griech. **34** 209f. **66** 122 124
arab. **24** 97-99   kopt. **10** 3-6 17-20
armen. **9** 144   syr. **68** 61
georg. **49** 117-130   Specimina **12** 152f.

Palästina (Heiliges Land) **2** 469 474-477 **6** 238-
299 **10** 333 **11** 333 **18/9** 178-187 **24** 202-204
32 60-74 **35** 123f. **43** 145f.
s.a. Archäologie; Jerusalem; Pilgerberichte

Palladios **2** 437 **30** 187 **34** 43f. **51** 115 **69** 87

Palmsonntag **12** 43f. 48-50

Palmyra **1** 183f. **34** 126f.

Pandekten: georg. liturgisches Buch **27** 242
syr. Bibelhandschrift **5** 162

Pāpā, Metropolit von Seleukeia-Ktesiphon **52** 54-56

Papias von Hierapolis **2** 352-357

Papsttum
Finanzhilfe für den Orient **4** 184-187 **53** 214
Gesandtschaften nach Byzanz **35** 53 **36** 119f.
in der Sicht der Ostkirchen **8** 236 s.a. Primat

Paradigmengebete **18/9** 1ff. **24** 73f. **30** 146-151

Paragraphenzeichen **39** 149 **48** 77f.

Pascha (Fest) **42** 20-33

Paschabücher, kopt. **36** 74-100 **47** 118-128 **49** 90-
115 **50** 72-130

Patriarch **45** 59-61 s.a. Katholikos

Patrologia Orientalis **3** 511-513 **50** 135

Patrologia Syriaca **3** 511f.

Paulikianer **8** 283-285 289 **63** 141f. 150f. 156

Paulinos von Antiocheia **1** 93

Paulus, Apostel **1** 319
Paulusakten **34** 122-126
Paulusbriefe, Prologe **60** 162-171
s.a. Petrus- und Paulusakten

Qaryatain, O. in Syrien **24** 239-241   **25/6** 59
  s.a. Westsyr. Klöster: Mar Julian
Qaṣla (arab.) **38** 133-139
Qaṣr mšatta **35** 125f.
Qēnē (äthiop. Dichtung) **46** 144f.
Qērellos (äthiop. Lit.) **51** 130ff.   **52** 122-134   **53**
  113-158   **61** 20-38   **64** 109-135   **66** 242-244
  Datierung **52** 122-130
Qṙnay, O. in Armenien **40** 94-112   **42** 110-133
Qumrān-Schriften **43** 58 150f.   **44** 140f.
Qūnē von Edessa **38** 7

Rabbula **1** 179f   **9** 331   **41** 35-48 51   **44** 40-45
  Biographie **44** 40-45
  Revision des syr. Bibeltextes **29** 8   **33** 23-25
    38 1-5
Rabbula-Evangeliar s. Register "Handschriften",
  Florenz
Rassām, H. **48** 224-226   Christian **64** 94
Rati Orbeli (Georgier des 10./11. Jh.) **41** 92
Ravenna (Kunst) **3** 184-186 521-525   **4** 425-428   **13**
  83-110   **15/6** 157-160   **33** 51
Rāzā (Begriff) **38** 46-48   **42** 19-40   **62** 30-35
ar-Rāzī, Faḫr ad-Dīn **30** 135 137 139 237
Rechtsliteratur (Zivil- und Kirchenrecht)
  Äthiopier
    Kodifizierung des weltlichen Rechts **48** 126-
      134   s.a. Fetha Nagast; Sēnodos
  Armenier: Kanonbuch **58** 196
    Übersetzung aus dem Latein. **42** 113
  Kopten: Bußkanones **32** 100-123
    Kanones **58** 196
      s.a. Kyrillos ibn Laqlaq; Makarios; Michael
      von Atrīb
    Nomokanon s. Michael von Damiette; aṣ-Ṣafī
      ibn al-ʿAssāl
  Maroniten s. ʿAbdallāh Qaraʾalī; Kitāb al-Hudā
  Melchiten **1** 114 **12** 103 328   **13** 294 297-300
    304f.   **14** 126 133

Sachregister

Abū Isḥāq ibn al-ʿAssāl **10** 205-226
Schulen im Orient s. Lehranstalten
Schuschanik, georg. Hl. **39** 63
Schwarzer Berg bei Antiocheia **49** 116 **51** 199-210
Scialac s. Naṣrallāh Šalaq
Sebaste - Samaria **35** 129-131
Segnungen, kopt. Texte **43** 100-102
Ṣeharbo_kt **67** 46f. 59f.
Sekundos von Akkon **1** 85
Seleukeia (Isaurien), Synode **1** 91
Seleukeia-Ktesiphon **27** 99-106 **53** 229-235
Senkessar s. Heiligenkalender, äthiop.
Senodos (äthiop. Rechtssammlung) **1** 104f. 115 128
  131 **5** 170-173 **32** 57 **65** 104 106 127
Sententiae Syriacae ("Gesetze der christlichen
  und siegreichen Könige") **55** 225 **59** 57 189
Scrapion von Tmuis **47** 41f. **48** 50-56
Serbien, Geschichte **50** 146   Kunst **60** 220-223
Serbisch-orthodoxe Kirche, Lage **48** 282-284
Sergios s.a. Sargis
Sergios von Kyrrhos **2** 271-275 278-280 **66** 116
Sergios von Rēš'ainā **2** 190 **10** 124 **59** 122 **62** 44
  48
Sermo asceticus **47** 71f.
Seth (Gnosis) **48** 44-46 49 **57** 85-120
Seuchen **30** 35f. 53f.
Severianos von Gabala **30** 189f. **51** 135 **52** 123
  63 84 **64** 131
Severos von Antiocheia **4** 76-81 406-408 **23** 95 **37**
  132-134 **50** 65f. **56** 203-205 **66** 6 114f.
  Anaphora **36** 248-251 **42** 66 **43** 84-91
  Briefe **2** 157 **11** 32-58 **12** 59-63 **47** 117
  Homilien **2** 156-158 265-271 **13** 332-334 **31** 112
    66 51f.
  Kirchengesangbuch **9** 332f. **11** 87-93 96f. 283
    33 185f. **36** 205f. **47** 116 **50** 64 **58** 49
Severos von Edessa **2** 166-168 **29** 69
Severos ibn al-Muqaffaʿ von Ašmunain **12** 105
  Buch der Darlegung **61** 78-85

111-131   **27** 253-255   **30** 201-208   **32** 164-168
33 105   **35** 126-131   **36** 161-167
  Buchmalerei **1** 343-355   **2** 460f.   **3** 174-183   **4**
  409-413   **6** 428-435   **11** 116-127   **23** 77-79   **31**
  102-104
  Emailarbeit **29** 75f.
  Federzeichnungen **9** 249-271   **11** 339
  Plastik **2** 423-433   **9** 83-87   **13** 166-168   **24** 240
  25/6 59-63   **28** 18-21   **34** 56-58
  Tafelmalerei **24** 235f.
  Wandmalerei
Syrische Literatur **43** 141f.   **61** 140f.
Syrische Renaissance **4** 204 **55** 208
Syrische Schrift **66** 227   **70** 53f. 56
  Orthographie **58** 46
  griechisch in syr. Schrift **36** 38
  türkisch in syr. Schrift **32** 225-229
Syrische Sprache **40** 147-149   **59** 127   **66** 227
  bei Ephräm (Grammat.) **64** 1-31   **68** 1-26   **69** 1-32
  Grammatiken **10** 139f.   **24** 163   **33** 99-101 **67** 223
  hebräisches Lehnwort **62** 53-59
  Wörterbücher **5** 330   **11** 129-131   **33** 100   **66**
  220-222 228
  Neusyrisch (Fellīḥī) Texte **8** 389-394 405-452
  18/9 147 150
Syro-Hexapla s. Bibeltext, syrischer
Syro-Malabarische Kirche **59** 182f.   **60** 152-155
  61 117-121   **64** 88-105   **67** 185-191
Syro-Malankarische Kirche **59** 183f.   **60** 159-161   **61**
  125-127   **67** 193-197
Syrologie **48** 4-6   **54** 129   **56** 212f.   **68** 218f.

Ta'amra Māryām (Wunder Mariens) (äthiop. Lit.) **9**
  216
aṭ-Ṭabarī s. 'Alī ibn Sahl aṭ-Ṭabarī
aṭ-Ṭabġa ("Siebenquell") **28** 256   **30** 199   **31** 40-48
  32 161-164   **34** 59-62
Tabiba Tabiban (äthiop. Lit.) **31** 240-260
Tabriz, O. **40** 95   **42** 130 133

Taufrituale: armen. **63** 133f. 153 **65** 49
  kopt.-arab. **13** 134
  westsyr. **5** 323 327f. **9** 287
Tbeti, Tetraevangelium s. Register "Handschriften": Leningrad
Te Deum **34** 1-26
Tell el-'Orēme (am See Genesareth) **30** 199
Ter Israel (Armen.) **9** 347f.
Testament Unseres Herrn Jesus Christus **1** 1-6
  101f. 117 **31** 114f. **43** 59-69 103-109
  Liturgie des T. **31** 111f. **36** 247 **60** 133f.
  äthiop. Version **5** 170-173 **43** 103f. **45** 130-140
    48 117f. **65** 127
  kopt.-arab. Version **1** 1-6
    Eucharistieformular **1** 1-33 **43** 59-69
Tēwodros (Theodoros) II., äthiop. Kaiser **48** 221-234
Textilien: Palmyra **34** 126f.
  kopt. **1** 186 **2** 171-178 **3** 523 **15/6** 128-132 **30**
    101f. **59** 218f. **63** 234-236 **67** 229f.
Thaddaios, armen. Bischof (14. Jh.) **42** 131
Thalilaios, hl. Mönch **34** 37f.
Theben, latein. Erzbistum in Griechenland **2** 197
Thekla, hl. **12** 304f. Theklaakten **3** 553 **34** 122f.
Theodora, byzant. Kaiserin **4** 71-75
Theodoret von Kyrrhos **1** 81f.
  georg. Übersetzung **30** 195f.
Theodor(os) s.a. Tēwodros
Theodoros, hl. **8** 79-85 **10** 48-63 78-106 241-280
  11 135-137 **38** 85f. 100f.
Theodoros, kopt. Patriarch **70** 121-124
Theodor abū Qurra **30** 192-194 **38** 132 **64** 163-167
  174 194
Theodor bar Kōnī **23** 290-292 **24** 62 64 **48** 47 **60**
  169f. **66** 98-105
  Scholienbuch **1** 173-178 **5** 1-25 **8** 468f. **11**
    148-151 **30** 63-67 **62** 214f. **66** 98-105 **67** 34f.
Theodoros von Mopsuestia **1** 81 91 95 **24** 68 **41**
  35-50 **62** 226f. **64** 76-81 **66** 5 89-105

Zitierte Handschriften

Addis Ababa, Ethiopian Manuscript Microfilm Library (EMML)
Katalog: W. F. Macomber - G. Haile, bisher 9 Bände, Collegeville 1975-1987 (Nr. 1-4000).
Besprechung der Bände 7, 8: **70** 212-215 (M. Kropp).

13	**65** 106		2161	**65** 115f.
204	**65** 126 131		2180	**65** 105
389	**65** 135		2375	**65** 116
406	**65** 106		2424	**67** 146
714	**65** 106		2426	**65** 106
1191	**65** 106		2429	**65** 104 106
1479	**65** 113		2443	**65** 119
1480	**65** 122 125 135		2511	**65** 119
	67 144 148-166		4174	**65** 127
1703	**65** 119		6229	**65** 119 123
1763	**65** 111 113		6281	**69** 192
1831	**65** 103f. 106 109		6456	**65** 103 104f. 113
	116			119 123 126
1838	**65** 128 133			128 131 133
1942	**65** 107		6780	**65** 135
2058	**67** 146		6837	**65** 103 104f.
2080	**69** 191		7023	**65** 116
2082	**65** 134		7028	**65** 109-115 120
2147	**65** 105f. 109 121			130
	133			

Addis Abeba, Nationalbibliothek
Qērellos-Handschrift **52** 131f.

Ägypten
Verschiedene Klöster: vgl. **30** 239f.
Antonioskloster: vgl. **25/6** 298
466 **28** 250f. (arab.)

Makarioskloster: vgl. **13** 1
Fragment eines bohair. Euchologions **66** 126
Fragment eines griech. Diaconale   **66** 127
s.a. Alexandreia, Kairo, Sinai

Aleppo, Maronitisches Erzbistum
Katalog: I. Harfūš, in: Machriq 17 (1914)
(unvollständig).
258   **69** 177f. (arab.)   1394 **64** 143 (arab.)
1365 **65** 65 (arab.)
Sammelhs. von 1588 **32** 274 (arab.)

Alexandreia, Bibliothek des griechisch-orthodoxen Patriarchats
Vgl. **37** 141 **48** 170.

Alqoš (Iraq)
Hs. der Expositio   **11** 151 (= Mosul, Chald. Patr.
  fidei von 1317   Patr. 58?)
s.a. Notre-Dame des Semences

Amsterdam, Bibliothek des Gymnasiums
s. Leiden 1212

Andechs/München, Benediktinerabtei St. Bonifaz
Beschreibung der äthiop. Hss. Rehm 87 und 88: **67**
212-218 (Abb.) (M. Kropp).

Athen, Nationalbibliothek
Besprechung des Katalogs der illuminierten byzant.
Hss. von A. Marava u.a., Bd. 1, Athen 1978: **64**
236-238 (Wessel).

Athos, Kloster Iwiron
Georgische Handschriften (vgl. **37** 94f.)
Katalog: R. P. Blake, in: ROC 28, 1931/2, 289-
361; 29, 1933/4, 114-159 225-271 (C. = Katalog
von Cagareli, St. Petersburg 1886ff.).
1 (C. 1)   **37** 25 (Vollbibel; Oški-Handschrift)

Balamand (Libanon)
Katalog: R. Haddad - F. Freijate, Beyrouth 1970
124 **63** 86 (arab.)   143 **63** 85 (arab.)
135 **62** 156 (arab.)

Baltimore, Walters Art Gallery
Besprechung des Katalogs der armen. Hss. von S.
Der Nersessian, Baltimore 1973: **60** 229-231
(Aßfalg).

Beirut, Université St. Joseph, Bibliothèque
Oriental
A) Arabische Handschriften
Kataloge: L. Cheikho, MUSJ 6-14, 1913-1923 (=
Nr. 1-792), I.-A. Khalifé, MUSJ 29-40, 1951/2-
1964 (=Nr. 792-1520) [Ch.= Nummer des alten Kata-
logs von Cheikho in Machriq 7, 1904, ff.].

3 (Ch.90)	**9** 341f.	565	**64** 140
419	**64** 209	583 (Ch.	
429	**10** 350f. **33**	126)	**10** 208-217
	236	588	**30** 133
468	**9** 227	676	**69** 174-177
481	**63** 84	1110	**64** 140
505 (Ch.		1110bis	
39)	**58** 57-74	(Ch.106)	**64** 140f.
509	**63** 84	1346 (Ch.	
510	**63** 84	105)	**64** 140f.
516	**35** 46	1351	**57** 123
564	**69** 174-177	1481	**62** 148

Nr. 272, 278-280 (nach Taoutel) **62** 148

B) Syrische Handschrift
Katalog: I.-A. Khalifé, MUSJ 40, 1964, 235-285.
30 **17** 119-121 (syr. Liederhandschrift)

Beirut, Amerikanische Universität
892.71, G 41 und 41a **62** 148 (arab.)
Diwan des Sulaimān al-Ġazzī (ohne Sign.) **62** 149

Beirut, Kapuzinerkloster
Vgl. **30** 228.

Berlin, Königliche (jetzt: Staatliche) Museen
Koptische Papyri
Ausgabe: Aegyptische Urkunden aus den koenigli-
chen Museen zu Berlin, hrsg. von der Generalver-
waltung. Kopt. Urkunden, Band 1, Berlin 1903-1905.

P.3213	**6** 336f.
P.8099 (BKU 179)	**6** 442 443-446
P.8127	**6** 319 331 338ff. **8** 66-69
P.8314 (BKU 3)	**25/6** 68
P.9095	**8** 50-53
P.9287 (BKU 32)	**6** 319 321-330 (Abb.) **7** 142-153 184-189 192-195 200-253 **8** 14-19 58-63 88f. 98-101
P.13415	**35** 239
P.13893	**34** 123
P.13918	**40** 40 47f.
P.16388	**36** 111-115

Manichäische Papyri **30** 92-95 **34** 169-191

Berlin, Staatsbibliothek Preußischer Kulturbesitz
A) Äthiopische Handschriften
Kataloge: C. A. Dillmann, Berlin 1878; E. Hammer-
schmidt - V. Six, Wiesbaden 1983.
Besprechung des Katalogs der illumin. Hss. von
E. Hammerschmidt, Graz 1977: **63** 239f. (Aßfalg).

Or.fol.356 (Dillmann 28)	**2** 195
Or.fol.595 (Dillmann 42)	**2** 195
Or.fol.4096 (Hamm.-Six 163)	**66** 146 147-187
Or.quart.414 (Dillmann 33)	**23** 98f. 100-137 **24** 244 246-287 **34** 66f. 72-93 102 **43** 104
Or.quart.1016 (Hamm.-Six 136)	**66** 243
Or.oct.59 (Dillmann 73)	**32** 42 50
Or.oct.190 (Dillmann 85)	**70** 189f.
Or.oct.1307 (Hamm.-Six 79)	**29** 204f. 207-228

Peterm.II.Nachtr. 36   **23** 98f. 100-137 **24** 244
  (Dillmann 34)   246-287 **34** 66f. 72-93
                     43 104

Peterm.II.Nachtr. 48
  (Dillmann 18)   **35** 213
Peterm.II.Nachtr. 51   **51** 132 134 145-185 **52**
  (Dillmann 27)   92-131 **53** 140 142-149
                   61 21 26-29 34-37

B) Arabische Handschriften
Katalog: W. Ahlwardt, 10 Bände, Berlin 1887–1899.
Or.quart.2098   **67** 143
Or.oct.1108   **31** 65 168 **32** 231-237
                   33 191 **69** 154-156
                   163

Diez fol.41 (A. 10173)   **31** 100-102 104 **33** 48
Diez quart.107 (A. 10181) **1** 104 117 **6** 71 78-237
                   7 2-135 **8** 110-229

Diez quart.111 (A. 10184) **27** 118
Diez quart.117 (A. 10180) **1** 103 **11** 155
Sprenger 30 (A. 9434)   **4** 393

C) Armenische Handschriften
Kataloge: N. Karamianz, Berlin 1888; J. Aßfalg –
J. Molitor, Wiesbaden 1962.
Or.quart. 304 (Karam. 74) **40** 110 **42** 120
Or.quart. 337 (Karam. 21) **35** 12
Or.quart. 805 (Aßf.-M. 23) **55** 90ff. **56** 1ff.
                   35 32f.

Or.minut. 288 (Karam. 14) **33** 29
Or.minut. 291 (Karam. 6) **10** 118 **12** 343 **35**
                   32f.

Peterm. I, 136 (Karam. 4) **3** 143

D) Griechische Handschriften
Fol. 18 **33** 55 62-79   Quart. 66 **14** 280f.

E) Koptische Handschrift
Or. quart. 519 **1** 105f. (arab.-bohairisch)

F) Nubische Handschriften (vgl. **6** 437-442)
Or. quart. 1020 **62** 196-198 (Abb.)
Lektionar **44** 85

G) Syrische und Karschuni-Handschriften
Kataloge: E. Sachau, 2 Bde., Berlin 1899 ["Syr."
= Katalognummer]; J. Aßfalg, Wiesbaden 1963.

Phillip. 1388 (Syr. 7)	**1** 355 **14** 147-152 **15/6** 146 **23** 18 **29** 1-15 **36** 258
Or.fol.620 (Syr. 43)	**11** 329 **18/9** 34 **36**-55 **29** 181
Or.fol.1199 (Syr. 48)	**29** 181
Or.fol.1200 (Syr. 55)	**20/2** 3 **29** 182
Or.fol.1201 (Syr. 85)	**2** 465 **9** 329 **11** 159
Or.fol.1408 (Syr. 326)	**10** 154
Or.fol.1616 (Syr. 32)	**15/6** 154
Or.fol.1633 (Syr. 21)	**6** 6 44-69 **7** 260-291
Or.fol.3126 (Aßf. 24)	**50** 21-36 (Abb.) **66** 217 **67** 210f.
Or.quart.528 (Syr. 8)	**15/6** 147
Or.quart.803 (Syr. 29)	**2** 185
Or.quart.804 (Syr. 39)	**3** 222
Or.quart.870 (Aßf. 11, 12)	**2** 453 **11** 159
Or.quart.871 (Aßf. 13) (früher Goussen)	**11** 149f.
Or.quart.940 (Aßf. 17)	**39** 51 54
Or.quart.1052 (Aßf. 34)	**28** 244
Or.quart.1160 (Aßf. 29)	**29** 181 **30** 32 34f. 38 43 58 **33** 234
Or.oct.1019 (Aßf. 83)	**38** 146
Or.oct.1131 (Aßf. 10)	**64** 228
Or.oct.1132 (Aßf. 23) (früher Harrasowitz)	**9** 321-324 (Beschreibung von Diettrich) **10** 137-139 **54** 112 **61** 144
Or.oct.1313 (Aßf. 44) (früher Harrassowitz)	**10** 139f.
Diez A fol.39 (Syr.325)	**63** 83

Peterm. I 9 (Syr. 88)	**1** 173 **5** 12 **9** 324 **10** 138f.
Peterm. I 16 (Syr. 260)	**32** 225
Peterm. I 26 (Syr. 186)	**70** 207
Peterm. I 27 (Syr. 311)	**25/6** 14-18
Peterm. I 29 (Syr. 314)	**25/6** 15f. 18
Peterm. II, Nachtr.	
15 (Syr. 52)	**29** 182
Sach. 20 (Syr. 12)	**2** 214f.
Sach. 32 (Syr. 302)	**25/6** 13
Sach. 34 (Syr. 319)	**25/6** 8 11
Sach. 35 (Syr. 310)	**25/6** 14
Sach. 36 (Syr. 315)	**25/6** 16 **63** 83
Sach. 37 (Syr. 309)	**25/6** 13f.
Sach. 38 (Syr. 300)	**25/6** 13
Sach. 39 (Syr. 223)	**23** 15 **38** 71 87 92
Sach. 40 (Syr. 301)	**25/6** 13
Sach. 43 (Syr. 245)	**4** 28f. 40-97
Sach. 44 (Syr. 299)	**25/6** 12
Sach. 46 (Syr. 313)	**25/6** 15
Sach. 54 (Syr. 297)	**25/6** 12
Sach. 56 (Syr. 298)	**25/6** 12
Sach. 58 (Syr. 317)	**14** 44f.
Sach. 62 (Syr. 185)	**2** 164
Sach. 76 (Syr. 312)	**25/6** 15
Sach. 81 (Syr. 190)	**25/6** 131 **39** 119
Sach. 97 (Syr. 248)	**9** 346
Sach. 109 (Syr. 112)	**10** 154 **13** 265f.
Sach. 111 (Syr. 199)	**17** 131 **64** 160
Sach. 127 (Syr. 322)	**63** 81
Sach. 128 (Syr. 296)	**2** 193 **4** 117 **23** 313
	25/6 8-11 17-36 179-198
	27 191-201 **28** 43-59
	30 72-85 164-179 **38** 94
Sach. 138 (Syr. 321)	**2** 193
Sach. 155 (Syr. 154)	**2** 450
Sach. 167 (Syr. 38)	**24** 70 76-93
Sach. 172 (Syr. 23)	**13** 19f. **27** 22 31 38
Sach. 185 (Syr. 151)	**27** 57-78
Sach. 188 (Syr. 63)	**8** 391f. 395-405

Sach. 197 (Syr. 316)   2 193 **25/6** 16f.
Sach. 202 (Syr. 200)   **39** 51   **54** 112
Sach. 203 (Syr. 200)   **66** 76–78 (Abb.) 84–94
Sach. 214 (Syr. 25)   3 176
Sach. 218 (Syr. 188)   2 373 439   **24** 160
Sach. 220 (Syr. 28)   **1** 349   **2** 158 460   **3** 176
                        236   **6** 429   **10** 154   **11**
                        116–123 (Abb.) 305 339
                        3 160 290 346   **23** 77
                        27 264   **35** 36   **36** 135
Sach. 221 (Syr. 179)   **13** 117
Sach. 222 (Syr. 75)   3 553   **10** 153   **12** 284–297
                        13 11   **13** 268f.   **14** 1
                        15/6 34–87   **62** 216
Sach. 223 (Syr. 123)   8 391–394 405–452
Sach. 226 (Syr. 89)   5 10
Sach. 234 (Syr. 156)   **38** 71
Sach. 236 (Syr. 20)   **6** 6 9–69   **7** 254–291
Sach. 303 (Syr. 23)   **27** 21f. 33 36 41 44f.
Sach. 304 (Syr. 14)   2 461   **11** 348 **12** 127   **57**
                        62   **70** 57
Sach. 306 (Syr. 92)   **69** 74
Sach. 311 (Syr. 81)   2 159 451 463 465   **52** 79
Sach. 315 (Syr. 167)   **50** 67   **63** 315
Sach. 321 (Syr. 26)   **12** 287–297   **13** 10 59   **14**
                        1 2–41   **15/6** 33 34–87
                        25/6 18–36   **50** 65f.
Sach. 322 (Syr. 15)   9 107   **25/6** 18–36
Sach. 323 (Syr. 19)   **6** 6 9–15 44–69   **7** 260–283
Sach. 325 (Syr. 231)   **63** 83
Sach. 329 (Syr. 175)   **10** 156 **13** 269
Sach. 331 (Syr. 220)   **11** 157
Sach. 349 (Syr. 16)   2 460   **27** 19 20–55   **38** 70
                        83   **47** 112
Sach. 350 (Syr. 17)   **6** 5 16–21   **7** 284–291
Sach. 355 (Syr. 18)   **6** 6   **7** 260–283
Sach. 356 (Syr. 22)   **6** 6 22–69   **7** 254–283   **66**
                        237

Bethlehem, Armenisches Kloster
armen. Evang. (1728/9) **5** 315 **13** 344 **35** 220

Birmingham, Selly Oak Colleges Library, Mingana Collection
Katalog: A. Mingana, 3 Bde., Birmingham 1933-1939.
A) Arabische Handschriften (Ming. Arab.)

43	(Chr.Arab.93; frü-	**24** 94f. 106-119 (Abb.)	
	her Hiersemann)	**33** 79 **38** 129	
46	(Chr.Arab.80)	**51** 80	
112	(Chr.Arab.43)	**62** 149	

B) Syrische Handschriften (Ming. Syr.)

3	**54** 118f.		347	**30** 96		
4	**54** 120	**63** 40	350	**32** 226		
7	**54** 110		402	**31** 14		
12	**63** 39	**70** 210	450	**51** 79	**63** 84f.	
29	**58** 50		469	**32** 226	**33** 233	
47	**66** 217	**67** 209	487	**66** 223		
49	**66** 223		489	**67** 211		
50	**66** 216		491	**66** 223		
51	**32** 226	**33** 233	490	**66** 223		
52	**66** 216		520	**32** 226	**33** 233	
58	**52** 79		526	**32** 226		
65	**64** 228		527	**33** 234		
69	**51** 79		537	**67** 209f.		
95	**32** 102		553	**44** 140		
98	**66** 217		561	**30** 97		
112	**60** 71	**62** 20	564	**57** 62		
152	**62** 161 (?; "British		581	**66** 216		
	Libr.")	**64** 228	587	**27** 114		
184	**32** 226	**33** 233	594	**61** 135	**62** 49	
186	**51** 79		599	**51** 186f.		
200	**63** 84f.		601	**31** 189 192		
215	**61** 92 96	**66** 114	661	**61** 135		
339	**66** 223					

Bkerke (Libanon), Maronitisches Patriarchat
Sammelhandschrift vom Jahre 1558 **32** 274f.

Bologna, Bibliotheca Universitaria
3290 **13** 342f. **35** 220 (armen.)

Bonn, Universitätsbibliothek
Katalog: J. Gildemeister, Bonn 1864-1876.
27 (Kat.: 28) (88g) **6** 71 78-237 **7** 2-135 **8** 110-
229 (karschuni)
Trauungsrituale **32** 225 228f. **33** 234 (türk.)

Brüssel, Bibliothèque Royale
II, 6836 **65** 138 (äthiop.)

Cambridge, University Library
A) Äthiopische Handschriften
Katalog: E. Ullendorff - S. G. Wright, Cambridge
1961.
Add. 1569 (Nr. 39) **51** 132 134 145-185 **52** 92-131
53 140 142-149
Add. 1570 (Nr. 2) **69** 188

B) Arabische Handschriften
Add. 1297 **65** 92
Add. 3288 **2** 195 (Wright-Cook [s.u.] 909-939)
Add. 3292 **11** 273 (ebenda 960-965)

C) Syrische Handschriften
Bespr. des Katalogs von W. Wright - S.A. Cook,
2 Bde, Cambridge 1901: **2** 204-217 (Baumstark).

Add.				Add.			
1700	**33** 244			1982	**4** 206f.		
1966	**2** 185			1983	**4** 206		
1971	**2** 164	**68** 227f.		1984	**3** 222	**28** 119	
1972	**62** 159f.	**66** 73		1985	**29** 182		
1973	**2** 451f.	**11** 157		1986	**29** 182		
1976	**29** 182			1992	**30** 33		
1978	**28** 119			1998	**11** 157	**52** 56f.	
1980	**29** 181	**68** 59 64-79		1999	**54** 110	**59** 37-46	
1981	**29** 181	**30** 33	**68**	2013	**33** 101		
	59 64-79			2016	**54** 111		

2017   **2** 453   **11** 160   2045   **3** 222   **29** 183
        66 104 106-113   2055   **33** 233
        (Abb.)   2820   **33** 233
2018   **10** 137f.   3285   **39** 119
2020   **10** 153   3291   **29** 182
2023   **2** 156   **3** 280   **10**   Dd 10.10   **70** 207
        236   **13** 160   Oo 1.1,2   **1** 101   **63** 38
        69 55 59 66-68   Oo 1.9   **29** 181
2035   **29** 182   Oo 1.10   **3** 245
2041   **33** 233   Oo 1.39   **3** 245
Or. 929   **56** 55 (Katalog: E.G. Browne, Cambridge
                        1922, 195, Nr. 1185)

Jenks-Collection:
Katalog: A. E. Goodman, Journal of the Royal
Asiatic Society, London 1939, 581-600.
Or. 1319   **57** 189f.

Taylor-Schechter Collection:
NS. 306. 224, 227-229   **68** 58-79
AS. 204. 351-356   **68** 79
AS. 213. 18-20   **68** 58-79

Cambridge, Selwyn College
Beschreibung der 2 syr. Hss.: **55** 149-160 (Brock)

Cambridge, Mass., Harvard College Library
Katalog: M. H. Goshen-Gottstein, Ann Arbor 1979.
Syr. (in Klammern die Signaturen von Harris):
31 (19)   **70** 55   99 (91)   **3** 280   **63** 40
41 (29)   **60** 72 74   **62**   115 (109)   **54** 109
          19f. **64** 34   125 (122)   **31** 13f.
42 (30)   **54** 109   130 (129)   **62** 161f.
45 (33)   **3** 280   ("Boston";
47 (35)   **61** 92   "Houghton
70 (60)   **11** 159   4064")
92 (84)   **11** 159 (o.Ang.) 131 (130)   **11** 157 159

Cheren (Äthiopien), Katholische Mission
19 **51** 133 (äthiop.)

Chicago, University of Chicago, The Oriental Institute
Katalog: J. T. Clemons, OrChrP 32, 1966, 478-480.
A 12008 **63** 20 (syr.)

Cincinnati, The Cincinnati Historical Society

"Codex Syriacus Secun-	**3** 91 106-125 **25/6** 6
dus" (früher Hierse-	**36** 55-58 60-67 205
mann, Kat. 500 Nr. 3;	210-223 **47** 111 **62**
Zürich Or. 69)	217f.

Dair aš-Šīr (Libanon)
51 **20/2** 71 (arab.)   B 5/5 **52** 169 (arab.)

Dair aš-Šuwair (Libanon)
Katalog: Nasrallah aao, Band 3, 1961, 173-269.
123 (323)   **62** 155f. (arab.)
87ter-89 (286-288) **65** 65 (arab.)

Dair az-Za'farān (Türkei)
Evangeliar in der Kirche **64** 37 (syr.)
2/1   **63** 40 (syr.)
246 u. 251 **62** 160 (jetzt Mardin Orth. 66, 71 ?)

Damaskus, Griechisch-orthodoxes Patriarchat
1581 **62** 148f. (arab.)   1606 **63** 84 (arab.)
1584 **63** 77 (arab.)   1633 **63** 84 (arab.)
1601 **63** 86 (arab.)

Damaskus, Syrisch-katholische Kirche
Beschreibung der syr. und arab. Hss.: 5 324-331
(Baumstark).

Damaskus, Syrisch-orthodoxe Kirche
Beschreibung der syr. und arab. Hss.: 5 322-324
(Baumstark). Die Sammlung besteht wohl nicht mehr.

Damaskus, Syrisch-orthodoxes Patriarchat
Handschriftl. syr. Katalog (arab. Übersetzung

in: Gregorios Boulos Behnam, Nafaḥāt al-ḫuzām
[=Biographie des Patr. Afrām Barṣōm], Mosul 1959,
126-167).

3/18	**58** 50	4/11	**60** 74 **62** 20
4/10	**60** 74	4/12	**60** 73f.

8/11   **47** 129-139   **48** 290-300   **51** 109-111
             52 88-91   **53** 249   **55** 207-209 225
             232 **59** 19-24   25-34   **69** 56-72

12/3 (früher
   Jerusalem,   **4** 392 412f. 427   **9** 134-136 324-327
   Markusklo-   **15/6** 152   **23** 78f.   **33** 244   **35** 10
   ster 28)   12 16 (=Lektionar von 1222 A.D.)

12/4 (früher   **15/6** 152 **39** 146 (Lektionar von 1460
   Jerus. 27)   A.Gr.= 1149 A.D.)

12/8   **70** 37-41 54 (Abb.)

12/9 (früher
   Jerus. 25)   **15/6** 152 (Lektionar von 1305 A.Gr.)

12/12 (früher
   Jerus. ?)   **15/6** 152 (Lektionar von 1573 A.Gr.)

12/15   **55** 205 208f.

12/19   **63** 22 23-36

12/20   **63** 22 23-36

**Damaskus, in der Umaiyadenmoschee gefundene
Handschriften**

griech.-arab. Psalmenfragment **10** 16   **31** 57   **69**
                                        134 164

Theodor von Mopusestia,
   Koheletkommentars (syr.)   **50** 135f.

Die Hss. befinden sich heute wohl im National-
museum in Damaskus.

Deutschland

Besprechung des Katalogs

a) der illuminierten äthiop. Hss. von E. Hammer-
    schmidt - O. Jäger, Wiesbaden 1968: **55** 236-239
    (Aßfalg)

b) der armen. Hss. von J. Aßfalg - J. Molitor,
    Wiesbaden 1962: **49** 133-136 (Engberding)

c) der syr. Hss. von J. Aßfalg, Wiesbaden 1963:
49 133-135 (Engberding) [Kat.-Nr. 10-13, 23,
24, 29, 34, 44: s. Berlin; Nr. 31: s. Rostock]

Diyarbakır (Amid), Chaldäische Metropolie
Katalog: A. Scher, in: Journal Asiatique X,10,
Paris 1907, 331-362 385-431.

21	**11** 149	56	**30** 33
43, 44	**57** 76	157	**68** 213f. 217

Einige Hss. sind im Chald. Patr. in Bagdad (so
Nr. 21), der Verbleib der meisten ist unbekannt.

Diyarbakır (Amid), Syrisch-orthodoxe Kirche
1/1   **63** 40   1/2   **57** 57f.
Sammlung Başaranlar: s. Istanbul

Dublin, Trinity College
Katalog: T. K. Abbot, Dublin 1900.

15 (B.5.18)	**30** 49f. (syr.)
1508 (B.5.19)	**66** 76 78 84-94 (syr.)
1512 (B.2.9)	**2** 373 (syr.)

Erewan, Matenadaran
A) Äthiop. Fragmente	**51** 133 135 **52** 127 131
in den Hss. 685 und	**53** 113-119 120-137
947	138 141 142-158 (Abb.)

B) Armenische Handschriften
Kataloge: A. Karenian, Tiflis 1863 (für Edschmia-
dzin ["K."; "E." = alte Signatur von Edschmia-
dzin]); Eganjan u.a., 2 Bände, Erewan 1965, 1970;
Eganjan u.a., Hauptkatalog, bisher 1 Band, Erewan
1984 (=Hss. 1-300).

68 (K.117)	**43** 116		560 (E.505		
180 (K.157)	**41** 32	**55**	= K.493)	**40** 96	
	90		573 (E.524)	**40** 99	
288	**63** 110 118		952 (E.933)	**45** 102	
275	**63** 110 117		985 (E.898)	**52** 42	**56**
500 (K.517)	**10** 64			217	

1001   **63** 134 154
1500 (E.944) **53** 161 166-201
1672 (E.1775 = K.1733)   **9** 142f.
1804 (E.1808 = K.1765)   **9** 142
1880 (E.1654)   **45** 102
2037 (K.1703)   **42** 126
2101 (E.2093 = K.2050)   **9** 142
2374 (E.229 = K.222)   **1** 358   **2** 422   **3** 523 549
  ("Edschmiadzin-   **4** 424   **6** 429-433   **10** 27
   Evangeliar")   **11** 305   **13** 343   **20/2**
                          168-172   **23** 78   **27** 242
                          33 48f.   **35** 20 221   **36**
                          259   **41** 32   **60** 232   **63**
                          110-129
3784 ("362G")   **12** 343 **13** 343   **33** 50   **35**
                          15f. 32 ("302")   **36** 133
                          40 19   **63** 110 113-118
3793   **63** 110 118 122
6200 (früher Moskau,
  Lazareff-Institut)   **36** 133   **41** 32   **63** 108-128
6201 (?)   **24** 166f. (Evangeliar
                          "Edschmiadzin 2556/1")
7644   **58** 133
7736   **56** 218
10680   **63** 108-129 (Abb.)

Escorial
A) Arabische Handschriften
Katalog: H. Derenbourg u.a., Paris 1884-1941.
Arab. 791 **62** 45

B) Griechische Handschrift
Y-II-10   **46** 125f.

Florenz, Bibliotheca Medicea Laurenziana
A) Arabische Handschriften
Katalog: St. E. Assemani, Florenz 1942.
Or. 23 (olim Pal. 57)   **1** 111
Or. ? (olim Pal. 69)   **2** 195

Or. 78 (olim Pal. 18)   **64** 209
Or. ? (olim Pal. 132)   **9** 341
Or. 387 (olim Pal. 32)   **9** 161f. 249-271   **25/6** 67

B) Armenische Handschrift
Plut. I 13   **42** 133   **46** 99

C) Syrische Handschriften
Katalog: St. E. Assemani, aaO.
Plut. I 56   **1** 343 355 358 361   **3** 181f.(Abb.)
  (olim Med.1;   524   **5** 296   **6** 429 433   **11** 305
   "Rabbula-   309   **13** 95ff. (Abb.)   **15/6** 146
   Codex")   151   **23** 18 78   **27** 242   **31** 103f.
                           33 27f. 33-37 47-49   **35** 20-28
                           36 258 261 264   **38** 82   **39** 146
                           59 199
Or. 47 (Pal.8)   **1** 379f.   **24** 57 58-67
Or. 83 (Pal.187) **61** 87-91

Frankfurt am Main
Äthiopische Handschriften
Katalog: L. Goldschmidt, Berlin 1897
16 (Or. 39)   **70** 189 191
21 (Or. 41)   **65** 138 141 142-147 (Abb.)

Freiburg im Breisgau, Universitätsbibliothek
5 kopt. Pergamentblätter   **10** 1-34 35-47 Abb.)
                                        11 141f.

Göttingen, Niedersächsische Staats- und Universi-
tätsbibliothek
A) Äthiopische Handschrift
Katalog: Die Handschriften in Göttingen, Band 3,
Berlin 1894, 308-314 (J. Flemming).
Or. 125[26] (9)   **9** 345

B) Koptische Handschriften
Katalog: ebda. 388-393 (J. Flemming).
Or. 125[7] (2)   **10** 31   **12** 42-45

Or. 125^9 (4)   **12** 42f.   **44** 75
Or. 125^{15a} (8)   **44** 75 85f.

Graz
Katalog: G. Peradze, in: WZKM 47, 1940, 219-232.
Georg. 1   **37** 26f. 31   **41** 1 22ff.   **43** 17 19-23
  ("Sinai-   **44** 1 17   **45** 119-123 124-126 147
  lektionar")   **46** 19-24   **47** 10-12   **49** 38   **51** 71

Grottaferrata, Biblioteca della Badia
Vgl. **57** 195.
A.γ.I   **4** 338 (Abb.) 361
B.α.I   **4** 333 (Abb.) 340f. 361
B.α.IV   **4** 320 334-337 (Abb. 361 363
B.α.VI   **4** 361
B.α.XIX   **4** 309-322 (Abb.) 355   **5** 39 73
B.α.XX   **4** 309-322 (Abb.)   **5** 39 41
B.β.I   **4** 309-322   **5** 39 73
B.β.II   **4** 326f. 330   **5** 79-81
Γ.β.VI   **3** 307f.   **4** 98
Γ.β.VII   **11** 3   **27** 111
Δ.α.I   **5** 54 74f 79-81
Δ.α.III   **5** 34 52f. 58-60 75-78
Δ.α.VII   **5** 34 36 60-71
E.γ.II   **3** 420ff.

Hamburg, Staats- und Universitätsbibliothek
Besprechung des Katalogs der kopt. Hss. von O. H.
S. Burmester, Wiesbaden 1975: **61** 150f. (Aßfalg).

Syrische Handschrift: Orient. 278   **70** 207 (Kata-
  log: C. Brockelmann, Hamburg 1908, 175ff.)

Ḥarissa (Libanon)
Katalog: Nasrallah, aaO, Band 1, 1958, 37-173.
48   **62** 144 149-156 (arab.)

Hartford, Conn., Hartford Seminary Foundation
syr. Fragment (Gabriel von Baṣrā)   **61** 145

Harvard s. Cambridge, Mass.

Heidelberg, Universitätsbibliothek
Kopt. 571 **8** 104-109

Heiligenkreuz (Niederösterreich), Stift
Beschreibung der Hs. Sancr Syr 582: **56** 164-168
(Abb.) (Grill).

Homs, syrisch-orthodoxe Metropolie
syr. Evangelienkommentar des Barṣalībī **64** 42f.

Innsbruck, Universitätsbibliothek
Beschreibung der syr. Hs. Cod. 401: **52** 152-155
(Abb.) (Grill). **54** 125

Iraq
s. Alqoš, Bagdad, Kerkuk, Mar Behnam, Mar Matta,
Mosul, Notre-Dame des Semences, Qaraqoš, Telkeph

Istanbul, Armenisches Patriarchat
Katalog: Katholikos Babgen, Antelias 1961.
Galata 54 **61** 160 **62** 103-105 106-113

Istanbul, Süleymaniye-Bibliothek
Aya Sofia 2360 **61** 78f. 80-84 (arab.)
Hekimoğlu 572/1 **68** 211f. (arab.)

Istanbul, syrisch-orthodoxe Kirche Meryam Ana
Apost. Kirchenordnung **63** 40 (syr.)
Sammlung Başaranlar 1 **57** 58-60 (syr.)
 (früher Diyarbakır) 164 **69** 58f. 63 66-72 (syr.)

Jerusalem, äthiopische Kirche
Missale **32** 51 **34** 66f. 72-93 **43** 104 105f.

Jerusalem, armenisches Patriarchat
A) Äthiopische Handschrift
3483 **63** 100f.

B) Armenische Handschriften
Katalog: N. Bogharian, bisher 9 Bände, Jerusalem
1966-1979.
Besprechung von M. E. Stone, The Mss. Library of
the Armenian Patriarchate in Jerusalem, 1969: **55**
239f. (E. Degen).
Vgl. auch **55** 239f.

121	**46** 117-119 **52** 24ff. **56** 217
326	**55** 90ff. **61** 156-165
414	**45** 102
1001	**53** 162 166-201
1138	**53** 162 166-201
1211	**53** 162 166-201
1300	**61** 157f. 165
2555	**11** 306 309 **20/2** 168-172 **33** 48f. **35** 221
	36 259 ("zweites Edschm.-Evangeliar")
2556	**36** 133 135
2563	**35** 14 217
2649	**6** 427 (Abb.) (Tetraevang. von 1333/4) (?)
2660	**6** 429 **11** 305 (Tetraevang. des Königs Lewon
	II. von 1263/4) (?)
?	**4** 392 **10** 118 **12** 343 **35** 14 32f. 223
	(Tetraevangelium von 1415/6)
?	**35** 12 32 220 (Tetraevang. von 1649)

Jerusalem, griechisch-orthodoxes Patriarchat
A) Äthiopische Handschrift
Katalog: E. Littmann, ZA 15, 1900, 133-161.
2   **51** 133

B) Arabische Handschriften (vgl. **9** 117f.)
Beschreibung eines Teils der Hss.: **13** 293-314
(Nr. 1-59)   **14** 126-147 317-322 (Nr. 60-199)   **15/6**
133-146 (Nr. 200-232) (Graf).
Hl. Grab:

9	**5** 294 315		54	**62** 148
12	**35** 46		59	**63** 84
36	**28** 91		101	**62** 149 155-157
40	**32** 19 30 34f.		146	**63** 86

C) Georgische Handschriften
Katalog: R.P. Blake, in: ROC 23 (1922/23) 345-413
24 (1924) 190-210 387-429   25 (1925/26) 132-155.
7   **37** 25   140 **52** 168f.   36 **52** 168

D) Griechische Handschriften (vgl. **9** 116)
Hl. Grab 5   **31** 261-264
Hl. Grab 31   **6** 424   **7** 284-291
Hl. Grab 37   **6** 413f.   **11** 306-310 (Abb.)
Hl. Grab 40   **24** 13-15 31   **38** 94   **47** 146
Hl. Grab 43   **24** 18f.
Hl. Grab 47   **6** 414-434 (Abb.)   **11** 306 309 (Abb.)
Hl. Grab 49   **6** 425 (Abb.)
Hl. Grab 51   **10** 109-119 (Abb.)
Hl. Grab 53   **5** 297-319 (Abb.)   **6** 430 432 434   **10**
                107f. 111 115   **13** 346   **36** 135
Hl. Kreuz 40   **47** 146   **51** 198f.
Hl. Sabas 27   **4** 279-307 (Abb.)
Hl. Sabas 63   **23** 67-70 (Abb.)
Hl. Sabas 158 **24** 103   **33** 55 62-79
Hl. Sabas 208 **23** 67f. 70-74 (Abb.)

E) Syrische Handschriften
Katalog: J. B. Chabot, in: Journal Asiatique
IX,3, Paris 1894, 92-134.
Zum alten Katalog der nestorianischen Kirche von
1717/8: **28** 90-96 (Rücker).
Frühere Hss. der nestorian. Kirche: **28** 91f. 94f.
(Borg.Syr. 169; Vat.Syr. 90; Vat.Syr. 151; Hall).

1	**1** 355 **4** 409-411		21	**31** 191 196
	23 77		23	**17** 112-114
2	**10** 153 **17** 108-112		31	**6** 6 **9** 193
	51 128			198-203 **17**
3	**29** 181 **51** 127			114-117
4	**29** 181		36	**51** 128
5	**28** 90 91-95 **29** 181		37	**30** 33 45-48 59
6	**29** 181		38	**17** 117f.
10	**2** 452 **9** 2-12 **29**		49	**17** 118f.
	49f. 52-63 64-67			

Jerusalem, koptische Kirche St. Georg
Beschreibung der arab. und kopt. Hss.: **13** 132-136
(Graf). Vgl. auch **9** 119.

Jerusalem, melkitisches Seminar St. Anna
Beschreibung der arab. Hss.: **12** 88-120 312-338
(Graf). Vgl. auch **9** 118.
33 **9** 227ff.

Jerusalem, syrisch-orthodoxes Markuskloster
Beschreibung der syr. und arab. Hss.: **9** 103-115
286-314 **10** 120-136 317-333 **11** 128-134 311-327
(Baumstark i. Verb. mit Rücker und Graf; die Hss.
haben heute die folgenden Signaturen).

1	(?; Syrohexapla)	**56** 52f.
2	(Baumstark 7)	**15/6** 152 **33** 116
25	jetzt: Damaskus, Syr.-orth. 12/9	
27	jetzt: Damaskus 12/4	
28	(Baumst. 6) jetzt: Damaskus 12/3	
44		**68** 223
88		**54** 111 **59** 37-46
96	(Baumst. 10)	**5** 177 178-197
97		**18/9** 156f. (Beschreibung von Rücker)
109		**70** 209
129	(Baumst. 3*, 2. T.)	**5** 177 **31** 107-115
142	(ostsyr.)	**28** 95
153		**60** 72f. **63** 40
156	(Baumst. 43)	**4** 374 389 **5** 82 85-87 91-125 **9** 153 **56** 81
180	(Baumst. 3*, 1. T.)	**31** 107f. 193
199	(Baumst. 38*)	**9** 118f. **10** 154
231	(Baumst. 32*)	**31** 15 (irrtüml. 35*)
?	(Baumst. 4)	**5** 315f.
?	(Baumst. 9)	**25/6** 67
?	(Baumst. 25)	**11** 86
?	(Baumst. 45)	**5** 230 **9** 346 **38** 71
?	(Baumst. 37*)	**4** 384
?	(Lektionar v. 1573 A.Gr.) jetzt: Damaskus 12/12	

Kairo, Institut Français d'Archéologie Orientale
kopt. Hs. (Schenute) **59** 60f. 62-71

Kairo, Koptisches Museum
Kataloge: G. Graf, Vatikanstadt 1934, 1-81 243-
291 (arab. Hss.); M. Simaika - Y. ʿAbd al-Masīḥ,
2 Bände, Kairo 1939, 1942.

Bibl. 92	**48** 81
Bibl. 93 (Graf 153)	**48** 77 81 **64** 213
Bibl. 94	**48** 81
Liturg. 41 (Graf 57/58)	**25/6** 299
Liturg. 253 (Graf 684)	**66** 132
Expos. 354 (Graf 147)	**48** 77
? (Graf 180)	**64** 212
griech. liturg. Fragm. (Nr. 20)	**66** 121-143

Kairo, Koptisches Patriarchat
Kataloge: Graf aaO 83-241; Simaika - ʿAbd al-
Masīḥ aaO. Vgl. auch **9** 117 und **37** 141f.

Bibl. 32 (Graf 235)	**65** 99-101
Bibl. 37 (Graf 236)	**65** 90 96
Theol. 54 (Graf 408)	**64** 213
Theol. 142 (Graf 623)	**58** 73
Theol. 205	**66** 119
arab. Diatessaron (Graf 203)	**33** 236
? (Graf 609)	**30** 141

Kerkuk (Iraq), chaldäische Metropolie
Katalog: J.-M. Vosté, in: OrChrP 5, 1939, 72-102.
8 **44** 140

Kopenhagen, Königliche Bibliothek
Katalog: A. F. Mehren, Kopenhagen 1851.
N. 19. in fol. (Arab. 76) **65** 97

Kues, Hospitalbibliothek
Katalog: J. Marx, Trier 1905.
9   **32** 139-148 (Abb.) 159f. (griech.-latein.)
10   **32** 139-141 148-160 (Abb.) (griech.-latein.)

al-Kuraim (Kraim, Krēm) (Libanon)
Beschreibung einer syr. Anaphorensammlung: **18/9**
154-156 (Rücker).

Kutaisi (Georgien), Historisch-ethnographisches Museum

Gelati 13	**56** 219	
Tetraevang.(Gelati)	**14** 152-161 278f. **25/6** 119	
176	**61** 1 **68** 172f. 180 191 194	

Leeds
Katalog: J. Macdonald, Leeds o.D., 1962ff.
Arab. 65   **61** 71 72-74   Arab. 184 **60** 84

Leiden, Universiteits-Bibliotheek
A) Arabische Handschriften
Katalog: M. de Goeje, Cat. V, Leiden 1873, 76-92.

225 Scalig. (Or.2376)	**32** 232 237 **33** 188-194
	198-211 **34** 187
243 Scalig. (Or.2368)	**11** 142-144 (Abb.) **12** 38-
	58 **44** 84 (griech.-arab.)
561 Warn. (Or.2378)	**31** 182-184 ("2348") **34** 173
1571 (Or.2377)	**32** 232 237 **33** 188-194
	196-211 **34** 173 187 **35**
	1-38 214

Or. 14.239 (früher
Hiersemann, Kat.   **18/9** 158-160 (griech.-arab.)
500, 45; zeitw.   (Katalog: J.J. Witkam,
Zürich Or. 84)   Leiden 1986, 336-348)

B) Koptische Handschrift
Insinger 91 **6** 334f. 342 363ff. (Abb.) **8** 22-51
62f.

C) Syrische Handschriften
Katalog: de Goeje aaO 64-75
Or. 1212 (früher Amsterdam)   **3** 129
Or. 14.240 (früher Hiersemann, Kat.
500, Nr. 29; zeitw. Zürich Or. 91) **18/9** 162f.

Or. 14.241 (Hiers. 31; Zür. 93)   **18/9** 166
Or. 14.236 (Hiers. 42; Zür. 83)   **18/9** 161f.
Or. 14.237 (Hiers. 41; Zür. 82)   **18/9** 161

Leipzig, Stadtbibliothek
A) Arabische Handschriften
Katalog: K. Vollers, Leipzig 1906.
Or.1059A (Tischend. XXXI)   **31** 168   **32** 237
Or.1059B (Tischend. XXXIB)   **31** 226   **32** 80f. 86-91

B) Syrische Handschriften
Syr. II   **6** 6 44-69 (Kat.: H. Fleischer - F. De-
                litzsch, 1838, S. 311)
Or. 1075   **35** 68 (Kat.: Vollers aao)

Leningrad
A) Äthiopische Handschriften
Cod. Koriander 3   **52** 131   **53** 139f. 142-149   **61** 22
  (Asiat. Mus.)   26-29 34-37   **64** 110 112-135
Cod. Orlov 4   **51** 133 135   **53** 114 140 142-151
  (Asiat. Mus.)   **61** 22 26-29 34-37
Akad. d. Wiss. 65   **43** 29

B) Arabische Handschriften
Katalog: A. B. Chalidov, 2 Bände, Moskau 1986
C 874 (8736)   **62** 148
D 226 (10367)   **33** 188-194 196-211   **65** 96-98
NT-Apokryphon   **24** 100

C) Georgische Handschriften
212 (Tbeti-Ev.)   wie Opıza-Ev. (Athos, Iwiron 83)
Orient-Institut   H-18   **68** 208
  K-4 (olim K-12)   **61** 2   **68** 191
  P-3   **49** 119f. 122 125   **51** 209

D) Syrische Handschriften
Katalog: N. Pigulewskaja, in: Palestinskij Sbor-
nik 6, Leningrad 1960.
Beschreibung einiger Hss.: **23** 169-173 (Goussen).

30 (olim Syr. NS 13)   **23** 293-309
33 (olim öffentl. Bibl. 622) **11** 157
34 (Diettrich 2)   **52** 76
41 (= Johannes bar Penkāyē)   **9** 322
48 (olim Petropolit. III)   **38** 8
60 (Diettrich 8; Gazzā)   **29** 181   **68** 224
61 (Diettrich 4)   **30** 49f.

Leon (Spanien), Kathedralarchiv
Katalog: Z. G. Villada, Madrid 1919.
35 (arab. Evang.-Übers. des Velasquez)   **31** 227

Leuven, Katholische Universität, Zentralbibliothek
A) Koptische Handschriften
Lefort copt. **66** 119

B) Syrische Handschriften
G 134 **18/9** 160f.   G 151 **18/9** 18   **25/6** 18
(früher Hiersemann, Katalog 500, Nr. 26 und 34)
Die Hss. sind im 2. Weltkrieg verbrannt.

Leuven, Corpus Scriptorum Christianorum Orientalium
Katalog: A. de Halleux, in: Le Muséon 100, 1987,
35-48.
Syr. 08 (früher Chabot)   **62** 162
Syr. 09 (früher Chabot)   **70** 208

Libanon
Besprechung des Katalogs der arab. und syr. Hss.
von J. Nasrallah, Band 1-3: **51** 221f. (Aßfalg),
Band 4: **56** 213f. (Khoury).
S. a. Atsaneh, Balamand, Beirut, Bkerke, Dair aš-
Šīr. Dair aš-Šuwair, Ḥarissa, al-Kuraim, Saint-
Sauveur, Šarfeh.

London, British and Foreign Bible Society
8 (äthiop. Apokalypse)   **43** 33
Hs. der armen. Apokalypse **55** 90ff.

London, British Library
A) Äthiopische Handschriften
Kataloge (Kat.-Nr. in Klammern):
1) A. Dillmann, London 1847.
Add. 16200 (13)   **52** 131   **53** 140 142-149
Add. 16202 (21)   **34** 65
Add. 16215 (57)   **35** 76 99 100-107 192-212
Add. 16218 (39)   **6** 75
Add. 16219 (14)   **2** 195
2) W. Wright, London 1877.
Add. 24988 (347)   **2** 195

Orient.		Orient.	
485 (6)	**69** 192f.	545 (132)	**34** 66 70
503 (27)	**5** 163-171 172f.	550 (137)	**6** 72f.
525 (46)	**65** 135	597 (207)	**43** 29
526 (53)	**43** 30	598 (209)	**43** 31f.
527 (56)	**43** 31	599 (210)	**43** 32
529 (54)	**43** 35	600 (208)	**43** 30f.
531 (55)	**43** 30	601 (211)	**43** 32
532 (57)	**43** 35	608 (219)	**65** 114
533 (60)	**43** 33	670 (231)	**9** 345
534 (128)	**65** 109 135	734 (312)	**53** 140

739 (315)   **51** 132 134 145-185   **52** 92-131   **53** 140
            142-150   **61** 21f. 26-29 34-37
740 (316)   **51** 132   **53** 140 142-150   **61** 21f. 26-29
            34-37   **64** 110   **64** 110 112-135
741 (317)   **51** 133f. 137   **53** 140 142-150
744 (325)   **51** 133   **53** 140 142-150
745 (327)   **51** 133   **53** 141 142-150   **61** 22f. 26-29
            34-37   **64** 110 112-135
746 (328)   **51** 133f. 145-185   **52** 92-131   **53** 141
            142-149
747 (323)   **51** 133f. 145-185   **52** 92-131   **53** 140f.
            142-150
748 (326)   **53** 139
749 (329)   **51** 133   **53** 141 142-149
750 (324)   **51** 133   **53** 141 142-150
752 (321)   **18/9** 136

754 (331) **29** 204 207-228   785 (346)   **2** 195
757 (335) **29** 204 207-228   786 (343)   **65** 114 116
774 (340) **65** 113   793 (361)   **65** 131
783 (345) **2** 195   819 (S.297) **35** 89
784 (344) **2** 195 **65** 131   829 (394)   **70** 190
3) S. Strelcyn, London 1978.
Orient. 8192 (56) **65** 113

B) Arabische Handschriften
Kataloge (Kat.-Nr. in Klammern):
1) Cureton u.a., Catalogus codd. mss. orient.,
pars II, London 1846, 1-52 (= Arab. christ.)
Arund. Or. 1 (23)   **58** 57 60-71 73
Arund. Or. 6 (27)   **65** 65
Arund. Or. 20 (11)   **64** 212
Cotton.Cal.A.IV (32) **65** 63 65f.
Add. 9061 (13)   **31** 227 233
Add. 9965 (28)   **62** 144
2) Ch. Rieu, Supplement to the Catalogue of the
Arab. Mss., London 1894 (Or. 1030-4758)
Or. 1239 (18)   **66** 120 (s.a. Kopt. Hss.)
Or. 1326 (1)   **64** 209
Or. 1332 (36)   **58** 72
Or. 1561 (721)   **60** 205f.
Or. 4099 (21)   **65** 65
3) A.G. Ellis - E. Edwards, A Descriptive List of
Arab. Mss., London 1912 (insbes. Or. 4822-7764)
Or. 4950   **24** 101 **38** 132 **69** 133 135
Or. 5019   **64** 206 **69** 135
Or. 5091   **38** 126
Or. 6659   **62** 148
Or. 6900   **62** 148
Or. 8605 (früher Grote 1) **20/2** 217f.   **53** 99
Or. 8612 (früher Grote 3) **20/2** 217f.

C) Armenische Handschriften
Katalog: F. C. Conybeare, London 1913
Add. 18549 (Con. 8) **55** 90 91-148 **56** 1-45
Add. 19730 (Con. 7) **55** 90 91-148 **56** 1-45

Or. 5304 (Con. 16)   **55** 90 91-148   **56** 1-45
Or. 5449 (Con. 20)   **43** 116
Or. 5626 (Con. 11)   **43** 116
Or. 6798 (Con. 138)   **45** 104

D) Georgische Handschrift
Katalog: J. O. Wardrop, in: Conybeare aaO 397-410
Add. 11281 (2)   **56** 219

E) Griechische Handschriften
Add. 19352   **5** 311   **10** 115   **12** 83
Add. 28270   **3** 57-59 79-85

F) Koptische Handschriften
Katalog: W. E. Crum, London 1905 (bis Or. 6462)
Add. 5997 (1247)   **49** 94-97   **50** 75-102 130
Or. 425   (786)   **12** 47   **48** 83
Or. 440   (163)   **1** 105
Or. 1239   (788)   **66** 120 126
Or. 1240a (757)   **12** 154
Or. 1316   (737)   **48** 77 83 (Abb.)
Or. 1317   (738)   **48** 83
Or. 1320   (162)   **1** 105
Or. 1322   (853)   **12** 221
Or. 3580A (144)   **6** 332 356 368 389   **8** 6-9 64f.
                    72f. 86-97 102f.   **12** 46
Or. 3669   (974)   **6** 331ff.   **7** 200f.   **8** 6f. 60ff.
Or. 4790   (519)   **6** 334 350   **8** 12f. 96f.
Or. 5000   (940)   **50** 133
Or. 5297   (1222)   **6** 333f.   **7** 184-187 194-199
                    202f.   **8** 32f. 84-87 92f.
Or. 5298   (361)   **6** 330-333   **8** 74-78
Or. 5453   (776)   **10** 31   **12** 42-47
Or. 5707   (504)   **10** 10
Or. 6000   (972)   **6** 331ff. **7** 136-142 156f. **8** 68-73
Or. 6001   (975)   **6** 331ff.   **8** 18f. 68f. 98f.
Or. 6782   **48** 81f. (Abb.)
Or. 6796   **25/6** 64-68 (Abb.)

G) Lateinische Handschrift
Egerton 2908   **25/6** 203 207 208-210 211-237

H) Samaritanische Handschrift
Or. 5034   **29** 80

I) Syrische Handschriften
Kataloge: V. Rosen - J. Forshall, London 1838; W. Wright, 3 Bände, London 1870-1872); G. Margoliouth, London 1899 (Or. 1240-5463)

Add.						Add.				
7155	**2** 185					12147	**2** 47			
7157	**2** 185	**29** 8				12150	**12** 153 155	**28**		
7168	**29** 182						42	**29** 147		
7169	**12** 343	**23** 78					**38** 9			
	25/6 66f.	**31**				12151	**7** 292	294-339		
	102	**35** 12 16				12153	**2** 158	**11** 265-		
7170	**23** 77	**31** 102					268	**47** 116		
7173	**29** 182					12154	**2** 154 161	**3** 280		
7174	**29** 182	**68** 224				12155	**1** 132	**2** 154		
7175	**29** 182						273f. 281	**31**		
7177	**29** 181	**57** 73					112f.			
	68 59					12156	**1** 179 181	**30**		
7178	**29** 181	**57** 74					233-235	**41** 46		
	77f.	**68** 59					51 54			
	64-79					12157	**2** 154			
7179	**9** 328	**68** 59				12158	**2** 154			
	64-79					12160	**12** 284-297	**13** 10		
7185	**3** 132 ("Paris")						36	**14** 1	**15/6**	
7192	**57** 63 64f. 66-71						37-87			
7197	**23** 238					12162	**3** 95			
7207	**11** 155					12164	**2** 448			
12134	**12** 153	**56** 54				12165	**2** 154	**3** 91ff.		
12139	**70** 54-56 (Abb.)						106-125	**4** 194		
12140	**23** 18						195-199	**5** 82		
12144	**1** 380	**2** 166 168					**63** 20 22 23-36			
	3 387f.	**20/2**					**70** 47-53 (Abb.)			
	31	**67** 33				12166	**39** 54			
12145	**2** 43 45f.					12167	**17** 131			

	280 282		
14602	**2** 156 278	**50** 65
14610	**2** 272
14613	**2** 154 161
14623	**60** 24f. 26-67
14630	**30** 17
14631	**10** 156 **31** 107
14632	**58** 76-78
14633	**2** 279
14635	**31** 127
14641	**3** 553 **12** 282-
	297 **14** 1
	15/6 35-87
14643	**23** 41
14645	**7** 292 294-339
14649	**2** 161
14650	**10** 156 **12** 282-
	297 **13** 40 **14**
	1 **15/6** 35-87
14652	**3** 553
14661	**62** 48
14662	**51** 186
14663	**66** 114
14666	**15/6** 154
14668	**62** 226
14669	**2** 186 **20/2** 100
	102-119 **36**
	30 36
14670	**48** 150f. 154-157
	159-162
14675	**2** 185
14677	**2** 185
14682	**2** 358 **54** 121
	64 209f.
14683	**2** 358 **64** 210
14684	**2** 274f.
14685	**13** 29
14695	**25/6** 233 236-247
14697	**25/6** 232 236-247

14699	**22/2** 100f.102-119
14708	**38** 70f.
14713	**2** 157 **38** 70 85
14715	**66** 53
14716	**25/6** 8
14719	**38** 70 85
14721	**2** 41
14723	**11** 91
14726	**63** 20
14727	**3** 389 396-415
	61 92 95-102
14728	**2** 272 **54** 111
14729	**54** 110f. **59** 37-
	46
14731	**50** 66
14797	**2** 154-156 161
17102	**15/6** 154
17105	**23** 20
17106	**23** 19
17109	**2** 272
17110	**11** 328
17113	**23** 18
17115	**23** 18
17116	**23** 18
17117	**23** 18 **33** 118
17120	**23** 17
17121	**23** 17
17126	**1** 245 **2** 162
17128	**34** 214-237 238ff.
	45 20
17134	**9** 332 334 **11**
	90f. **12** 153
	155 **29** 185
	36 205 **38** 70
	82 92
17143	**64** 75
17145	**48** 294
17146	**11** 265f.
17152	**51** 79

17164	**30** 16-18 24f. 50-53 56	
17166	**2** 155 **29** 205f.	
17167	**39** 136	
17180	**2** 272	
17181	**64** 48 49-59	
17185	**30** 17-19	
17192	**31** 126 **38** 8	
17193	**2** 154 161	
17194	**2** 274 **11** 153	
17195	**2** 39ff. 50-55	
17198	**3** 95	
17201	**70** 73	
17202	**12** 282-295 **13** 26 **15/6** 35-87	
17207	**11** 92	
17208	**31** 13	
17213	**56** 51	
17214	**31** 208 209-212	
17219	**2** 180 185 **36** 258 **70** 95	
17232	**38** 71-75 **47** 113	
17246	**38** 70 86	

Or.

2229	**30** 33
2287	**64** 34
2300	**30** 33 58
2450	**10** 137
3652	**64** 155
4057	**30** 33
4058	**30** 33
4074	**54** 109 **59** 37-46
4087	**64** 155
4399	**29** 181

17248	**25/6** 8
17252	**25/6** 233 236-247
17260	**29** 182
17261	**38** 70
17262	**39** 54 **54** 111
17265	**13** 117
17267	**2** 161 **3** 388 **63** 20 **66** 54 55-70
17270	**44** 47
17272	**11** 86
17274	**2** 164 370
18295	**55** 232 **59** 19-21 **69** 56-67 72
18714	**70** 51f. (Abb.)
18715	**69** 56 64 67-69
18806	**11** 92
18813	**2** 154 **47** 116
18814	**54** 102
18815	**11** 265f.
18816	**9** 332 334
18817	**39** 51
19159	**45** 32
21210	**62** 19 **64** 34

Or.

4402	**13** 60
4524	**2** 452 **29** 49f. 52-63 64-67
4600	**30** 33
4951	**36** 38 **37** 69 **38** 146
5019	**64** 206
8606	**47** 116f. **57** 70 **70** 72-75 79-82
8732	**56** 51 53
9377	**61** 92

London, India Office
3   **51** 133   **53** 141 142-150 (äthiop.)
9   **29** 69   **69** 74 (syr.)

Or. 3832 **60** 205 (arab.)

Lyon
Katalog: A. Molinier - F. Desvernay, in: Catalogue géneral des mss. des bibliothèques publiques de France. Departements, 30,1, Paris 1900.
17 (olim   **9** 204 205-214 **11** 17-31 **23** 144 **27**
  Or. 15)   56 58-66 **51** 29 **58** 172 (armen.)

Madrid, Biblioteca Nacional
4971 **31** 232 (arab.)

Mailand, Biblioteca Ambrosiana
A) Arabische Handschrift
Katalog: O. Löfgren - R. Traini, Vicenza 1975
Arab. 25 **62** 147   X. 198 sup. **64** 206
E 95   **31** 183

B) Armenische Handschrift
Vgl. E. Galbiati, I fondi minori dell'Ambrosiana, in: Atti del convegno di studi su la Lombardia e l'oriente, Mailand 1963, 197-199
H. 1 sup. **42** 112

C) Syrische Handschriften
Vgl. Galbiati, aaO 190-196
B.21 inf. **62** 53   C.313 inf. **48** 18 **56** 49-51

Manchester, John Rylands Library
A) Äthiopische Handschrift
Katalog: S. Strelcyn, Manchester 1974
Ethiop. 23 **69** 191

B) Armenische Handschrift: Armen. 20 **67** 184

C) Griechische Papyri
Besprechung des Katalogs der griech. und latein. Papyry von C.H. Roberts, vol. 3, Manchester 1938
36 126-132 (Baumstark)

Nr. 465   **40** 57-68   **42** 68-76

D) Koptische Handschriften
Katalog: W. E. Crum, Manchester-London 1909.

34	**25/6** 72			46	**6** 332	**8** 20f.	
38	**6** 341			47	**6** 341	**8** 78-81	
41	**7** 188-191			48	**8** 80-83	**8** 82f.	
42	**7** 198f.	**8** 92-95		49	**6** 341		
43	**8** 2-7 88f.			50	**8** 82-84		
44	**6** 332ff.	**8** 8-11		88	**34** 123	("Suppl. 44")	
45	**8** 42f.			426	**66** 126 128		

Mar Behnam (Kloster im Iraq)

1/1 (früher Mosul,
  syr.-kath. Metropolie)   **1** 101   **63** 38   **70** 210

Mar Matta (Kloster im Iraq)

I. Saka, in: Catalogue of the Syriac Mss. in
Iraq, 2 Bände, Bagdad 1977, 1981, hier: II 74-80.

2	**64** 45f.		27	**54** 109	**59** 37-46
7	**31** 13-15				

Mardin (Türkei), chaldäische Metropolie

Katalog: A. Scher, in: Revue des Bibliothèques
18, 1908, 1-36

21 und 24   **29** 181   48   **66** 223

Der Verbleib der Hss. ist weitgehend unbekannt.

Mardin (Türkei), syrisch-orthodoxe Kirche der Vierzig Martyrer

syr. Tetraevangelium   **39** 146
2 syr. Lektionare   **64** 39f.

Mardin (Türkei), syrisch-orthodoxe Metropolie

(weitgehend früher: Dair az-Zaʿfarān)

A   **60** 73f.   **62** 21   **64** 34   **67** 49 (A.D. 1956;
         Moses bar Kepha; Signatur nach Vööbus)
66   **62** 160   **67** 41 (früher Dair az-Z. 246 ?)
71   **62** 160 (früher Dair az-Z. 251 ?)

107	**64** 35		326	**59** 19	**69** 57 67 72	
144	**55** 206			(Vööbus: Nr.316)		
158	**58** 45f. 47-49		327	**63** 40		
	50		350	**66** 115		
176	**55** 205f. 209		356	**64** 33f. 35		
309	**63** 38f.		368	**67** 49f.		
320	**63** 40		417,			
323	**53** 248f. **59** 19		418	**54** 109 **59** 37-46		
	69 57 67 72		420	**63** 40		
324	**69** 58-72		660	**70** 210		
325	**69** 58-72		891	**67** 49		

Mega Spēlaion (Peloponnes/Griechenland)
Besprechung des Katalogs der griech. Hss. von N.
A. Beës: **14** 163-169 (Ehrhard).

Mestia (Georgien), Ethnographisches Museum
Adischi-Tetra-   **13** 203   **36** 259, sonst wie Opiza-
  evangelium   Evang. (Athos, Iwiron 83)
635 (Kanonar   **13** 203f. 211-233   **24** 214   **43** 146
  von Lathal)   **45** 147   **53** 89-107

Meteora-Klöster (Griechenland)
Vgl. **11** 137-140.

Midyat (Ṭūr ʿAbdīn/Türkei)
a) Barṣaumō-Kirche: syr. Lektionar   **64** 41
b) Mart-Šmūnī-Kirche: Syro-Hexapla   **56** 55-58
                        syr. Lektionar   **64** 41
c) s.a. unten Hss. in Privatbesitz: Gülçe

Modena, Biblioteca Estense
Katalog: C. Bernheimer, Rom 1960
α.R.7.20   **54** 127
α.U.2.6 (Or. 69)   **54** 127 (syr.)
α.W.9.23 (Or. 68)   **54** 126f. (syr.)

Monserrat
Or. 31   **63** 40 (syr.)

Monte Cassino
557 **25/6** 202f. 204-206 207 212-231 (latein.)

Moskau
Gr. 125 **2** 398-407 464 (griech.)

Mosul, früheres chaldäisches Patriarchat
Katalog: A. Scher, in: Revue des Bibliothèques
17, 1907, 227-260
1   **44** 140 (syr.)
39 **41** 108 111 114 (syr.)
58 **11** 151 (syr.) (vorher Alqoš)
113 jetzt: Bagdad, chald. Patr. 1001 (arab.)

Mosul, syrisch-katholische Metropolie
Hs. des Octat. Clement. jetzt: Mar Behnam 1/1

Mosul, syrisch-orthodoxe Marienkirche
2 **66** 115

Mosul, syrisch-orthodoxe Metropolie
Katalog: Y. Ibrahim, in: Cat. Iraq aaO II 145-203.
1/65 (Kat.   **63** 40 (syr. Hs. der Apost. Kirchen-
  S. 165)   ordnung; Sign. nach Vööbus: 1/18;
               das ist laut Katalog S. 199f. aber
               eine Hs. der Chronik des Eusebios)
1/74 (Kat.
  S. 154)   **70** 210
1/92 (Kat.   **62** 160 (syr. Hs. de Dionysios bar
  S. 156)   Ṣalībī u.a.)
1/95 (Kat.
  S. 157f.) **64** 47 (syr.)
  ?   **30** 23 26 (syr. Regenoffizium; syr.-
               orth. Thomaskirche [Kathedrale])

München, Bayerische Staatsbibliothek
A) Äthiopische Handschriften
Katalog: V. Six - E. Hammerschmidt, Stuttgart
1989.

Aeth. 2   **17** 99
Aeth. 52   **24** 122   **35** 78 (fälschlich als Nr. 53)

B) Arabische Handschriften
Catalogus codicum manu scriptorum Bibliothecae
Regiae Monacensis I 2, München 1866 (Aumer).
Beschreibung der Hss. 1066-1071 (vorher Grote und
Hiersemann): **38** 125-132 (Graf).
Vgl. auch **20/2** 217-220.
Arab. 234   **31** 227 233
Arab. 235   **2** 194
Arab. 238   **31** 226f. 231 232-239   **32** 80f. 82-99
Arab. 242   **32** 276
Arab. 243   **18/9** 91 100-139
Arab. 540   **62** 149
Arab. 1066   **35** 69
Arab. 1071   **20/2** 219

C) Armenische Handschriften
Kataloge: Gr. Kalemkiar, Wien 1892 (Nr. 1-21); J.
Aßfalg, Wiesbaden 1962 (Nr. 22 und 23).
Armen. 1   **13** 345-347   Armen. 13   **9** 27f.
Armen. 6   **13** 345f. **51** 29ff.   Armen. 21   **13** 345
Armen. 8   **13** 345f.

D) Griechische Handschriften
Graec. 226 und 255   **3** 58f.   Graec. 359   **7** 382

E) Syrische Handschriften
Catalogus ... I 4, München 1875, 109-119
(Schönfelder).
Syr. 1   **70** 207   Syr. 5   **48** 59f.

Neapel, Biblioteca Nazionale
I B 18 (olim Borg. 25)   **31** 261 (kopt.)

New York, Pierpont Morgan Library
M 569   **10** 18 (?)   **48** 77 (Abb.) (kopt.)
M 575   **49** 93f. (kopt.)

M 615 **11** 141 (griech.-said.)

Notre-Dame des Semences (Kloster bei Alqoš/Iraq)
Besprechung des Katalogs der syr. Hss. von J. M.
Vosté, Rom-Paris 1929: **27** 112f (Graf).
Vgl. auch **31** 277.

26	**67** 209f.	169	**27** 114	**55** 227	**69** 62
31	**29** 182	235	**54** 109	**59** 37-46	
34	**44** 140 (Vorlage	237	**31** 189f.		
	von 1605)	238	**31** 189		
44	**29** 181	285	**31** 14		
120	**29** 181	326	**67** 209		
147	**68** 222	328	**51** 186f.		

Hss. jetzt weitgehend im Chald. Patr. in Bagdad.

Olean/New York, St. Bonaventure University,
Friedsam Library
Beschreibung der äthiop. Hs.: **55** 164f. (Clemons).
Beschreibung der syr. und arab. Hss.: **51** 101-105
(Clemons).

Oxford, Bodleian Library
A) Äthiopische Handschriften
Katalog: A. Dillmann, Oxford 1848 (Nr. 1-35)
Bruce 80, 81 (14,15) **43** 35f.
Bruce 85 (25)   **9** 345
Bruce 86 (16)   **6** 72f.
Bruce 88-90 (29-31)   **70** 189-191
Bruce 95 (18) **35** 76 99 100-107 192-213 **36** 68 69-73

B) Arabische Handschriften
Kataloge (Kat.-Nr. in Klammern):
1) J. Uri, Oxford 1787
2 (Laud. A.146)   **64** 207
65 (Hunt. 83)   **24** 104 **58** 73
82 (Hunt. 328)   **60** 83-85 86-94
90 (Pocock. 351)   **65** 65
91 (Marsh. 435)   **65** 65
   (Marsh. 28)   **60** 205

2) A. Nicoll, Oxford 1821
36 (Roe 26)   **1** 114
37 (Bodl. 571)   **24** 104 **58** 58 60-71
40 (Hunt. 458)   **1** 102 115 117
42 (Marsh. 44)   **64** 141f.
46 (Seld.A.i.74)   **65** 65
51 (Hunt. 478)   **9** 341
3) A. Nicoll - E.B. Pusey, Oxford 1835
2 (Bodl. Or. 493)   **65** 90 96
6 (Bodl. Or. 461)   **64** 207

C) Armenische Handschriften
Katalog: S. Baronian - F. C. Conybeare, Oxford
1918.
Arm.d.2 (26)   **46** 117f. **52** 42f.
Arm.d.3 (2)   **35** 214-224 ("Arund.3")
Arm.e.2 (31)   **55** 90 91-148 **56** 1-45
Marsh.467 (40)   **40** 99

D) Georgische Handschriften
D. Barrett, Catalogue of the Wardrop Collection
Georg.b.1 **53** 224

E) Griechische Handschriften
Besprechung des Corpus der byzant. Miniaturen-
handschriften von I. Hutter, Band 1-3, Stuttgart
1977-1982: **62** 231f. **63** 236f. **68** 234f. (Wessel).
Barocc. 8   **3** 307 309 311
Barocc. 131 **46** 126
Barocc. 185 **3** 57 79-81   Cromw. 5 **7** 375

F) Koptische Handschriften
Katalog: Uri aaO 318-327
Hunt. 17 (5)   **48** 77-79 (Abb.)
Hunt. 18,26 (17, 19) **44** 76
Hunt. 360 (34)   **42** 134 **44** 89 90f. 94-99 **66**
                       126 128
Hunt. 403 (38)   **42** 134 **44** 89 92-97
Marsh. 5 (7)   **42** 134 **44** 89 94-101

Marsh. 6 (6)   **48** 77f.
Marsh. 93 (42) **42** 134   **44** 89 94-101
Woide 6   **10** 29
Copt. 111   **12** 221

G) Syrische Handschriften
Katalog: R. Payne-Smith, Oxford 1864

Or.51 (10)	**63** 83	Dawk.58 (65)		**6** 430	**9**	
Or.324 (4)	**2** 194		247	**11** 305	**13** 346	
Or.624 (134)	**2** 38	Fell 6 (129)		**2** 373		
Or.703 (128)	**2** 373	Fell 7 (130)		**2** 373		
Dawk.1 (44)	**2** 47f.	Hunt.84 (123)		**2** 194		
	3 102	Hunt.199 (140)		**4** 28 40-97		
Dawk.2 (96)	**4** 202	Hunt.247 (131)		**2** 37f. 373		
	63 83			**3** 102f.		
Dawk.3 (21)	**23** 18	Hunt.341 (176)		**64** 153		
	29 8	Hunt.444 (68)		**12** 220f.		
Dawk.22 (47)	**4** 200	Marsh.13 (163)		**13** 19		
Dawk.32 (45)	**2** 47f.	Marsh.175 (124)		2 194		
25/6 233	236-247	Marsh.392 (144)		**64** 153		
Dawk.34 (92)	**25/6** 7	Marsh.561 (175)		**64** 153		
Dawk.35 (93)	**25/6** 7f.	Poc.79 (141)		**4** 28 40-97		
Dawk.40 (98)	**63** 83	Poc.391 (2)		**30** 227		
Dawk.50 (43)	**9** 107	Poc.404 (135)		**3** 95 **4**		
Dawk.57 (94)	**25/6** 8			194		

Paderborn, Erzbischöfliche Akademische Bibliothek
Beschreibung von 5 syrischen Handschriften: **33**
97-101 (Baumstark).
1 **67** 208f.

Pampakuda (Kerala/Indien, Bibliothek der Familie Konat)
Katalog: J. P. M. van der Ploeg, The Christians
of St. Thomas, Bangalore 1983, 159-179.
32 **63** 40 (syr.)   230 **62** 161 (syr.)

Paris, Bibliothèque Nationale
A) Äthiopische Handschriften

Zitierte Handschriften

a) Cod. éthiop.
Katalog: H. Zotenberg, Paris 1877 (Kat.-Nr. in Klammern).

22 (32)	**35** 199	104 (141)	**65** 138 141
24 (41)	**43** 29	105 (142)	**65** 139
31 (48)	**43** 29f.	111 (111)	**2** 195
37 (117)	**5** 164	112 II (128)	**9** 345
69 (74)	**12** 1 2-23	113 (113)	**65** 112 131
73 (107)	**2** 194	138 (112)	**2** 195

b) Collection d'Abbadie
Katalog: A. d'Abbadie, Paris 1859

9	**43** 36	75	**29** 204
18	**51** 132 134 136 145-185 **52** 92-131 **53** 141 142-158 **61** 21 26-29 34-37	78	**18/9** 136
		80	**65** 111
		110	**65** 114
		119	**43** 31
48	**51** 132 **53** 139 141 142-158 **61** 21 26-29 34-37 **64** 110 112-135	125	**18/9** 93 100-134
		163	**9** 345
		164	**43** 36f.
		167	**70** 190
50	**9** 24f.	184	**43** 32f.
55	**10** 157 **69** 191	246	**51** 132 134 145-185 **52** 92-131
66	**9** 345		
74	**35** 82		

c) Collection Griaule
Katalog: S. Grébaut, 3 Bde., 1938
Éth. 312 (G. 8) **43** 33f.

B) Arabische Handschriften
Besprechung des Katalogs von G. Troupeau, 2 Bände, Paris 1972-1974: **60** 197-199 (Aßfalg).

1	**65** 99-101	171	**9** 338
13, 14	**64** 206	173	**35** 176
23	**65** 90 92 97	175, 176	**64** 151
50	**64** 209	178	**30** 137f.
76	**18/9** 136	183 (Ar.	**2** 195 **61** 38
100	**24** 324	Suppl.	**39** **63** 104-107
135-140	**58** 72-75	51)	
153	**64** 209	199	**27** 117

200, 201	**10** 225f.			253	**63** 84		
206	**64** 206	**68** 216		262	**30** 230		
	69 174-177			281	**2** 59		
207	**38** 135			288	**65** 63f.		
				291-			
215	**27** 115			293	**65** 64f		
234-236	**1** 114			301	**3** 512		
241	**1** 102	**11** 155		302	**3** 512	**62** 270	
242	**1** 114			304	**65** 65		
243	**1** 103 115	**11**		2061	**64** 211		
	155			2261	**62** 171		

6653 (früher Se'ert   **9** 340f.   **54** 94f. 85 (Abb.)
  128)   **55** 211-213
6725 (Nr. 3, 6: frü-
  her Grote 4, 2)   **20/2** 218-220
6734 (früher Pognon)   **62** 38 42-44 47

C) Armenische Handschriften
Katalog: F. Macler, Paris 1908.
Fonds armen.:

9 (Suppl. Arm. 3)	**42** 118 **46** 106-108	
17 (Suppl. Arm. 168)	**13** 344	
18 (Suppl. Arm. 169)	**13** 343 **35** 11 216	
25 (Suppl. Arm. 127)	**13** 344 **35** 12	
27 (Anc. Fonds 9)	**55** 90 91-148 **56** 1-45	
44 (Anc. Fonds 20)	**1** 168 220-239 **3** 20-55 **9**	
	63 **46** 117-119 **52** 24	
	41f. **56** 217	
46 (Anc. Fonds 43)	**1** 168 220-239 **3** 20-55	
47 (Anc. Fonds 42)	**1** 168 **3** 20-55	
49 (Anc. Fonds 33)	**1** 168f.	
88 (Suppl. Arm. 150)	**1** 169 **3** 20-55	
91 (Suppl. Arm. 50)	**9** 204 **23** 144 **27** 56	
105 (Suppl. Arm. 19)	**42** 118 **46** 107	
106 (Suppl. Arm. 71)	**42** 118	
108 (Supp. Arm. 45)	**42** 118 **46** 107	
110 (Anc. Fonds 44)	**10** 228	
153 (Anc. Fonds 85)	**45** 106f.	

180 (Anc. Fonds 86)   **9** 347
188 (Anc. Fonds 97)   **46** 108
199 (Anc. Fonds 90)   **13** 62
312 (Suppl. Arm. 52)   **42** 118

D) Georgische Handschrift
Katalog: E. Takaišvili, Paris 1933.
3   **24** 214   **25/6** 302   **27** 251   **38** 93   **42** 155   **45**
    147   **52** 24-41 84-86   **53** 89-107

E) Griechische Handschriften

74   **6** 434   **11** 122-126   1093   **2** 58f. 60-89
139   **5** 295   **10** 108-119   1452   **9** 330f.
325   **3** 215   **47** 28   **49**   1555 A   **2** 399-408 459
       20 22   **66** 124-   1596   **2** 58f. 60-89
       143   **3** 57 61-88
426   **3** 309 311-323   1598   **2** 58
450   **18/9** 56   1629   **2** 58f. 60-89
454   **9** 26 28-31   Suppl.gr.147   **2** 58
510   **9** 355   **10** 112-119   Coislin. 238   **3** 57 79-81
       14 273   Coislin. 257   **2** 58
825   **57** 105f.   Coislin. 283   **2** 59   **3** 57
914   **2** 58f. 60-89   79-81
917   **2** 58f. 60-89   Reg. 1155 A   **12** 238ff.

F) Koptische Handschriften
Katalog: Delaporte, in: ROC 14-18 (1909-1913).
2   (9)   **13** 2f.
13 (14)   **13** 180   **14** 273-279 (Abb.)   **25/6** 65f.
              35 32 34   **48** 77 79f. (Abb.)   **61** 152
26 (65)   **66** 126 128
71 (112)   **12** 221
82 (67)   **66** 132
98 (111)   **12** 221
129[8]   **10** 22
129[18]   **7** 293
129[20]   **23** 174   **24** 379f.   **29** 111 112-125   **41** 67
              68-73 74f.   **42** 44-53   **43** 76-101   **66** 119

Paris

G) Syrische Handschriften
Kataloge: H. Zotenberg, Paris 1884 (Nr. 1-288);
F. Nau, in: ROC 16 (1911) 271-310 (Nr. 289-356)

17	**54** 127		161	**6** 6 **7** 260-283	
24	**1** 147		177	**56** 80f. 82-149	
26	**2** 409		183	**29** 181	
27	**2** 409 415		184	**30** 33	
31	**9** 270		203	**67** 130	
32	**68** 60		223	**1** 134 **33** 213	
33	**5** 296 **6** 433 **35** 34		227	**64** 154f.	
	36 258 261 264		228	**64** 154	
51	**9** 106		235	**7** 292 294-339 **12**	
52	**33** 244			284-297 **14** 1 40	
62	**1** 101f. **2** 281 399			43 **15/6** 34-87	
	3 213f. **63** 38		236	**38** 8	
66	**29** 68-74 **62** 158-		238	**2** 272	
	160 (Sang.38)		239	**64** 155	
67	**2** 373 (Anc.F.33)		241	**30** 64 66-71 **64** 228	
68	**2** 373 (Anc.F.34)		272	**64** 146	
71	**4** 191 (Sang.48)		273	**64** 146	
75	**36** 248f.		274	**64** 151 157 **69**	
76	**27** 57 (Anc.F.68)			100-103	
77	**27** 57 (Suppl.61)		293	**6** 6 16-69	
82	**55** 157		306	**1** 148f. **18/9** 83	
110	**12** 220			**55** 229	
111	**2** 371 (Anc.F.54)		309	**13** 267f.	
112	**13** 346 **36** 134		326	**13** 268	
	51 70		332	**1** 149	
118	**36** 135		341	**9** 247 **11** 305 **23**	
146	**12** 156 **38** 71 86			77 **27** 264 **31**	
	47 113			103f. **33** 48	
154	**27** 22		344	**13** 343 **35** 12	

354 (früher Se'ert 91) **55** 227-229 **69** 60-63
355 (früher Se'ert 17) **23** 78 **35** 12
366 (früher Se'ert 24) **11** 149

Paris, Institut Catholique
Copt. 1 **12** 156 341-344 **35** 33 **48** 77 82f. (Abb.)
61 152 **66** 120

415

Patmos
171   **31** 261-266
213   **10** 48-50 51-63
226   **24** 11-14   **47** 146
266   **25/6** 46 54   **32** 8 10 19 21 30 34f.   **38** 76 93f.

Poitiers
4   **62** 148 (arab.)

Princeton, Theological Seminary, Speer Library
Nestorian 25   **61** 86-91 (syr.)
Cabinet C, Ms. 28: früher Urmia 180 ?
(s. Clemons, Checklist, in: OrChrP 32, 1966, 500,
Nr. 334 und 337)

Princeton, University Library
griech.-arab. Begräbnisrit. (früher
Hiersemann, 500/46; dann Zürich Or. 85)   **18/9** 159

Qaraqoš (Iraq)
2 syrische Lektionare in Kirchen   **64** 46

Rom, Accademia Nazionale dei Lincei
Äthiopische Handschriften
Katalog: St. Strelcyn, Rom 1976
Fonds Conti Rossini 6   **66** 145f. 147-187
Fonds Conti Rossini 107   **66** 146 147-187

Rom, Armenisches Seminar
Katalog: N. Akinian, Rom 1961
69 (2)   **52** 42

Rom, Biblioteca Angelica
Orient. 64   **1** 134   **33** 213   **67** 127 137 142 (karš.)
Orient. 67   **13** 2-9 (kopt.)

Rom, Biblioteca Casanatense
Arab. 8   **1** 114 (karš.)
1975   **42** 113 (armen.)

Rom, Biblioteca Vallicellana

XCIII, 25   **17** 20-23 24-35 (griech.)
XC, 26 u. F 33   **14** 218 219-222 (griech.)

Rom, Biblioteca Vaticana

A) Äthiopische Handschriften
Katalog: S. Grébaut - E. Tisserant, Vatikanstadt
1935.
Barberin. or.:
2 (Polyglotte) **12** 154 156   **23** 253   **31** 56   **32** 44 51
Borg. aeth.:
2   **12** 153   **32** 49   **65** 105 111 115 136   **67** 160 165
Vat. aeth.:

1	**1** 104		49	**43** 34 38-44
15	**65** 118		54	**43** 30
16	**23** 55 **34** 63f. 66f.		67	**43** 34f. 49-51
	72-102 **65** 118		68	**43** 28
18	**65** 118		111	**47** 113
47	**43** 34 45-49			

B) Arabische Handschriften
Barberin. or.:
2 s. oben äthiop. Hss.   4   **11** 155
Borg. arab.:
Katalog: E. Tisserant, in: Miscellanea Francesco
Ehrle, Band 5, Rom 1924, 1-34.

21 (olim K III 12)	**69** 174
22 (olim K IV 24,	**1** 1 6 8-45 102-130 384-386 **2**
Borg.Syr.60 und	462 ("K IV 20") **3** 202 207
Borg.Arab.275)	**5** 171 **11** 155 **12** 153f.
71 (olim K II 6)	**32** 232 237 **33** 188 193
95 (olim K II 31)	**31** 65 168 **32** 237 **69** 154f.
	163
136 (olim K IV 25)	**1** 384f.
148 (K V 16)	**1** 101 103 114 **3** 213
153 (olim K V 21)	**1** 101
200 (olim K VII 6)	**63** 84
227	**37** 100ff.

c) Vat. arab.
Katalog: A. Mai, Scriptorum Veterum Nova Collectio, Band IV 2, Rom 1831.

467	**32** 232 237	**33** 188		632	**1** 103		
	193f. **35** 1	**65** 98		635	**68** 213		
468	**33** 193	**65** 97f.		636	**64** 154	**67** 127	
504	**20/2** 214				137-141		
519	**54** 110			645	**69** 174		
607	**68** 223			657	**70** 193		
621	**63** 81			671	**24** 327		
623	**1** 245 246-275	**2**		1492	**68** 216	**70** 192	
	312-314 316-343						

Sammlung Paul Sbath: s.u. Hss. in Privatbesitz

C) Armenische Handschriften
Katalog: E. Tisserant - F. C. Conybeare, Rom 1927.
Borg. armen.:

24	**52** 44			76	**40** 99
45	**41** 145	**43** 117	**45** 98		

Chigi armen.:

1	**52** 43f.

Vat. armen.:

3	**38** 90	11	**42** 118

D) Georgische Handschriften
Katalog: M. Tarchnišvili, in: Bedi Kartlisa
13/14, Paris 1962, 61-71.
Borg. georg. 7 **11** 6

E) Griechische Handschriften
Barberin. graec.:

III, 20	**3** 420ff. (Abb.)		
336 (olim	**3** 215 **34** 215 218-226 244	**36** 38ff.	**40**
III, 55)	51 **46** 34-55	**47** 18 26f.	**58** 158
390	**36** 41ff.		
527	**12** 77-79 82f.		

Ottobonian. graec.:

408	**2** 398-408

Palatin. graec.

146	**1** 46-48 49-60	243	**3** 420ff. (Abb.)

Vat. graec.:

290	**3** 309f. 311-323	375	**1** 46-48 49-60

695	**3** 310 311-323		1611	**2** 470 **12** 61 62
752	**10** 107f. 111 118		1971	**5** 72
754	**7** 380 386 **48** 20		1982	**4** 364
769	**3** 460ff.		2081	**2** 346 349 350f.
771	**3** 460ff. **4** 363f.			437
837	**14** 217f. 219-222		2281	**3** 215-218
1093	**4** 1f. **7** 9-27		2282	**3** 215-228 306
1208	**6** 413f. **11** 308f.			**15/6** 1

F) Koptische Handschriften

Besprechung des Katalogs von A. Hebbelynck - A.
van Lantschoot, 2 Bände, Vatikanstadt 1937, 1947:
34 274-276 (Band 1) **39** 149 (Band 2,1) (Graf)
Borg. copt.:

7	**40** 49		45	**40** 48
9	**66** 119		109	**10** 3-7 19f. **17** 1-3 4-19
21	**44** 84		112	**28** 247
32	**40** 49		191	**10** 18-20

Vat. copt.:
Besprechung des Katalogs von G. Zoega, Rom 1810
[Nachdruck Hildesheim 1979]: **60** 201-203 (Aßfalg).

9	**48** 77 80f. (Abb.)		28	**66** 127
14	**11** 273		38	**66** 127
17	**40** 48 **66** 126 128		46	**66** 132
18	**45** 79 80-91 94 **46**		62	**2** 171 **11** 36-57
	116		63	**2** 171
21	**40** 42		65	**10** 262
23	**44** 85		66	**2** 171 **10** 257
24	**40** 48f.			260f.
25	**40** 48f.		71	**46** 116
26	**40** 42 49 **42** 50		99	**40** 49

G) Lateinische Handschriften

Barb. lat. 1796	**32** 51
Borg. lat. 31	**48** 63
Reg. lat. 8	**25/6** 202f. 204-206 211-237
Vat. lat. 4388	**2** 196 199-201
Vat. lat. 5403	**3** 212-214
Vat. lat. 7871	**23** 52

Samaritanische Handschrift
3 **29** 80

Syrische und Karschuni-Handschriften
Barberin. or.
Katalog: A. van Lantschoot, Vatikanstadt 1965,
165-173.
2   (olim VI 31)   s. oben äthiop. Hss.
41   (olim VI 85)   **1** 103 **33** 213 (karš.)
118 (olim VII 62)   **1** 343 **3** 175-177 (Abb.) (syr.)
Borg. syr.:
Katalog: A. Scher, in: Journal Asiatique X 13,
Paris 1913, 249-287.
12   **20/2** 2 4-21
21 (olim H II 4)   **1** 386
31   **29** 182
39 (olim H V 5)   **68** 222-224
52 (olim K IV 16)   **1** 110
78 (olim K VI 1)   **17** 107 **61** 146
81 (olim K VI 3)   **1** 149-151 300-313 **2** 1
                             4-32
82 (olim K VI 4)   **1** 61 63 64-79 179-181
                             2 286-311 **3** 1-15 **41** 51
                             53 204 **57** 191
83 (olim K VI 5)   **45** 63
84 (olim K VI 7)   **11** 152
85 (olim K VI 9)   **29** 181
86 (olim K VI 10)   **57** 76-78
87 (olim K VI 11)   **57** 76-78
89 (olim K VI 13)   **20/2** 4f. 12f.
108 (olim K VII 16)   **1** 101
118 (olim K VIII 7)   **63** 39 **70** 210
124   **38** 71 87
133   **2** 438 **10** 235
147 (olim el.sep.IV)   **2** 450
148 (olim el.sep.V)   **1** 120-122 **2** 399 **3** 213 280
                             63 39
    (olim el.sep.VII)   **1** 277 278-287
150   **57** 73

156	**34** 214f.
159	**2** 438 **34** 214f. **36** 248
169 (14f-K)	**1** 343-355 (Abb.) **2** 220 **4** 409 **10** 151 **23** 77 **28** 91 **29** 182

Vat. syr.:

Kataloge: St. E. und J. S. Assemani, Rom 1795 (Nr. 1-257); A. Mai, Scriptorum Veterum Nova Collectio, Band V, Rom 1831 (Nr. 258-459); A. van Lantschoot, Vatikanstadt 1965 (Nr. 460-631).

5	**2** 409-420 (Abb.)	58	**12** 220 **67** 48-51
9	**54** 126f.		52-57 59 64
10	**13** 19	59	**47** 113
11	**18/9** 162	61	**20/2** 2 4-29 **29** 182
12	**15/6** 146 **23** 18f.	62	**29** 181
	57 58	64	**29** 182
13	**2** 185 **23** 22	65	**3** 221f.
15	**54** 126f.	68	**10** 254 **38** 71
19	**4** 117 **12** 153	69	**12** 156 **38** 71 86
20	**4** 117 **25/6** 18	77	**2** 193 **4** 114 116-
	63 83		119 **25/6** 8 18
21	**4** 117 **25/6** 18	79	**2** 193
23	**29** 182	83	**29** 181 **30** 45 **57** 73
24	**29** 182	84	**29** 181
25	**2** 90f. 95 96-129	85	**29** 181
	34 214f.	86	**29** 181 **57** 73
28	**13** 23 **41** 102 109	87	**57** 73
	123	90	**28** 91 94
29	**4** 191 **41** 102 109	94	**2** 460
	123 **48** 60	95	**36** 161-163
32	**54** 128	96	**2** 373 **11** 269
34	**54** 128	97	**4** 35f. **51** 83 84-96
37	**38** 70 80-82 86 **47**	100	**2** 353 354-357 **30**
	113		62 **66** 66-71
39	**38** 71	103	**1** 380f. **2** 166f. **3**
41	**14** 46 **36** 39		387-389 **20/2** 31
45	**1** 386		32-70 **29** 69 **63**
51	**12** 219f. **63** 20		31 **67** 33
	66 53 **67** 142	105	**11** 269
52	**32** 228-231 235-238	107	**1** 132

352	**64** 34			460	**54** 128		
353	**1** 132			509	**31** 189		
362	**2** 353 354f.	**30** 62		510	**64** 34		
363	**2** 353 356f.			520	**61** 146	**68** 96	
368	**47** 111-117	**64** 34f.		527	**2** 179-186 (Abb.)		
369	**3** 91 106-125	**31**		543	**54** 110		
	67-98	**47** 111		559	**39** 146		
	115f.			560	**55** 225	**59** 190	
388	**64** 148-150 159f.			566	**42** 41		
424	**4** 28 40-97			590	**57** 74 76-78		
441	**57** 123			596	**63** 39		

Rom, Biblioteca Vittorio Emmanuele
1 **12** 156 (arab.)

Rom, Campo Santo Teutonico
syr. Hs. (Michael Badōqā;
  vorher Baumstark)   **9** 323
syr. Hs. (De causis festo-
  rum; vorher Baumstark)   **1** 321 324-336 **9** 335

Rossano
Cod. Rossanensis   **27** 112 242   **31** 103f.   **36** 261
                 264   **63** 225 (griech.)

Rostock
Or. 192 (syr.; Kat. Aßfalg Nr. 31)   **70** 207
äthiop. Hs. (Argānona Weddase)   **24** 122

Ṣadad (Syrien)
syr. Lektionare in den Kirchen   **64** 43f.

Saint-Sauveur (Kloster im Libanon)
Katalog: R. Haddad, Beirut 1972.
224   **64** 207f. (arab.)

Saidnaya (Syrien)
Vgl. **30** 230.

424

Šarfeh (Libanon), syrisch-katholisches Seminar
I) alter Bestand
Katalog: I. Armaleh, Jounieh 1937.
A) arabische Handschriften
13/22　**62** 148　　　　　　17/19　**64** 141
B) syrische Handschriften
4/2　**60** 71　　　　　　　13/2　**68** 216
4/5　**64** 154　　　　　　19/1　**42** 41f.
7/6　**12** 219 (Parisot e)　　20/2　**64** 141

II) Fonds Rahmani
Vgl. P. Sherwood, in: L'Orient Syrien 2, 1957,
93-107. Handschriftlicher Katalog von B. Sony, s.
Samir, OrChr **64** 152 n.4.
44　　**64** 141　　　　　302　**42** 41-43
106　**66** 116　　　　　310　**54** 109f.
181　**59** 37-46　　　　410　**64** 152 157　**69** 101f.
232　**54** 109　　　　　438　**64** 141
272　**63** 40　　　　　675　**64** 141
? (Tetraevang., 5./6. Jh.)　**15/6** 147-153　**23** 18
? (syr. liturg. Hs., 1239)　**14** 47

Se'ert, chaldäische Metropolie
Katalog: A. Scher, Mosul 1905
6　　**29** 182　　　　　32　**57** 76
17　jetzt: Paris Syr.　33　**29** 181
　　355　　　　　　　57　**11** 151
20　**29** 180　　　　　69　**48** 290f.
21　**44** 140 (A.D.1605)　82　**9** 335
23　**11** 149-151　　　91　jetzt: Paris Syr. 354
24　jetzt: Paris Syr.　128 jetzt: Paris Arab.
　　366　　　　　　　　6653
ohne Sign. (20 Blätter der　**54** 76f. 87-91　**55**
　Chronik von Se'ert):　　211f.
Ein Teil der Hss. ist jetzt in Paris, vgl. **49**
138, die meisten anderen dürften verloren sein.

Sinai, Katharinenkloster
Besprechungen des Gesamtkatalogs von M. Kamil:

arab., Kairo 1951 **39** 139f. (Graf); englisch,
Wiesbaden 1970 **55** 220f. (Aßfalg). Die Nummern
dieses Katalogs stehen in Klammern.
Allgemeines über die Bibliothek: **52** 147f., über
neue Hss.-Funde: **65** 220.

A) Arabische Handschriften
Gesamtkatalog von Kamil: S. 11-52.
Konkordanztabelle (Bibliotheksnummern – Nummern
des Gesamtkatalogs von Kamil): **60** 76-82 (Samir).

10 (7)	**64** 206-208	311 (451)	**58** 51-75
11 (191)	**62** 147 150-	325 (370)	**63** 86
	156	326 (371)	**63** 86
72 (65)	**72** 132f. 135	328 (373)	**63** 84
	154f. 163	352 (479)	**63** 84
74 (67)	**69** 154f. 163	386 (400)	**63** 86
75 (68)	**69** 155	405 (164)	**63** 78 79-82
85 (78)	**63** 76f.	417 (176)	**63** 82
151 (110)	**64** 203f. **69**	444 (519)	**63** 84
	131f.	456 (409)	**9** 341
154 (111)	**20/2** 218 **69**	505 (571)	**63** 76
	133	549 (430)	**62** 154f.
155 (53)	**20/2** 218 **51**	558 (558)	**63** 86
	67 **69** 134	561 (559)	**62** 152 155f.
268 (359)	**64** 206	568 (564)	**11** 273
273-279		582 (580)	**9** 341 **59**
(445-449,			165-168
327-328)	**11** 273		**65** 62 66-
282 (331)	**63** 76		81 82-86

B) Georgische Handschriften
Besprechung des Katalogs von G. Garitte, Louvain
1956: **41** 147f. (Molitor).
Gesamtkatalog von Kamil: S. 56-59.
Vgl. auch **37** 95f.

15,16,19,30 (2-4,7)	**37** 25
31 (8)	s. unten
32-55-33 (67)	**24** 218 **41** 92 **45** 148 **48**
	180-190 **53** 221-226

34 (35)   **41** 91 95
37 (9)   **13** 203   **40** 143   **41** 95   **45** 147   **46** 131
39 (11)   **40** 143f.   **49** 1 2-17   **50** 37-45   **53** 89-107
55   s. oben
58-31-60   **40** 143f.   **49** 1-3   **61** 1   **68** 190f. 194
 (8, 14)
59 (42)   **41** 92
65 (45)   **41** 89f.
85 (85)   **50** 1 7-12   **51** 13-20
92 (59)   **37** 92

C) Griechische Handschriften
3 (3)   **31** 261-266
150 (175)   **24** 16
204 (229)   **6** 428   **11** 308-310
1096 (1519)   **24** 27 29-32 210

D) Syrische Handschrift
Kataloge: A. Smith-Lewis, London 1894; Gesamtka-
talog von Kamil: S. 149-160.
24 (60)   **54** 110 112   **59** 37-46

Sofia, Nationalbibliothek
581   **40** 146 (georg.)

Stockholm, Evangeliska Fosterlandsstifelsen
496   **34** 66f. 72-93 (äthiop.)

Straßburg, Universitätsbibliothek
Catalogue général des manuscrits des biblio-
thèques publiques de France. Departements, 47,
Strasbourg, Paris 1923
A) Arabische Handschriften (Kat. S. 730-771)
4225 (Arab. 150)   **24** 101f. (Abb.)
4226 (Arab. 151)   **24** 94f. (Abb.)

B) Kopt. Papyrus   **6** 337f.

C) Syrische Handschriften (Kat.: S. 725-729)
4116 (Syr.) (Sahdōnā)   **23** 293f.
4119 (Syr.) (Nestorios)   **3** 516-520
4132 (Syr.) (Rabban bar
 ʿIdtā; vorher Baumstark)   **1** 62f. 387
4140 (Syr.) (Theodor bar
 Kōnī; vorher Goussen)   **11** 149f.

Ṭānāsee (Äthiopien)

Besprechung der Kataloge von E. Hammerschmidt,
Wiesbaden 1973: **60** 199-201 (Kebran) **63** 239f.
(illuminierte Hss.) (Aßfalg).

1 (Kebran 1)	**65** 112 120	
6 (Kebran 6)	**65** 120	
9 (Kebran 9)	**69** 187 191-193	
11 (Kebran 11)	**61** 38 39f.	
18 (Kebran 18)	**65** 112f.	
37 (Kebran 37)	**61** 21 26-32 34-37	**64** 110 112-135
42 (Kebran 42)	**53** 141 158	**61** 21 26-29 34-37
50 (Kebran 50)	**61** 38 39f.	**63** 104 105-107
106 (Rēmā 17)	**68** 115 130 163	**70** 218f.
134 (Dāgā 23)	**61** 21f. 26-32 34-37	**64** 110 112-115
181 (Gondar 2)	**64** 110 112-135	
182 (Gondar 3)	**63** 104 105-107	

Tbilisi, Handschrifteninstitut

Allgemein zu den Sammlungen: **37** 94 (Tarchnišvili).

A) A-Kollektion (früher: Kirchliches Museum)
Besprechung der Kataloge von T. Bregadze u. a.:
Bd. I 1, Tbilisi 1973 (Nr. 1-100): **60** 196f.; Bd.
I 2, Tbilisi 1976 (Nr. 101-200): **62** 221 (Aßfalg).
Bd. I,3, Tbilisi 1980 (Nr. 201-300). Alter Kata-
log von T. Žordania, Tbilisi 1903, 1902 (Nr. 1-
400, 401-800); von M. Džanašvili, Tbilisi 1908
(Nr. 801-1040) und von K. Šarašidze, Tbilisi 1954
(Nr. 1041-1450)
A-16 **24** 218   A-28   **37** 24f.31f.

A-19	**56** 219			
A-38	**6** 313	**24** 213		
A-79	**56** 219			
A-80	**24** 222			
A-81	**11** 4f.			
A-86	**11** 5	**24** 215		
A-93	**41** 91f.			
A-95	**24** 218			
A-137	**61** 2	**68** 191		
A-144	**12** 24 25-38			
A-222	**38** 114			
A-244	**12** 24 25-38			
A-345	jetzt: S-1138			
A-384	**49** 129			
A-397	**37** 25	**50** 1 2-12	**51** 13-20	

A-34	**61** 2	**68** 191 194	
A-407	**68** 172f. 179f. 191		
A-450	**11** 6		
A-484	**37** 25	**49** 119-122 125 129	**51** 209
A-509	**37** 25 (Ksani-Ev.)		
A-584	**61** 2	**68** 190f.	
A-603	**41** 86 91f.		
A-677	**61** 2	**68** 191	
A-689	**56** 219		
A-691	**58** 42		
A-1109	**56** 219		
A-1453	**37** 24 (Parchali-Evang.)		

B) H-Kollektion (früher: Historisch-ethnographische Gesellschaft)
Kataloge: I. Abuladze, Tbilisi 1946, 1951 (Nr. 1-500, 501-1000), K. Šarašidze, Tbilisi 1948 (Nr. 1001-1500), E. Metreveli, Tbilisi 1950 (Nr. 1501-2000), A. Baramidze, Tbilisi 1953 (Nr. 2001-2500) usw.

H-1329	**38** 76
H-1346	**37** 25 **38** 116-120 **50** 1 2-12 **51** 13-20
H-1660	**13** 140-147 **14** 153 157-160 **25/6** 119 **37** 24 (Džruč'i-Evangelium)
H-1665	**49** 148
H-1831	**52** 22 **53** 89
H-2123	**62** 220f. (vorher Uspenskij, Leningrad)
H-2337	**37** 91

C) S-Kollektion (früher: Gesellschaft zur Verbreitung der Kultur unter den Georgiern)
Kataloge: T. Bregadze, Tbilisi 1959 (Nr. 1-1110), A. Bakradze, Tbilisi 1961 (Nr. 1111-1544)

S-407	**37** 25 **49** 1 2f. 10-15 **61** 1
S-425	**24** 216 **41** 86

S-552   **37** 91
S-1138   **37** 25 ("1139") **61** 1 **68** 172f. 179f. 191
          194
S-1141   **24** 218 **29** 164f. **38** 84 87-89 (fälschlich: S
          425) (Šatberdi-Mravaltavi)
S-1398   **61** 1 **68** 172f. 179f. 191
S-1698   **49** 119
S-3624   **27** 241 **35** 20
S-4927   **37** 25

Tbilisi, Nationalbibliothek (?)
Kanonar von   **13** 202f. 211-233 **24** 214 **43** 146
   Kala   **45** 147 **49** 1 2-17 **52** 22ff. 84-86

Tbilisi, Universitätsbibliothek (?)
25, 401 und 734   **27** 241f.

Telkeph (Iraq), Kirche des Hl. Herzens
1 (syr. Evangelien, Sign. nach Vööbus) **57** 60-62

Tübingen, Universitätsbibliothek
A) Äthiopische Handschriften
Nr. 3 u. 20   **29** 203 207-228
Ma IX 14   **9** 21 24f. **9** 345
Ma IX 28   **34** 98 102 **51** 133f. 137 145-185 **52**
                92-131 **53** 141 142-151 **61** 22 26-
                29 34-37 **64** 110 112-135

B) Armenische Handschriften
Besprechung des Katalogs von F.N. Finck - L.
Gjandschezian, Tübingen: **9** 143f. (Karst)
Ma XIII 1 **9** 144 **13** 346   Ma XIII 4   **35** 12
Ma XIII 3 **35** 12   Ma XIII 57 **42** 115

Ṭūr ʿAbdīn, verschiedene Orte (Türkei)
syr. Evangeliare **64** 37-42
s. a. Midyat

Upsala
Hs. des Qērellos **53** 141 142-158

Urmia (Persien)
Katalog: A. Sarau - W. Shedd, Urmia 1898

12	**24** 57		130	**57** 76
13-15	**29** 181		180	**11** 159
23	**29** 181		194	**29** 181
107	**29** 180		209	**29** 181

Die Hss. sind verschollen (Nr. 180 laut Macomber
jetzt: Princeton, Speer Libr., Cabinet C, Ms. 28)

Venedig, Biblioteca Marciana

Graec. 17	**10** 112-119	Graec. I 8	**33** 51	**35**
Graec. 538	**31** 261			9f. 12
Graec. 808	**31** 261f.	Or. 50	**46** 109
	264-266			(armen.)

Venedig, San Lazzaro, Bibliothek der Mechithari-
sten
Besprechung des Werks über illuminierte armen.
Hss. von S. Der Nersessian, Paris 1937: **36** 132-
135 (Baumstark).

12	**40** 111f.			671	**40** 99		
16	**36** 134 262			834	**42** 113		
169	**52** 42f.			887	**33** 49f.		
196	**36** 133 262f.			888	**36** 133-135		
245	**45** 107			961	**36** 133		
248	**40** 112	**42** 133		1108	**53** 161 166-201		
251	**53** 161 166-201			1144	**6** 429	**11** 305	
265	**40 99**				26-52	35 21	3
285	**52** 42				223	36 133 25	
294	**40** 99			1145	**27** 56 66-79		9
298	**40** 99			1193	**36** 133		
308	**33** 29			1319	**36** 262		
320	**63** 134 154			1400	**35** 214		
325	**36** 133			1508	**36** 134		
334	**40** 104	**42** 124		1635	**36** 262		

397	**42** 113	
475	**9** 63	
492	**42** 120	

1663	**40** 104	**46** 110
1657	**36** 134	
1917	**36** 134 262	

Washington, D. C., Catholic University of America
Syr. 8 (früher Hyvernat) **1** 321 336 **9** 335

Washington, D. C., Smithsonian Institution, Freer Gallery of Art
Besprechung des Katalogs der armen. Hss. von S.
Der Nersessian, Washington 1963: **51** 197 (Engberding).
Beschreibung der beiden im folgenden genannten
syr. Hss.: **55** 161-163 (Abb.) (Price und Seymour)
37.41   **68** 59f.
37.41 A   **57** 72f. 74f. 76-78   **68** 59-61

Wien, Nationalbibliothek
A) Äthiopische Handschriften
Katalog: Fr. Müller, in: ZDMG 16, 1862, 553-557
Aeth. 9 (Nr. 10)   **24** 122
Aeth. 16 (Nr. 1)   **29** 204 207-228
Aeth. 21 (Nr. 22)   **17** 99
Aeth. 24 (Nr. 13)   **17** 96-99 103-105 (Abb.)

B) Arabische Handschrift
Katalog: W. Flügel, Wien 1867.
Arab. 1161   **2** 189

C) Armenische Handschriften
Katalog: J. Dashian, Wien 1891.
Armen. 8   **42** 118
Armen. 16   **3** 144

D) Georgische Handschrift
Georg. 2   **53** 108-112 (= Beschreibung von Birdsall) **55** 62 63-89   **58** 39-44
Dadiani-Hs. **29** 160

E) Griechische Handschriften
Theol. gr. 165   **33** 55 62-79
Theol. gr. 185   **17** 96-98 (Abb.)
Theol. gr. 266   **12** 272 276f.

F) Koptische Handschriften
9 **47** 127   **49** 90 91-97 98 113-115   **50** 72-130
    (Abb.)
Koptische Papyri:
K 11231, 11252,   **47** 127f.   **49** 90 93 97f. 105
    11261   **50** 102-126
K 11268   **50** 129f.
K 11346   **50** 130

Wien, Bibliothek der Mechitharisten
A) Armenische Handschriften
Kataloge: J. Dashian, Wien 1895 (Nr. 1-573); H.
Oskian, Wien 1963 (Nr. 574-1304); A. L. Szekula,
Wien 1983 (Nr. 1305-2561)

3	**52** 42f.	242	**24** 163-167 **35** 32
7	**10** 228 230-234	293	**42** 132
22	**40** 99	320	**11** 264
32	**40** 99	336	**40** 99
33	**63** 137 **65** 44	463	**42** 132 **46** 110
47	**9** 142	466	**40** 99
55	**9** 27 28-31	617	**33** 50
71	**9** 27 28-31	697	**13** 343 **20/2** 168-172
151	**40** 99		**35** 15 214 **36** 259

B) Syrische Handschrift
ohne Signatur, Beschreibung: **50** 56-60 (Grill)

Wolfenbüttel, Herzog August Bibliothek
Syrische Handschrift (Katalog: Aßfalg Nr. 5)
3.1.300 Aug.fol.   **56** 213

Zürich, Zentralbibliothek
syr. und arab. Hss. der Sammlung Mettler-Specker
(früher Hiersemann, Katalog 500): s. Cincinnati,
Leiden, Leuven

Handschriften in Privatbesitz

Aydin, Gabriel, syr.-orth. Chorbischof: Moses bar
  Kepha (syr.) **60** 74 **62** 20f.
Baumstark, Anton († 1948):
  Bar 'Idtā (syr.): verkauft, s. Straßburg 4132
  De causis festorum (syr.): verschenkt, s. Rom,
    Campo Santo Teutonico
  Theodor bar Kōnī (syr.) **1** 173-178 **3** 555 **5** 18-
    25 **11** 150 160
  Johannes bar Penkāyē (syr.) **9** 322
  Michael Badōqā (syr.): verschenkt, s. Rom, Cam-
    po Santo Teutonico
Beatty, Chester (Dublin): kopt.-manichäische Pa-
  pyri **30** 92-94 **32** 257-260
Caquot, A.: äthiop. Chronik **66** 145f 147-187
Chabot, J.B.: s. Leuven, CorpusSCO (syr.)
Conti Rossini, C.: s. Rom, Accad. Naz. dei Lincei
Crawford: Syr. 2 **70** 60
Delorme: Nr. 3 **29** 204 (äthiop.)
Ged'aun, E., Priester in el-Ḥarf (Syrien): syr.
  Lektionar **64** 44
Giamil, Samuel: s. Rücker
Goussen, Heinrich († 1927):
  Johannes bar Penkāyē (syr.): verkauft, s. Ber-
    lin, Or. quart. 871
  Theodor bar Kōnī (syr.): verkauft, s. Straßburg
    4140
Dr. Grote, Leutkirch: arab. Bibelfragmente **20/2**
  217-220 (Beschreibung von Graf),
  Nr. 1 und 3: jetzt London, Brit. Libr. Or. 8605
  Nr. 2 und 4: jetzt Paris Arab. 6725, Nr. 6 und 3
  s.a. München Arab. 1066-1071
Gülçe, , Priester in Midyat (Türkei):
  Hs. der Syro-Hexapla   **60** 188
  Nr. 4 (syr. Didaskalie) **63** 40
Harrassowitz, früher Leipzig (Buchhandlung)
  Joseph II., Glaubensbekenntnis **14** 323f.(kars.)
  syr. Hss. s. Berlin Or oct. 1132 und 1313

Harris, Rendel: syr. Hss. s. Cambridge, Mass.
Hiersemann, Leipzig (Antiquariat):
 Katalog Nr. 487 (1921), Nr. 255b s. Katalog Nr.
  500, Nr. 3
 Katalog Nr. 500 (1922)
 (zum Schicksal der Hss. s. B. Outtier, in: Ana-
 lecta Bollandiana 93, Brüssel 1975, 377-380; W.
 Strothmann, in: ZDMG, Suppl. III,1, Wiesbaden
 1977, 285-293)
 3 ("Codex Syriacus Secundus";
    erst P. Neumann, zeitweilig
    Zürich Or. 69) s. Cincinnati
 4 (zeitw. Zürich   ; jetzt ?) **18/9** 158 (syr.)
 6 (zeitw. Zürich 71; jetzt ?) **18/9** 161   **52** 82
                                     (syr.)
 9 (zeitw. Zürich 88; jetzt ?) **18/9** 160 (syr.)
 10 (zeitw. Zürich 89; jetzt ?) **18/9** 160 (syr.)
 15 (erst L. Rosenthal; zeitw.
    Zürich 74; jetzt: s.   **12** 338-341
    Strothmann aaO Anm. 45)   (arab.)
 20 (zeitw. Zürich 77; jetzt ?) **18/9** 165f. (syr.)
 26 s. Löwen, Kath. Universität G 134 (syr.)
 27 (zeitw. Zürich 79; jetzt ?) **18/9** 168 (syr.)
 28 (zeitw. Zürich 80; jetzt ?) **18/9** 167 (syr.)
 29 (zeitw. Zürich 91) s. Leiden Or. 14.240
 30 (zeitw. Zürich 92; jetzt ?) **18/9** 166f. (syr.)
 31 (zeitw. Zürich 93) s. Leiden Or. 14.241
 34 s. Löwen, Kath. Universität G 203 (syr.)
 37 (zeitw. Zürich 81; jetzt ?) **18/9** 164 (syr.)
 38 Verbleib ?   **18/9** 167f. (syr.)
 39 (zeitw. Zürich 94; jetzt:
    s. Strothmann aaO Anm. 45) **31** 57 58-61 62-66
                                     168 (arab.)
 41 (zeitw. Zürich 82) s. Leiden Or. 14.237
 42 (zeitw. Zürich 84) s. Leiden Or. 14.239
 45 (zeitw. Zürich 83) s. Leiden Or. 14.239
 46 (zeitw. Zürich 85) s. Princeton, Univ. Libr.
 47 Verbleib ?   **18/9** 164
 48 Verbleib ?   **18/9** 168

Katalog "Orientalische Manuskripte" [1923]
  1 (= Katalog 565 [1926] Nr. 411) s. Birmingham,
     Ming. Arab. 43
  20 **23** 192
Hyvernat, H.: syr. Hss. s. Washington, Catholic
  University
ʿĪsa, Priester in Zāz (Ṭūr ʿAbdīn) **64** 38f.
Johann Georg, Herzog zu Sachsen († 1938): kopt.-
  arab. Bibeltexte **13** 1 ꝉ-ꝗ 138-140
Karam, Elia (Libanon) (Katalog: J. Nasrallah,
  Bd. 3, 299-310) 1 und 2 **63** 77 (arab.)
Kaufmann, Carl Maria († 1951)
  arab. Apokalypse   **13** 314-318 (Beschreibung)
  arab.-melkit.   **13** 318f
  kopt.-arab. Blätter **10** 140-143 (Abb.)
Konat s. oben unter dem Ort Pampakuda
Macke, Karl († 1915): Narsai **20/2** 2 (syr.)
Maʿlūf, ʿĪsā Iskandar (Zahle/Libanon):
  Katalog: J. Nasrallah, Bd. 4,
  171 **62** 156 (arab.)   176 **62** 148 (arab.)
Manaš, Ǧirǧis (Aleppo):
  Elias von Nisibis **64** 142-145
  Sulaimān al-Ġazzī **62** 155   **64** 142-145
Margoliouth, D.: ʿĪšōdad von Merw **11** 157 (syr.)
Melki, Priester in Midyat   11   **69** 57f. 66
Mercer, A.B.: Nr. 3   **24** 246   **34** 66 (äthiop.)
Moudon-Vidailhet: 27 (213) **65** 138 **66** 145
Nasrallah, Joseph (Paris):
  arab. Euchologion **63** 76   Nr. 46 **62** 149
Neumann, P. (Wien): s. Cincinnati
Pognon, Henri:
  Theodor bar Kōnī (syr.) **11** 150
  Hippokrates s. Paris Arab. 6734
Rahmani, Ignatius Ephraem: s. Šarfeh, Fonds Pa-
  triarcal
Rosenthal, Ludwig (Antiquar in München): arab.
  Fragmente **12** 338-341 (Beschreibung von Graf)
Rücker, Adolf († 1948):
  verschiedene Hss. **24** 159-163 (syr.)

syr. Liederhs.   **17** 21-123 (Beschreibung)
Pontificale   **12** 219 224-233 (syr.)
Ordo iudiciorum   **1** 109 **11** 61 62-81 236-262
  (vorher Giamil,   (syr.)
  dann Vandenhoff)
türk. Grammatik   **32** 225
Sbath, Bulos (Nr. 1-750 heute in Rom, Biblioteca
Vaticana)
Besprechung der Kataloge: **25/6** 128-130 (Band 1
und 2)   **31** 275f. (Band 3) (Graf)

141	**62** 148	417	**62** 148	900	**64** 154
299	**62** 148	525	**62** 148	925	**62** 148
300	**62** 146	589	**62** 149	1029	**31** 275f.
340	**62** 149	645	**58** 56		**64** 211 215

Sevadjian, S.: armen. Evangel. **33** 50
Tschubinov, D.: Nr. 215 **3** 166f. (georg.)
Vandenhoff, Bernhard († 1929) s. Rücker